KB169286

아이의 미래를 바꾸는 교육혁신은 어떻게 이루어지는가?

공교육은
왜?

아이의 미래를 바꾸는 교육혁신은 어떻게 이루어지는가!?

공교육은
왜?

초판 1쇄 인쇄 2016년 7월 27일
초판 1쇄 발행 2016년 7월 31일

지은이 홍섭근
펴낸이 김승희
펴낸곳 도서출판 살림터

기획 정광일
편집 조현주
북디자인 꼬리별

인쇄·제본 (주)현문
종이 월드페이퍼(주)

주소 서울시 영등포구 양평로21가길 19 선유도 우림라이온스밸리 1차 B동 512호
전화 02-3141-6553
팩스 02-3141-6555
출판등록 2008년 3월 18일 제313-1990-12호
이메일 gwang80@hanmail.net
블로그 http://blog.naver.com/dkffk1020

ISBN 979-11-5930-020-2 03370

*가격은 뒤표지에 있습니다.
*잘못된 책은 바꾸어 드립니다.
*이 책은 저작권법에 따라 보호를 받는 저작물이므로 무단 전재와 복제를 금합니다.

아이의 미래를 바꾸는 교육혁신은 어떻게 이루어지는가?

공교육은
왜?

홍섭근 지음

살림터

　교육시민운동 단체에서 교육정책을 다루며 평소 많은 어려움이 있지만, 크게 두 가지 어려움을 느낍니다.

　첫 번째 어려움은 교육 문제가 연령대별로 다양하여 접근하기 어렵다는 점입니다. 출산, 영·유아, 초등, 중학, 고등, 대학 등 모든 시기마다 교육과 관련된 고민과 문제가 있습니다. 시기별로 문제를 다루는 전문가와 단체가 다르고, 보는 관점이 다릅니다. 관련 정책을 담당하는 기관도 지자체, 시·도 교육청, 교육부, 중앙정부 등으로 달라 혼선을 빚기도 합니다. 이해관계에 따라 말이 다르기도 해 학부모나 교사들도 혼란스럽습니다. 이렇듯 전반적인 교육정책을 이해하고, 방향을 잡는 것이 쉽지 않습니다.

　두 번째 어려움은 교육 현장에서 교육정책이 어떻게 작용하는지 그 정책적 효과를 다 파악하기 힘들다는 점입니다. 교육정책 자체만 놓고 보았을 때는 좋아 보였는데, 교육 현장에 적용해보니 부작용이 심각했던 사례가 한두 번이 아닙니다. 예를 들면 운동장 인조잔디 사업이나 원어민 교사 같은 정책이 그랬습니다. 시작할 당시에는 좋아 보였지만, 결과적으로는 부정적이었다는 평가를 받은 정책들입니다. 현상의 원인, 문제에 대한 진단, 현장의 요구, 교육정책의 방향이 한 흐름으로 이어지지 않았기 때문입니다. 결국 교사, 학생, 학부모가 원하는 교육정책은 존재하지 않았고 어디서부터 문제인지조차 파악하지 못한 것입니다.

학교는 다양한 주체가 존재하는 곳이기 때문에 교육정책이 긍정적으로 작동하려면 고려해야 할 요소가 매우 많습니다. 또한 많은 시간이 흘러 해당 학생들이 이미 성인이 되었을 때 나오는 교육정책의 평가는 아쉬움이 큽니다. 그런데 교육정책이 학교 현장과 만났을 때 발생하는 문제와 평가는 교육적인 관점과 전문성이 아니면 파악하기 쉽지 않습니다. 때문에 정확하게 교육정책을 이해하고, 문제점을 지적하기는 쉽지 않습니다. 또, 제시한 문제에 대해 설득력 있는 대안을 내놓기는 훨씬 더 어렵습니다.

이 책은 그것에 부합하는 내용을 담고 있고 더 나아가, 답답함을 느끼지만 누구도 속 시원히 얘기하지 못했던 최근의 주요 교육 문제들을 다루고 있습니다. 저자는 저출산에 따른 교육 문제, 누리과정, 돌봄교실에 관한 주제부터 국정 교과서, 대학 진학, 교육에 따른 서열

화까지 우리 교육의 거의 전 분야를 일관성 있게 다루고 있습니다. 학교 현장에서의 경험과 교육정책에 대한 깊은 이해를 바탕으로, 정책을 교육 현장에 투입했을 때의 장단점과 문제의 원인을 명쾌하게 보여줍니다.

우리 교육 전반에 대해 이해하고 싶으신 분, 왜 공교육이 발전하지 못하고 현장의 뜻과 반대로 가고 있는지 궁금하신 분, 정책 자체에 대한 분석뿐만 아니라 교육 현장에서 어떤 의미가 있는지 알고 싶으신 분, 정확한 문제 제기와 함께 해결 방향에 대해서도 제시받길 원하시는 분들이 읽어보았으면 합니다.

마지막으로, 공교육 발전을 위한 저자의 깊은 노력에 감사드립니다.

사교육걱정없는세상 부소장 안상진

공교육, 어떻게 바꾸어야 할까

교육정책을 연구했던 지난 몇 년간 평생 먹을 욕을 다 먹은 것 같다. 정책이 학생과 학부모를 중심으로 현장성 있게, 합리적으로 변화되어야 한다고 믿고 일을 추진했다. 그러나 변화를 두려워하는 많은 이들은 대강 만족하는 정책이면 충분하다며 적당히 하라고 한다. 근본적인 혁신을 주장하면 적당히 하면 되지, 혼자 뭐 그리 대단하다고 다 바꾸자고 주장하느냐고 말한다. 늘 그래왔듯 적당히 타협만 한다면 지금의 현실을 벗어날 수 없다. 그러한 마음가짐들이 현재의 공교육 불신을 가져오지 않았는가.

변화와 혁신은 저항이 따르기 마련이다. 권력을 가진 이들은 권력을 잃을까 봐 걱정하고, 바꾸자는 말을 싫어한다. 하나를 바꾸려면 연계된 많은 것을 건드려야 하는데, 그것을 바꾸느라 공들일 시간에 내 자리를 보전하기 위해서, 보다 더 좋은 자리에 가기 위해서 노력한다. 사람 탓, 제도 탓 등 남 탓을 하며 핑계를 댄다. 혹시나 잘되는 건 자신의 공으로 돌린다. 제도와 정책, 인사 시스템을 근본적으로 고민하지 않는다. 특정인의 진입을 위해, 혹은 진입을 막기 위해 제도를 바꾸기도 한다. 계속 고무줄 잣대를 사용하다가 레임덕 시기가 되면, 불만을 가진 내부 고발자가 생긴다. 개혁적인 성향의 리더들도 참모진의 변절 속에서 속절없이 무너진다. 역사는 돌고 돈다는 말처럼 패턴이 늘 비슷하다. 이와 반대로 때로는 권력을 가진 이들도 인사와 제도, 시스템에 대해 고민하지 않고, 관행대로 그대로 둔다. 그것의 중요성과 필요성, 영향력을 모르기 때문이다.

교육계에서 힘을 발휘할 위치에 있는 이들은 학교와 현장 얘기를 많이 한다. '학생'과 '학부모'는 모든 문건에 존재하나, 정작 그들이 중심이 되는 정책, 그들을 위한 정책은 만들지 않는다. 할 수 있는 일이 많지 않다는 변명을 앞세운다. 교육은 성과가 긍정적이든 부정적이든 그 변화가 단기간에 드러나지 않기 때문일 것이다. 인사나 감사 시스템도 그렇다. 단위 학교나 교육지원청이 유기적으로 돌아가는 시스템이 아니라 상명하복의 통제 시스템으로 만들어놓았다. 그러므로 책임회피를 위한 문건을 만드느라 바쁘고, 관행대로만 움직이게 된다.

처음 학교로 발령받고 얼마 지나지 않아 학교 조직문화와 관행이 비정상적이라는 생각을 했다. 비정상적인 부분이 교직문화, 교육계 전반에 걸쳐 있다는 생각에 이르기까지는 오랜 시간이 걸리지 않았다.

경기도교육연구원 정책개발팀에 정책연구위원으로 참여하면서 교육 정책에 좀 더 관심을 가지게 되었고 문제의식도 깊어졌다. 처음에는 개별 사안에만 매달려 무엇이 문제인지 알지 못했다. 원인은 간단했다. 무능한 시스템이 문제의 근원이고, 바꿀 수 있음에도 바꿀 수 있는 능력을 가진 이들이 바꾸려 하지 않았다.

2011년부터 2014년까지 정책개발팀 팀원들과 일하면서 김상곤 전 경기도교육감에게 500개가 넘는 정책을 제안하였고, 그중 경기도교육청에서 반영한 정책이 100여 개가 넘는다. 경기도교육청을 시작으로 강원, 광주, 전북, 전남, 인천 등 여러 시·도 교육청에서 정책개발팀을 벤치마킹한 정책연구소가 생겨나기 시작했다. 정책들이 만들어지기까지 기득권을 가진 이들의 저항과 싸움은 엄청났다. 우리끼리는 '천 번을 싸워야 정책이 된다'는 말로 스스로를 위안하였다.

좋은 정책이 만들어져도, 담당자가 바뀌면 한순간에 물거품이 되어버렸다. 처음에는 의식 있던 장학사, 장학관들도 얼마 지나지 않아 관행에 익숙해져버리곤 했다. 소수의 정직한 이들은 '네가 잘한다고 되는 것이 아니다'라는 주변의 말에 힘이 빠지고 싸늘한 시선을 의식해야 했다. 어떤 담당자는 편리함만 추구하면서 오랫동안 고민해왔던 흐름들을 한순간에 파기해버리기도 했다. 책상에서 만들어지고, 사람에 기댄 정책은 오래가지 않았다.

교육계, 교육 권력은 사회의 축소판이다. 진보, 보수라는 실체가 없는 싸움 속에서 정작 학생과 학부모, 교사들만 희생당한다. 전시행정을 일삼고, 생색내기에 바쁘다. 여러 교육정책과 그 정책을 다루는 기관은 비용 대비 효율이 떨어진다. 그러나 학부모나 교사들은 이에 대해 잘 모른다. 모를 수밖에 없는 구조고, 모르는 것이 속 편하기도 하다. 공교육의 진실은 무엇이고, 어디에서 무엇이 잘못되고 있는지 알리기 위해서 글을 쓰기로 했다. 처음에는 사람 탓을 많이 했다. 누구 때문에 이렇게 되었다고. 그러나 공부하고 연구해보니 절대 사람 탓이 아니었다. 제도와 시스템 탓이었고, 그것은 중앙정부와 교육부의 잘못에 기인한다. 승진만 바라보는 교사들도, 사교육에 의존하는 학부모도, 학교에 와서 잠만 자고 가는 학생들도 모두가 불행하지만 그 근본적인 원인을 모른다. 이제는 불행의 근원을 제대로 알고 대처해야 할 시점이다. 교육 권력을 지닌 특정인이 아닌 학부모의 역할과 교사의 역할을 되찾고, 바꿀 것은 바꾸고 새로 도입할 것은 도입해야 한다.

교육정책이나 제도가 올바르게 바뀌려면 학부모와 교사가 성장해야 한다. 무엇이 진실이고, 거짓인지 아는 것이 그 시작이다. 이 책을 읽는 이들의 가슴이 뜨거워졌으면 한다. 교사들은 승진에 대한 생각이 바뀌고, 학부모들은 공교육에 조금 더 많은 관심을 가졌으면 좋겠다. 무엇이 문제인지를 파악하고 어떻게 바꾸어야 할지를 고민해보자. 지금 시작해도 늦지 않다. 지금부터 공교육이 조금씩 바뀌기를 간절히 바란다. 시간이 걸리긴 하겠지만 교육이 바뀌면 사회와 문화가 바뀔 수 있다. 5년, 10년 후면 늦을 수 있다. 지금 당장, 문제를 인식하고 학습하고 개선책을 만들어야 한다. 바로 지금이 내 아이의 미래를 위해서 변화해야 할 때이다.

이 책에서는 필자가 연구하고 경험한, 대한민국 공교육 정책에 현재 어떤 문제가 있는지 쉽게 풀어서 설명하고 앞으로의 교육정책과 제도의 미래를 전망해보려 한다. 마지막으로 이 책을 쓰는 데 많은 영감을 준 경기도교육연구원 정책개발팀 팀원들(2011~2014년, 이승준, 오재길, 서용선, 김혁동, 장우진 선생님), 교육자로서 가장 존경하고 본받고 싶은 김성천 선생님, 다른 시·도 교육청에서 교육정책 혁신에 매진하고 있는 관계자 분들, 마지막으로 사랑하는 가족에게 감사의 마음을 전한다.

2016년 7월

홍섭근

| 차례 |

I

교육청과 교육부는
어떻게 일하고 있나

세월호 사건이 남긴 것

세월호 사건은 대한민국 교육사에 잊히지 않을 비극적인 일이다. 하나의 사건으로 단원고등학교 2학년 학생 250여 명이 사망·실종했다. 그런데 우리 사회는 이제 그만 잊으라고 강요한다. '잊지 않겠습니다'라고 외치면서 모든 방송 채널에서 세월호 사건을 취재했던 것이 엊그제 같은데, 이제는 언론에 한 줄 나오는 것도 찾아보기 힘들다. 암묵적으로 금기어가 된 듯하다. 고통스러운 기억이니 언급하지 말자는 사람부터, 단순 교통사고인데 무슨 정치적인 얘기를 하고, 보상을 얘기하느냐며 그만하라는 사람들도 있다. 세월호 사건을 추모하는 노란 리본을 달고 다니면 정치색과 연관 지어 생각하기까지 한다. 아울러 진실 규명을 원하는 피해자들을 아무 말도 못하게 막고 있다. 국가가 나서서 자꾸 돈으로 해결하려 한다. 보상을 해주었는데 무엇이 문제냐는 논리는 본질을 외면한 것이다.

교육에 있어서도 현장의 문제와 고통을 외면한 소통 없는 국가 주도형 탑-다운(top-down) 식의 정책은 늘 부작용과 무리수가 따른다. 보다 합리적인 정책은 교육 수요자(학부모, 교사, 학생) 중심의 정책, 국민들의 삶과 밀착된 정책이다.

교육부와 교육청이 마비되어도 학교는 잘 돌아간다

경기도 내 학교서 발생한 세월호 사건으로 인해 2014년 4월부터 대략 한 학기 동안 경기도교육청은 제대로 된 업무 수행을 할 수 없었다. 교육부도 크게 다르지는 않았다. 아이러니한 것은 경기도교육청과 교육부는 마비되었는데, 학교는 한가해졌다는 사실이다. 교육부와 경기도교육청에서 공문을 보내지 않으니 학교가 자율적으로 운영되었다. 일부 교사들은 이렇게 말했다.

"교육청이 존재하지 않는 것이 학교에게는 더 큰 도움이 되는 것 같아."

의미 있는 말이었다. 교육부나 경기도교육청은 거대한 기관이자, 권력기관이다. 경기도교육청은 대한민국에서 가장 큰 공조직이다. 제대로 작동하기에는 너무 비대해졌고 둔해졌다. 그리고 기획하는 정책들이 형식적, 전시적, 획일적이고, 현실과 동떨어진 내용들이 많아졌다. 특히 최근의 교육정책들은 거의 현실을 반영하지 못하거나, 취지는 좋으나 학교에서 도입하기는 현실적으로 어려운 내용들이 적지 않다. 학부모나 교사들은 왜 이렇게 되어버렸는지 궁금해할 것이다. 나 또한 그것이 궁금해서 5년 넘게 교육정책 연구에 매달렸으니 말이다. 조직이 커진다고 일이 합리적으로 이루어지지는 않는다. 조직이 커지면 조직 간의 업무 떠넘기기, 네 일과 내 일이 생긴다. 부서 간 불협화음도 불가피하고, 부서별로 비슷한, 중복된 사업도 생겨난다. 거대 기관 교육청과 교육부는 과연 학교를 위해서 존재하는가. 없어도 잘 돌아간다면 굳이 있을 이유는 무엇인가?

세월호 사건을 핑계로 부활한 형식적인 안전 점검

세월호 사건 이후에 경기도교육청에는 안전지원국이라는 조직이 생겼고, 타 시·도 교육청에도 안전을 담당하는 부서가 생겼다. 학교 현장 경험이 많지 않은 일반행정직 공무원들이 대거 배치되었다. 이 새로운 부서의 지시사항으로 학교에서는 수시로 안전 점검을 하게 되었고, 만들어야 할 공문과 문서가 상당히 늘어났다. 교사들은 의무적으로 안전 연수를 받아야 했는데, 2015년에는 적잖은 비용을 들여 전 교원이 15시간 이상의 사이버 연수를 받았다. 이에 사이버 교원 연수 업체는 호황을 누렸다고 한다. 교사들은 뭔가 로비나 커넥션이 있는 게 아니냐는 의심까지 했다. 안전에 관련된 업체가 앞다투어 생겨났다. 학교에서는 안전에 대한 예산을 우선적으로 마련해야 했다. 무엇을 하든 안전 점검은 필수가 되었고 안전을 위한 비용은 늘어났다.

그래서 우리는 과연 더 안전해졌을까? 형식적인 점검이 난무하고 담당자의 책임 면피를 위한 공문과 계획서 등 문건의 양이 늘었다. 또한 교육부는 2018년까지 초등 3~6학년 학생에게 생존수영을 가르쳐야만 한다고 밝혔다. 앞으로 학생들은 생존을 위해 수영을 배워야 한다. 외국의 사례를 참고하여 도입했다는데, 세월호 사건 희생자들이 안전에 대한 공문과 문서가 없어서, 생존수영을 못해서 희생되었는가를 되묻고 싶다. 만약 해상에서 사고가 나면 차디찬 바다에 뛰어들어 수영을 하며 버틴다 해도 2~3분 이내에 저체온증으로 사망에 이른다. 게다가 대한민국에 수영장을 가진 학교가 얼마나 될 것이며, 수영장에 인접한 학교가 얼마나 될까? 도대체 이런 발상을 하는 이들은 누구인가. 왜 현실과 동떨어진 전시행정이 반복될까? 왜 학부모들은 이런 일들을 보고만 있을까? 지금 상황을 보고 있노라면 교육정책을 담당하는 이들이 교육의 본질에 대한 고민은 하지 않고, 자리보전과 전시행정에만 치중하고 있다는 느낌이 든다. 많은 학부모들이 이러한 상황을 방관하고 있다. 관심이 있는 일부 학부모들도 의견을 개진할 창구를 찾기 힘들다. 세월호 사건이 안전 불감증에 대한 문제 제기 역할을 했으나, 해결책은 없고 전시행정과 면피행정이라는 엉뚱한 방향으로 흘러가고 있다.

교사는 지금도 여전히 공교육 희망의 불씨

세월호 사건과 관련하여 아직까지 진행 중인 교육적인 이슈가 있다. 당시 단원고등학교 기간제 교사와 교감선생님의 순직 문제다. 기간제 교사는 쉽게 생각해서 임기제 공무원이라고 보면 된다. 교사가 휴직이나 병가, 출산휴가 등으로 학교에 나오지 못하는 상황이 발생하면 기간제 교사가 그 자리를 대체한다. 업무는 똑같지만 임기가 제한되어 있다는 것이 문제다. 세월호 참사 당시 아이들을 구하려다 숨진 기간제 교사 두 명은 아직까지 순직이 인정되지 않았고, 죄책감에 시달리다 스스로 목숨을 끊은 교감선생님도 순직 대상이 되지 않았다. 대법원 판결로 교감선생님의 순직은 인정되지 않았고, 기간제 교사 관련 건은 1심 재판부에서는 원고 패소 판결을 내렸다. 즉, 유가족 손을 들어주지 않은 것이다. 교육부와 인사혁신처에 따르면 기간제 교원이 교육공무원이라는 대법원의 판단이 나오지 않는 이상 단원고 기간제 교사들의 순직 인정 논의가 진행될 수 없다는 입장이다. 대한변호사

협회, 각종 시민단체, 여·야 국회의원도 모두 순직을 인정해달라고 요청했지만 정부는 움직이지 않았다. 공무원연금법상 순직 처리 대상은 '상시 공무에 종사하는 자'로 한정되어 있기 때문이라고 한다. 인사혁신처는 이를 정규직 공무원에게만 적용되는 것으로 해석했다. 즉, 기간제 교사는 법제도상 어떤 경우에도 순직이 인정되지 않는다는 것이다. 그리고 자살한 사람도 마찬가지라는 논리이다. 물론 법과 제도는 안정성이 있어야 한다. 그러나 이런 특수한 사안에 대해서는 국민적인 공감대가 형성되면 융통성을 발휘할 법도 한데, 그런 경우가 거의 없다. 이는 소방공무원의 순직(소방공무원의 경우는 화재진압·구조·구급 업무를 하다 사망한 경우에만 순직으로 인정해준다)에서도, 지속적인 폭력에 시달리다 자살한 군인의 경우도 크게 다르지 않다. 최근에는 군 의문사 같은 경우에는 자살도 국가유공자로 인정하는 사례가 생기고 있지만 많지도 않고, 국가가 아닌 유족이 소송을 하는 등 직접 나서야만 가능하기에 아쉬움이 크다.

기간제 교사와 교감선생님의 순직 문제가 뭐가 그리 중요하냐고 생각할 수 있다. 그러나 이것은 교육자 사기와도 연결되며, 공교육의 상징성과도 관련 있다. 이들이 무너지면 교육도 무너지고, 사회도 무너진다. 세월호 당시 생존율을 보면 선박직 승무원 15명 중 15명 구조 100% 생존, 일반 승객 108명 중 75명 구조 70% 생존, 서비스직 승무원 14명 중 5명 구조 36% 생존, 단원고 학생 325명 중 75명 구조 23% 생존, 단원고 교사 14명 중 2명 구조 14%가 생존했다.[1] 이는 스승은 없고 선생만 남았다고 그토록 사방에서 지탄받고 있는, 공교육 교사가 보여준 가슴 뭉클한 일이다. 이들이라고 살고 싶지 않았겠는가? 안전교육이 총체적으로 문제이지만, 학교교육만을 탓하기에는 이 사건이 주는 교훈이 너무도 크다. 간혹 '생존 교사는 더 많은 학생을 구조하지 않고 혼자 살아남았느냐'는 논리를 펼치는 이들을 볼 때 섬뜩하기까지 하다. 누구나 배에서의 안전은 승무원들이 더 잘 알고 있다고 믿는 상황에서, 그들의 지시를 따랐다. 어느 누구도 30도 이상 배가 기울면 구조대가 와도 구할 수 없을 것이라는 사실을 잘 알지 못했다. 이는 일반 국민도, 교사도 마찬가지이다.

문제가 발생하면 교사 탓, 학교 탓부터 하는 현상은 교육적이지도 않고, 교육의 발전에도 도움이 되지 않는다. 공교육에 있어 근본적이고 구조적인, 문제의 원인을 규명하고 대안을 마련해야 한다. 최선을 다한 세월호 사건의 희생자인 교사, 그리고 안타깝게 불의의 사고를 당한 우리 학생들에게 보다 나은 공교육의 미래를 약속하고 보여주고 싶다.[2] 때로는 비정상이 정상을 매도하고 뭇매를 맞는 상황이 벌어진다. 이런 비판을 감당하면서 혁신이란 단어를 말할 수 있는 자신감이 공교육 혁신의 시발점이 될 것이다.

교육청과 교육부,
하나부터 열까지 다 할 수는 없다

일반 학부모들은 학교, 지역 교육청, 시·도 교육청 등 기관을 명확히 구분하지 않는다. 그냥 모두 공립기관이라고 여길 뿐이다. 그리고 그 기관에서 벌어지는 일들, 즉 공교육에 대한 불만을 갖고 있다. 그런데 업무를 담당하는 교사들 중에도 업무 수행을 하면서 주체가 누구인지 정확하게 구분하는 사람은 별로 없다. 교감이나 교장 역시 마찬가지이다. 예산의 출처나 사업의 주체가 지역 교육청, 시·도 교육청, 교육부, 문화체육관광부 등의 중앙부처로 모두 다른 데도 알려고 하지 않는다. 교사들은 때로는 학교장의 지시인지, 상부 지시에 따른 공문에 의한 업무인지도 모르는 일을 한다. 교사들에게는 출처가 어디든 모두 상부에서 지시한 사항일 뿐이다. 제때 일을 하지 않으면 장학사들에게 전화를 받아 교감선생님에게 호출된다는 것, 그리고 징계를 받을 수도 있다는 것만 기억한다. 그게 그거고, 구분할 필요 없이, 어차피 해야 하는 것이라고 생각하기 때문이다. 이렇게 해도 학교는 잘 돌아가는 것이 신기하다. 이것이 대한민국 학교의 현실이다.

위에서 수없이 지시사항이 떨어진다. 학교 사업(학교장), 지역 교육청(교육장), 시·도 교육청 사업(교육감), 교육부(교육부 장관), 문화체육관광부 및 유관 기관(기타 중앙부처장), 지자체 사업(지자체장), 심지어 인근 군부대나 외부 기관에서도 공문이 내려온다. 2011년부터 2014년까지 경기도교육청을 기준으로 단위 학교에 오는 공문의 숫자를 세어본 적이 있었다. 한 해에 1만 건에서 2만 건가량의 공문이 학교에 온다. 많은 학교는 3만 건에 육박한다. 내용은 대개 수치 보고하기, 교육과정에 반영하기, 교육계획서 세워 제출하기, 예산사업 신청해서 추진하기 등의 일들이 대부분이다. 일부 홍보성 공문이 많은 것도 사실이다.

상부에서 이렇게 공문을 과도하게 보내면 어떤 현상이 벌어질까? 일단 교사들은 쏟아지는 공문 속에서 자신이 맡은 업무 관련 공문 이외에는 열어보지 않는 경우가 대부분이다. 가령 자신이 학교폭력 업무를 맡았다고 하면, 1년 동안 나에게 배부되는 학교폭력 관련 공문 이외에는 일절 보지 않는다. 즉, 교육부가 뭘 하든 시·도 교육청이 무엇을 하든 교사에게는 관심 밖이다. 모두가 바쁜 나를 귀찮게 하는 것들일 뿐이다. 내 업무가 아닌 것은, 해당 업무 담당 교사들이 처리하면 되는 것이다. 칸막이 문화가 자연스럽게 생긴다.

과중한 업무가 무관심한 교사를 만든다

결국 교육부나 시·도 교육청이 어떠한 정책 사업을 하더라도 일선 학교 교사들은 별 관심을 보일 수 없는 것이 현실이다. 교사들이 나태해서가 아니라, 워낙 사업의 수와 담당해야 할 업무가 많다는 것이 핵심이다. 교사들이 교육정책 사업을 추진하고, 행정업무를 하고, 예산을 쓰느라 사용하는 에너지는 학생 생활지도나 수업의 변화로 이어지지 않는다. 교사들 사이에서는 업무를 하고 남는 시간에 아이들 가르친다는 우스갯소리마저 나온다.

한때 교육청에서 교원 업무 경감 정책을 4년간 추진한 적이 있다. 경기도교육청의 교원 업무 경감 정책은 전국에서 가장 효율적으로 교원 업무를 경감했다는 평을 들었다. 당시 진보 교육감과 사이가 좋지 않은 교육부에서도 인정하였고, 시·도 교육청 평가지표에서 최우수 등급을 줄 정도였다. 그런데 성공했다고 평가받는 교원 업무 경감 정책은 반만 성공한 정책이다. 결과적으로 일반행정직과 교원들 간의 업무 떠넘기기와 갈등을 야기했기 때문이다. 교사들은 수업을 해야 한다며 업무를 하지 않았고, 일반행정직들은 교사들의 업무를 왜 우리가 맡느냐고 항변했다. 그래서 임시적인 방편으로 행정실무사(과거 교무 보조 성격)를 대거 뽑았다. 사실 교사들이 행정업무를 맡게 되는 것은 일반행정직의 숫자가 부족하기 때문이다. 일반행정직의 숫자를 증원하면 교사가 수업에 전념할 수 있는 분위기가 조성되는데, 중앙정부에서는 예산을 핑계로 교사들도 업무를 맡도록 해, 수업에 신경 쓸 분위기를 만들지 않고 있는 것이다. 그래서 시·도 교육청이 나름의 노력으로 상황을 개선해보려 한 것이 행정실무사라는 임기응변식 대응이었던 것이다.

몇 해가 흐르자 행정실무사들의 임금액이 경기도교육청이 감당할 수 있는 수준을 넘어섰다. 더는 충원하지 못하는 상황에 이른 것이다. 결국 지금의 상황은 중앙정부와 교육부에서 초래한 것이다. 문제의 핵심인 행정 인력을 충원하지 않고, 매년 늘어나는 업무 속에, 일처리는 학교에서 알아서 하라고 방관한다. 학교에서는 교원 숫자도 부족하고, 일반행정실 숫자도 부족한 상황에서 서로 간의 노-노 갈등만 악화된다. 전국 학생의 4분의 1과, 교원의 5분의 1을 가지고 있는 경기도교육청의 상황은 다른 지역에 비해 더 열악하기만 하다. 교원 수도 부족하고, 장학사 수도 부족하고, 일반직 수도 부족한 상황이다. 교육부에서도 기획재정부에 인력 충원과 예산 배정을 요구하지만, 교육 사업은 단기간에 성과가 나지 않는다는 사실은 뒤로하고 항상 투자할 이유가 없다고 판단되어 매번 거부당하고 만다. 이러한 일처리 방식이 결국 학생들의 수업 질 저하를 초래하는 것이다.

2016년 3월 제4차 사회관계장관회의에서 교육부는 '학부모 교육 활성화 방안'을 안건으로 상정한 바 있다. 임신·출산기, 영·유아기, 초·중학교 학령기 등 자녀의 생애주기를 크게 3단계로 나누고 이에 맞춰 학부모 교육을 실시하겠다는 구상이다. 이준식 사회부총리 겸 교육부 장관은 사회관계장관회의에서 "아이 키울 준비가 부족한 상태에서 양육에 대한 무지와 스트레스가 더해져 아동학대로 이어지고 있다"면서 "생애주기별·가정유형별 특성에 맞는 부모교육을 강화해야 한다"라고 언급했다.[3] 사실 이와 유사한 얘기는 언제부터 나왔는지 모르겠다. 교육부 본인들도 인정했다시피 분절적으로 이루어져 있는 정부부처와 시·도 교육청 내부에 있는 각종 부서에서 학부모 연수를 하고 있지만 형식적이다. 부모교육은 필요하다. 하지만 일관성 없고 지속적이지 않은 보여주기식 정책은 시간 낭비, 인력 낭비일 뿐이다.

승진가산점과 인센티브로 학교를 흔들어대는 교육부

교육부에서 사업을 추진할 때 예산을 늘리지 않고 관행적으로 쓰는 방법이 몇 가지 있다. 교원 승진가산점, 연구시범학교 지정(기간에 따라 승진가산점과 500~2000만 원가량 예산 지원), 시·도 교육청 평가 시 등급에 따른 예산 차등 지급, 100대 교육과정, 국가수준학업성취도평가로 서열화를 조장하는 방법들이다. 쉽게 말하자면, 말 잘 들으면 인센티브 잘 줄 테니 알아서 따라오라는 방식이다. 이해를 돕기 위해서 하나만 예를 들어보겠다. 2011년 대구의 한 중학생이 학교폭력에 시달리다 자살한 사건을 계기로, 이주호 당시 교육과학기술부 장관은 학교폭력 사태에 대한 근본적인 개선책을 마련할 것을 교육과학기술부(현 교육부)에 지시하였다. 2011년부터 2012년까지 학교폭력은 교육과학기술부의 주 관심 사항이었으며, 각종 언론이 앞다투어 보도하였다. 학교폭력을 없앤다면서 야심차게 나온 결과물이 학교폭력 유공교원 승진가산점(공통가산점)이다. 2013년부터 한 학교의 40%의 교원이 받을 수 있는 점수로 연 0.1의 파격적인 승진가산점을 도입한 것이다. 교육정책에 대해 관심 있는 교원단체나 시민단체들은 이에 대해 심각한 우려를 표명하였으나, 당시나 지금이나 압도적인 여론에 밀려 제대로 된 논평을 내지 못했다.

2016년 현재 학교의 상황을 보자. 농어촌 승진점수가 있는 학교에서는 학교폭력 유공교원 40% 안에 들어 점수를 받기 위해서, 교사들끼리 심각하게 경쟁하는 상황이 벌어지고 있으며, 승진에 별 관심이 없는 도심 지역에서는 행정서류를 내는 것조차 귀찮아, 서로 점수를 받지 않으려 해서 담당자가 힘들어한다. 학교폭력 유공교원 점수가 도입되어서 학교폭력이 없어지거나, 교사들의 관심도가 증가했다는 통계는 어디에도 없다. 오히려 학교폭력을 담당하지 않은 승진을 앞둔 교사들이 승진점수를 얻기 위해 편법적인 방법을 동원하는 부작용만 발생하고 있다. 승진을 원하는 교사와 그렇지 않은 교사들끼리 갈등만 심화되는 상황이다.

교육부에서는 학교폭력 승진가산점을 만들었으니 할 일을 했다는 입장이고, 여전히 학교와 교사들에게 책임을 떠넘기고 있다. 교육부는 학교폭력 가산점처럼, 무언가 사안이 발생하면 근본적인 대책이 아닌 승진가산점이라는 미봉책으로 학교 현장의 분란을 조장한다. 이러한 상황을 초래한 결정적인 이유는 교육부 관계자가 학교 현장을 제대로 모른다는 것이다. 대학생 임신 휴학이라는 제도로 출산율을 높이겠다는 이해할 수 없는 정책까지 나오고 있다. 교육부에 들어가는 이들은 교육연구사로 뽑힌 이들을 제외하고, 대부분 7·9급 일반행정직으로 시작하거나 행정고시를 패스한 5급 사무관들이다. 이들은 학교 현장을 경험하지도 않았고, 잘 알지도 못한다. 알 필요도 없이 기존에 했던 관행대로 일하다 다른 부서로 전출 가면 그만이다. 학교 현장을 안다고 볼 수 있는, 교육부 연구사는 7년 있으면 해당 시·도 교육청으로 일방 전출된다. 간혹 연구관으로 다시 들어오기도 하지만, 자리가 많지는 않다. 현장에 대한 이해가 없이 전시행정을 하는 이유는 시스템도 문제이지만 사람이 문제인 이유도 크다. 이들은 교육에 대한 애정이 있다기보다는 기계적으로 정책 수행을 하는 기능인으로서의 역할이 강하다.

시·도 교육청의 방식도 교육부와 비슷하다

공통가산점은 교육부가 만드는 제도고, 선택가산점은 시·도 교육청이 만드는 항목인데 시·도 교육청도 교육부와 유사한 방식으로 교사를 길들인다. 초등 돌봄교실, 영재학교, 청소년단체, 부장 경력, 학생체육대회 입상 경력, 농·어촌 가산점 등의 승진점수가 그것이다. 교사가 수업과 교육과정의 전문성을 인정받아 교감, 교장으로 승진하는 체제가 아니다. 교육부나 시·도 교육청이 시키는 대로, 수업이나 교육과정보다는 행정업무 처리에 몰두해야 하고, 결정적으로 농어촌 지역에서 십 년 이상 근무해 벽지 점수를 쌓아야 교감·교장이 되는 승진의 길을 갈 수 있다. 과연 이것이 교육적인지, 학생을 위한 것인지 묻고 싶다. 행정업무 처리를 잘하는 것이, 학교의 총 책임자인 교장이 되는 것이랑 무슨 상관이 있는가? 이런 질문을 하면 누군가는 해야 하는데, 기피하는 일을 한 사람에게 승진점수를 주는 방식이 잘못된 게 아니라고 대답하는 이들이 있다. 하지만 이것은 근본적인 대책이 아닌 땜질식 처방에 불과하다. 기피 행정업무를 교사에게 맡기는 것이 아니라, 교육부나 중앙정부가 하고 있는 전시행정을 줄이고, 인력이나 예산이 부족하면 더 투자해야 문제를 해결할 수 있다. 이런 근본적인 고민 없이, 늘 기존의 방식으로 해야 한다는 관점을 가지고는 변화할 수 없다. 중앙정부의 행정 관료들은 교사들은 승진점수를 주면 조삼모사 원숭이처럼 잘 따라온다고 생각하는 것 같다. 승진점수나 인센티브에 길들여진 교사들은 무엇이 문제인지에 대한 파악보다는, 남들보다 먼저 승진하기 위해 힘든 기피 업무를 선택한다.

이렇게 힘든 업무를 하게 되면 대개는 학생들을 신경 쓰기 힘들다. 모두가 그런 것은 아니지만 승진하기 위해 꼭 거쳐야 하는 교무부장이 되면, 대부분 수업에 전념하기 힘들 정도의 과중한 업무가 맡겨진다. 그것을 버티고 버텨야 교감으로 승진할 수 있다. 학교 상황을 좀 아는 학부모들은 교무부장이 담임이 되길 원하지 않는다. 제일 선호하는 교사가 누구인지 학부모나 학생에게 물어보면 신규 교사를 가장 많이 손꼽는다. 학부모들은 신규 교사들이 가장 열정이 넘치고, 학생을 위해 헌신한다고 얘기한다. 힘든 업무가 있더라도, 아이들에게 재미있는 수업을 해주기 위해서 노력한다. 그러나 경력이 올라가면서 차츰 승진 생각을 하게 된 교사들은, 아이들 교육보다는 승진에 집중하면서 학생을 위해 하던 많은 것들을 내려놓고 만다. 승진한 이들이 잘못이라는 얘기가 아니다. 근본적인 제도가 문제고 이 상황을 만든 이들이 문제이다. 교장·교감 승진 과정에서 교사들의 인성을 보는 경우도 거의 없거나 형식적이다. 때문에 학교장들의 능력과 성품은 개인차가 굉장히 크다. 운이 좋으면 인품이 훌륭한 좋은 관리자를 만나게 되고 아니면 악명 높은 관리자를 만날 수도 있다. 어느 집단에서든 있는 일이겠지만, 학부모와 학생을 상대해야 하는 위치이기 때문에 더 문제가 될 수 있다.

이렇게 승진가산점은 학교문화에 결정적인 영향을 끼치며, 교육부나 중앙정부의 통제 수단, 그리고 자신들의 정책을 합리화하기 위한 수단으로 전락하였다. 교사나 학부모, 학생들은 무엇이 문제인지 알지 못한 채, 학교가 제대로 돌아가고 있지 않다고 비판한다. 어떤 이들은 더 많은 승진점수를 줘서 학교가 제대로 움직일 수 있게 해줘야 하는 게 아니냐는 이야기도 한다. 심지어 교사들 사이에서도 말이다. 교사들 사이에서는 학생을 생각하는 좋은 교사는 승진하지 않는다는 말이 있다. 승진을 위해서는 교사이기를 포기해야 하는 상황에 대한 우스갯소리이다. 승진점수를 받기 위해 학생 교육보다는 본인의 진로에만 집중하게 되는 본말 전도의 상황은 흔하다.

지금도 일부 시·도 교육청에서 통합학급(장애 학생이나 특수교육을 받아야 하는 학생이 소속된 학급을 말함) 담임에게는 승진가산점을 준다. 서로 앞다투어 통합학급을 맡겠다고 하지만, 정작 그 장애 학생에게 어떻게 다가갈지 고민하는 이는 많지 않다. 통합학급 점수가 꽉 찬 교사들은 힘들다는 이유로 통합학급 맡기를 거부하기도 한다. 장애 학생이 승진의 수단이 되는 꼴이다. 농어촌 점수는 어떠한가? 농어촌 지역에서 근무하면 우수한 교사가 되는 것도 아닌데 승진점수를 준다. 이것이 생긴 이유는 농어촌 근무를 원하는 사람들이 없기 때문이다. 교통이 좋지 않은 외곽 지역에 발령 나면 수당을 더 주면 될 텐데, 예산이 부족해서 승진점수를 준다고 한다. 농어촌 점수를 다 채운 교사들은 대개 미련 없이 그곳을 떠난다.

경기도의 포천과 같은 특정 지역은 3년 주기로 50퍼센트의 교원이 전부 전출해버리는 현상이 지속적으로 반복된다. 이곳에 가는 교사들은 두 부류이다. 신규 교사이거나 점수를 따러 온 경력 교사. 포천에 남아 학생들에게 애정을 가지고 정착하는 사람은 많지 않고, 대개 3년이 지나면 떠나간다. 그 지역 학생들은 새로 부임한 교사들에게 선생님은 언제 가시느냐고 물어보는 것이 습관화되어 있다. 상황이 이러한데, 해당 지역 국회의원이나 도의원들은 시·도 교육청에 압력을 가해서 지역 승진점수 가산점을 더 상향시켜 우수한 교사를 보내달라고 요구한다. 이를 위해 학부모를 동원해 교육청 앞에서 시위를 하기도 한다. 학부모들이 근본적으로 무엇이 교육을 망치고 있는지 모르는 것이다. 보이는 것 이면의 이러한 상황을 인지하고, 학생을 위한 제대로 된 시스템이 될 수 있도록 노력하고 정책을 만들어야 한다.

초등학교에서부터 시작되는 공교육 불신

초등학교 저학년 담임은 보통 고경력자들이 선호한다. 교재 연구에 대한 부담이 적고, 수업이 보통 오전에 끝나 고학년 담임에 비해 오후 시간이 여유 있기 때문이다. 이는 유은혜 국회의원이 2013년 11월 국 감조사 때 언급한 통계자료가 증명한다. 전국 초등학교 1학년의 경우 50대 담임교사는 25.5%를 차지했으나, 6학년에서는 4.3%에 그쳤다. 도심 지역에서는 대개 어린이집이나 유치원에서 주로 젊은 교사들을 만나다, 초등학교에 들어가면 연륜이 있는 고경력자를 만나게 된다. 고경력자에 대한 평가는 보통 풍부한 경험과 연륜, 여유가 있다는 긍정적인 평과 열정이 없다, 활기가 없다는 부정적인 평으로 나뉜다. 그런데 어떤 학부모들은 고경력자는 저학년 담임을 못 맡게 해야 한다는 극단적인 이야기를 하기도 한다. 이들의 불만은 대개 체육 수업을 잘하지 않는다는 것과, 학생에게 소리를 잘 지른다는 것, 다양한 방식의 수업 대신 학습지를 풀게 하거나 동영상만 보여준다는 것, 그리고 학부모에게 너무 강압적인 방식을 강요하고, 때로는 노동력⁴을 요구한다는 것 등이다. 이것이 편견이라 할지라도 이는 그동안 일부 교사들의 문제가 있었기 때문이다. 그러니 교사 스스로가 개선의 노력을 기울여야 할 부분이다.

초등 교사들이 체육 수업을 안 하려고 한다는 시각은 남교사 비율이 적고 여교사가 대부분인 것에서 비롯되기도 했다. 물론 모든 여교사가 그런 것은 아니지만 여교사들이 남교사보다는 체육 수업을 덜 선호하는 것이 사실이다. 때문에 다른 공무원 임용처럼 양성평등할당제⁵를 하자는 주장이 학부모나 교사들 사이에서 꾸준히 나오고 있지만, 여성가족부는 일부 교대에 남성 할당제가 있다는 이유를 들어 반대하고 있다. 이 제도를 도입하면 여성들이 피해를 입는다는 것이다. 그러나 조사할 때마다 학부모들의 70~80퍼센트 이상이 찬성하고 있고, 교사집단에서도 찬성하는 비율이 높아 언젠가는 도입될 가능성이 높다고 본다. 각종 연구 결과에서도 학생에게 남성과 여성의 양쪽 성역할을 배울 수 있도록 남교사와 여교사를 모두 경험하는 것이 좋은 영향을 끼친다고 밝히고 있다. 초등학교 교사들의 체육 수업이 적어지다 보니 도입된 것이 스포츠 강사제도다. 도입될 당시에는 찬성이 많았던 교사들의 여론은, 이들이 정규직이나 무기계약직을 요구하는 목소리를 높이자 반대로 돌아섰다. 이러한 현상은 교사집단의 이기적인 모습이라고 할 만하다. 스포츠 강사들도 안정적인 일자리를 기대하고, 일회성 사업에 그칠 거라는 것을 예측하지 못했을 것이다. 스포츠 강사들도, 뒤에 나올 영어회화 전문 강사들도 나름 열심히 했지만, 교육부의 한순간 판단에 의해 좌지우지되는 모두가 희생자들이다. 초등학교가 입시에 대한 부담도 없고, 학교폭력 문제도 중등에 비해 덜한 것은 사실이다. 그러나 학부모 불만이 많고, 공교육 불신이 시작되는 곳이라는 점에서 반성할 점이 분명 있다.

무엇이든 해야 하는 교사, 최종적인 희생자는 학생과 학부모

학교에서 발생하는 모든 일들은 교사 담당이고 책임도 져야 한다. 거부할 수도 없다. 돌봄교실 사업, 영재교육, 운동부 지도, 청소년단체, 방과후학교 운영, 안심 알리미 서비스 운영, 심지어 정수기 관리와

CCTV 보안 담당까지, 지금까지 추진했던 모든 사업을 추가 인력 지원 없이 교사들이 담당해왔다. 추가 인력과 예산이 없으니 모두 교사가 해야 하는 것이 맞을까? 이는 공교육의 질 저하, 각종 정책 사업의 형식적인 운영이라는 결과를 초래한다. 위에서 말한 사업들이 내실 있게 운영되지 않는 이유도 수업을 담당하는 교사들이 겸하는 구조이기 때문이다. 그럼에도 불구하고, 매번 새로운 사업들이 학교로 내려온다. 사업이 제대로 운영되려면 인력과 예산이 있어야 하고, 그게 아니라면 어설프게 형식적인 운영을 하며 아까운 예산을 낭비할 필요가 없다. 지금까지 학교 안으로 들어온 사업 중 학부모들에게 긍정적으로 평가받은 정책 사업이 있는가? 앞으로 이야기할 돌봄교실이나 방과후학교만 하더라도 만족스럽지 못하다는 평가가 많다.

지금까지 중앙정부가 추진한 사업 중 예외적으로 추가 인력을 지원해준 사업이 있다면 영양 교사, 영어회화 전문 강사와 스포츠클럽 활성화를 위한 스포츠 강사 지원이다. 그런데 이 사업 모두 현장에서는 외면을 받았다. 어느 날 갑자기 전국적으로 영양 교사를 만든다면서 법을 바꾸더니, 소수의 영양 교사를 뽑고 나서 흐지부지되었다. 현재는 거의 뽑고 있지 않다. 영양 교사의 전문성을 무시하는 것이 아니라, 영양 교사가 학교에 꼭 필요한지 의문을 가지는 사람이 많다. 영양사만으로도 충분히 역할을 해낼 수 있는데 왜 교사라는 명칭을 붙여가며 새로운 자리를 만들었을까? 학부모도, 교사들도 이해하기 어렵다. 차라리 보건 교사 확충이라면 명분이라도 있었을 것이다. 영양 교사도 추가로 정원을 주는 것이 아니라 교사 정원을 차감하고 뽑았기 때문에 논란이 있었다. 영어회화 전문 강사는 원어민 강사의 대체자원이라고 생각하면 된다. MB정부 때 영어 잘하는 해외 유학생이나 교포 출신에게 일자리를 마련해주고자 만든 것 같은데, 학교에 밀어 넣어놓고는 나 몰라라 하였다. 현직 교사 중에 영어회화가 가능한 이들이 상당수 있음에도 추가적으로 외부 인력을 고용한 것이다. 초창기에 학교 현장으로 들어온 이들 중에는 교사자격증이 없는 이들도 있었다. 현재는 시·도 교육청에서 이들을 무기계약직으로 전환해주지 않으려고 계약 종료를 유도하고 있다. 교육부에서는 방관하고 있어 이들도 전시행정의 희생자라고 볼 수 있다.

스포츠 강사는 영어회화 전문 강사보다 상황이 더욱 안 좋다. 이들은 학교체육 활성화와 스포츠클럽 활성화의 목적으로 들어왔다. 이 사업의 이면에는 부끄럽게도 초등학교의 문제가 결합되어 있다. 초등학교에서 일부 여교사들이 체육 수업을 기피하기 때문에 들어온 사업이라고 볼 수 있다. 스포츠 강사들이 독자적으로 수업을 하지는 못하는데, 이들도 무기계약직을 원하지만, 교육부나 교육청에서는 불가하다는 입장이다. 결과적으로 영양 교사, 영어회화 전문 강사, 스포츠 강사 모두 근시안적인 전시행정으로 피해를 본 사람들이다. 근본을 어떻게 고쳐나갈까라는 고민보다 매번 땜질식 처방만 일삼다 보니 학교 현장이 망가지고 있는 것이다.

감사 방식과 인사정책의 중요성

공무원 사회는 책임 소재를 강하게 따진다. 사건이 나면 누군가는 책임져야 하고, 꼬리 자르기를 해야 한다. 학교에서 사고가 나면 교육부, 시·도 교육청, 지역 교육지원청 모두 꼬리 자르기를 한다. 바로 학교장과 담임교사에게 말이다. 면책되려면, 면피를 할 수 있는 문건이 있어야 한다. 바로 안전교육이나 관련 교육을 했다는 증거 자료 말이다. 학생이 등굣길에 교통사고가 나면, 담임이 교통안전교육을 했는지 감사를 통해 확인한다. 만약 알림장이나 가정통신문을 통해서 지도하지 않았다면, 해당 교사는 징계를 받는다. 사망사고가 발생하게 되면 민사소송까지도 각오해야 하고, 법원에서도 교육을 했는지 유무에 따라 배상금 액수가 달라진다. 학교에서 학생 안전을 위한 각종 교육을 했다는 문건을 수도 없이 만들어야 하는 이유다. 이러한 방식으로 감사가 이루어지므로 교사들과 학교장은 더욱 철저히 문건을 만드는 데 열을 올린다. 일단 안정적으로 보험을 만들고, 문제가 생겼을 때 내가 피해 보는 일이 없어야 한다는 생각을 하게 된다.

그렇다고 문건 만들기에 열을 올리는 현실을 비난하기보다는 시스템의 문제를 지적해야 하는 것이 옳다. 감사의 방식이 학교 현장을 이상한 방향으로 끌고 간다. 교사들이 이런 문건 작성에 에너지를 쏟을수록, 수업과 학생 교육에는 소홀해진다. 한번은 학교 운동장의 축구 골대가 넘어져, 안타깝게도 한 학생이 사망한 적이 있었다. 학생이 축구 골대 위에 올라가서 매달렸다가 발생한 일이다. 학교장, 교감, 담임 교사는 징계나 민사상 합의금 등의 책임을 져야 했다. 이러한 일이 생기고 난 후 인근 학교에서는 축구 골대를 아예 없애버리는 기현상이 발생했다. 혹시나 발생할 수 있는 사고를 예방하기 위해서였다. 발상도 놀랍지만, 문제가 발생하면 일이 이런 식으로 흘러간다는 사실도 놀랍다. 유사한 사례로, 근무했던 학교 내 화장실 문이 바람에 닫혀서, 학생의 손가락이 절단되는 사고가 있었다. 그 뒤 학교에서는 모든 화장실 문을 다 뜯어버렸다. 감사 방식은 이렇게 학교문화를 경직되게 만든다.

인사 방식은 어떠할까? 다른 공무원 기관도 마찬가지일 테지만, 교직에서도 크게 다르지 않다. 꼭 능력 있는 사람, 인품이 훌륭한 사람이 승진하고 영전하지는 않는다. 상관의 비위를 잘 맞추고, 겉보기에 좋은 전시행정을 하는 사람이 승진이 빠르다. 정말 내실이 있는지 여부는 차치해두고 큰 예산을 끌어와 사업을 벌이고, 그것이 언론에 보도라도 되면 그 사람은 여지없이 승진한다. 주변에서 어떠한 비판이 있더라도 인사권자의 마음에 들면 높은 자리까지 승승장구할 수 있다. 자기 자리에서 최선을 다하고 남모르는 실력을 갖춘 것으로는 승진할 수 없다. 보이는 게 중요하기 때문이다. 이를 본 다른 이들은 어떠할까? 서로 경쟁적으로 사업을 벌이고, 학생과 학부모, 교사를 동원해서 일을 만든다. 인사에서 원칙이 사라지고 공정하지도 않다.

교육청이나 교육부나 6개월에서 1년 사이에 인사이동이 계속된다. 사업 담당자가 계속 바뀌니 전문성을 발휘하기보다 전시행정을 일삼는 것이다. 1년이라는 짧은 시간 동안 무언가를 바꾸거나 새로운 일을 추진하기는 버겁다. 어느 정도 업무 파악이 되었을 때에는 이동할 시기가 다가온다. 일시적으로 머무르는 이들에게는 전시행정은 큰 유혹이 될 수밖에 없을 것이다. 무언가 제대로 하려면 3~5년은 한 부서에 있거나 유관 부서만 돌아야 한다. 교육부 장관이나 시·도 교육청의 부교육감도 마찬가지다. 얼마 못 가 다른 사람으로 바뀌니 교육정책이 일관성이 없다. 일이 터지면 전임자가 책임을 져야 한다고 하고, 나는 모른다고만 하는 게 최선이다. 전임자나 전 전임자는 찾을 수도 없다. 무사안일의 근원은 잦은 인사이동과 책임지지 않는 행정에도 있다.

교육부나 시·도 교육청이 너무 비대한 기관이기 때문에 둔감해졌다는 비판도 있다. 이렇게 잘못된 감사와 인사 방식은 학교 현장을 망치는 근원이 되고 있다. 이런 시스템과 방식을 막을 방법은 딱 하나다. 지켜보는 눈과 견제이다.

거대한 교육기관 그리고 파킨슨의 법칙[6]

교육부와 시·도 교육청은 거대 기관이고 큰 규모의 예산을 가지고 있다. 교육부는 올해 예산만 63조 원, 경기도교육청은 12조 원이 넘는다. 어마어마한 수치다. 물론 많은 비중을 차지하는 인건비를 포함해서이다. 그러나 파킨슨의 법칙처럼 인력이 많다고 업무 처리가 잘되거나 효율적으로 조직이 운영되는 것은 아니다. 인력이 늘어나면 또 새로운 무언가를 만들어서 제일 하위 기관인 학교를 힘들게 한다. 학교에 일이 많아진다는 것은 학생에게 긍정적으로 작용하는 것이 절대 아니다. 교사들이 수업이나 교육과정 외의 일로 바빠지면 학생들에게 소홀해질 가능성이 크고, 학부모는 공교육에 대해 불만을 갖기 시작한다. 이를 어떻게 끊어내야 할 것인가, 답은 의외로 간단하다. 요즘의 정리, 버리기 열풍처럼 기관에도 정리와 버리기가 필요하다. 현재 교육부가 그러한 상황이다. 유·초·중·고등학교, 대학까지 모든 것을 관할하고 있다. 거기에 교육과정과 교과서, 학부모 사업까지 말이다. 이 많은 것들을 모두 제대로 돌아가게 하기는 힘들다. 권력을 내려놓고 학교에게 자율적으로 맡길 시기가 온 것이다.

외국의 교육부들은 우리나라와 비교하면 아주 단출한 기관이다. 학교를 중심으로 돌아가고, 국가가 관여하는 것은 많지 않다. 1년에 내려오는 공문은 달랑 몇 가지이다. 1년에 만 건 이상 공문이 오는 나라는 우리나라가 유일할 것이다. 하나부터 열까지 관여하게 되면 하나부터 열까지 모두 제대로 할 수 없다. 꼭 필요한, 제대로 할 수 있는 몇 가지만 남겨놓은 채 교육부의 권력을 다른 곳으로 이관하든지 학교에 돌려주는 방안을 고민해야 한다.[7]

1. 4·16 세월호 민변의 기록 참조.
2. 경기도교육청에서는 세월호 사건을 계기로 사건이 발생한 4월 16일을 기리며 4·16 교육체제를 만들어서, 기존 5·31 교육체제의 기조를 바꾸는 작업을 하고 있다.
3. 『머니투데이』 2016. 3. 27.
4. 초등학교에서 관행적으로 학부모들이 교통 지도, 급식 지도, 교실 청소, 학급 환경미화 등 노동력을 강요당하는 사례가 있음.
5. 한쪽 성의 비율이 30% 미만으로 되지 않도록 하는 제도.
6. 영국의 경제학자 파킨슨(Parkinson, N.)은 관료제 조직의 구성원 수가 증가하는 것은 업무량의 증가와는 관계가 없다고 주장함.
7. 이러한 문제를 해결하기 위한 국가교육위원회 아이디어를 부록으로 실었다.

Ⅱ

교육 이슈로 본
우리 교육의 한계와 대안

캣맘 사건, 인성교육의 문제인가

2015년 10월에 벌어진 캣맘[1] 사건은 한동안 대한민국 사회를 충격에 빠트리며 촉법소년[2] 논란을 일으켰다. 사건을 요약하자면 초등학교 4학년 학생 세 명이, 고양이 밥을 주던 사람을 향해 아파트 옥상에서 벽돌을 던져 한 명이 사망하고, 한 명이 중상을 입은 사건이다. 그런데 초등학교 4학년 학생은 촉법소년이기 때문에 형사처벌이 어렵자 촉법소년 연령 문제가 대두되었고, 학교 내 인성교육이 제대로 되지 않고 있다는 비판으로까지 이어졌다. 해당 가해자가 다니는 용인 모 초등학교에는 항의 전화가 빗발쳤다고 한다.

촉법소년 논란

최근 초등학교 고학년, 중학교 저학년 사이의 촉법소년은 많은 문제를 양산하고 있다. 특히 경범죄가 아닌 중범죄를 저지른 학생들은 재범의 확률이 높기 때문에 더 문제다. 더군다나 과거 중학생들에게서나 볼 수 있던 문제행동들이 초등학교 고학년들에게서 흔한 일이 될 정도로 일탈행동의 시기도 빨라졌다. 실제로 초등학교 3, 4학년 중 흡연을 하는 학생도 다수 있고, 초등학교 고학년 학생들이 원조교제를 하거나 임신하는 사례, 성인을 대상으로 심각한 범죄를 저지르는 사안이 발생하고 있다.

캣맘 사건의 가해자들은 현재 법적으로 촉법소년이기 때문에 어쩔 수 없이 형사상이 아닌 민사상으로 해결할 수밖에 없지만, 교육적으로는 판단해야 할 숙제가 남아 있다. 초등학교 4학년 교육과정에 자유낙하라는 주제가 없음에도, 언론에서는 마치 학교 수업에서 배운 것을 학생들이 실험해본 것으로 오보를 하였고, 이를 본 학부모들이 학교 인성교육이나 책임 문제를 들어 공분하였다. 경찰 조사에 따르면 이 학생들은 사전에 몇 차례 실험을 한 후 벽돌을 던져 사람이 맞았고 피해자의 피해 사실을 알았다는 취지의 내용 진술을 했다. 학교교육의 문제인지, 개인 인성의 문제인지는 결과가 정확하게 나와봐야 알 수 있다. 그러나 학교나 교사의 잘못으로 돌리기에는 참 애매한 나이이다.

경찰청 통계에 따르면 우리나라에서 지난 10년간 촉법소년은 4000여 명에서 1만여 명으로 늘었고, 범죄 형태도 흉포화되었다. 해외에서는 소년범죄가 증가하고 있고, 온정주의가 아닌 엄격함을 강화해 형사처벌 연령을 낮추고 있는 추세다. 형사처벌 면제 대상이 미국은 만 6~12세, 영국과 호주, 홍콩 등은 만 10세, 네덜란드와 캐나다 등은 만 12세 이하다. 제18대 국회에서 2011년 형사미성년자 연령을 만 14세에서 만 12세로 낮추고, 촉법소년 연령도 만 14세에서 만 12세로 낮추는 형법 및 소년법 일부 개정안을 발의했지만, '처벌이 능사가 아니라 예방 대책부터 마련해야 한다'는 의견도 분분해 표류하다 결국 제18대

임기가 끝나 자동 폐기된 바 있다.[3]

미성년자가 실수를 할 수도 있고 우발적으로 범죄를 저지를 수도 있다. 그러나 생명을 해하는 중범죄를 저질렀는데도 미성년자라고 감싸주는 사회구조는 앞으로 더 큰 사회적 비용을 감당해야 할 가능성이 다분하다. 많은 초등학교 교사들은 초등학교 4학년이면 사리 판단이 가능한 나이라고 말한다. 사람을 해칠 수 있다는 것을 모르고 행동하지는 않는다는 뜻이다. 물론 법은 국회에서 정하는 기준이지만, 국민 여론을 반영하여 국민 다수가 원하는 방향으로 개선해야 하지 않을까 생각한다. 캣맘 사건 이후 촉법소년 논란은 사그라들었다. 앞으로 국민들의 공분을 살 만한 촉법소년 범죄가 다시 나타났을 때라야 이 논란은 수면 위로 올라올 것 같다. 근본적인 해결책을 현시점에서 만들려고 하지 않는 것이 매우 아쉽다.

인성교육을 학교가 책임져야 한다는 생각에 대하여

캣맘 사건에서 엿볼 수 있는 또 다른 교육적인 의미는 인성교육에 대한 것이다. 학부모들은 인성교육을 학교에서 해야 한다고 생각한다. 일반 국민들의 인식이 그러하기 때문에 정치인들도 비슷하게 생각하는 것 같다. '인성교육진흥법'은 2014년 4월 발생한 세월호 참사를 계기로 만들어졌다. 온 국민을 충격에 빠트렸던 당시 참사는 근본적으로 우리 사회의 생명 경시·물질만능주의·이기주의 등의 풍조를 그대로 보여준 것이라는 자성의 목소리가 터져 나왔기 때문이다. 이런 자성을 바탕으로 2014년 5월 정의화 의원은 학교를 포함한 사회적 차원에서 인성교육을 실시하도록 하는 '인성교육진흥법' 제정안을 국회에 제출했다. 인성교육을 법으로 의무화한 것이다. 교육부는 법 시행에 따라 2016년 새 학기부터 초·중·고교 현장에서 인성교육을 크게 강화하기로 하고, 구체적 시행 내용을 담은 인성교육진흥법 5개년 계획(2016~2020)을 마련 중이다.[4]

이 내용만 보면, 인성교육이 법으로도 제정이 되었기 때문에 한결 마음이 놓일 수도 있다. 이제 교사들만 역할을 잘하면 될 것이라 믿는다. 학교에 책임을 물을 수 있는 권리가 생긴 것 같다. 더불어 학부모의 역할은 가벼워진 느낌이다. 부모를 통해 이루어져야 할 가정교육을 소홀히 하는 것에 대한 면죄부가 생겼다고 여기는 사람도 있을 것이다. 전 세계적으로 윤리나 도덕을 교과목으로 가르치는 나라는 거의 없으며, 인성교육을 법으로 제정하는 나라도 없다. 도덕교육이나 윤리교육이 중요하지 않다는 의미가 아니라, 왜 그것이 교과 교육을 통해 이루어져야 하며, 법이 되어야 하는 것인지가 의문이다. 이러한 기현상의 내면에는 각 주체들의 책임을 면하고자 하는 욕망이 숨어 있다.

국회의원들은 인성교육법을 만들었으므로 책임을 다한 것이고, 교육부는 실행계획을 짰으니 책임을 다한 것이고, 교육청에서는 단위 학교의 교장에게, 단위 학교 교장들은 교사들에게 교육과정에 반영하게 했으니 책임을 다한 것이다. 교사들은 사안이 발생할 때마다 교육과정에 반영하면서 수정한다. 인성교육, 도덕교육이야 학생들과의 생활 속에서 수시로 이루어지지만, 교육을 했다는 증거가 중요하기 때문에 의구심을 가지면서도 몇 차시를 할애하여 인성교육, 도덕교육 문구를 기재한다. 문건상으로 인성교육, 도덕교육을 했다는 증거를 남겼으니 완벽하다.

이것이 학교에서 벌어지는 인성교육의 현주소이며, 법제화한 결과이다. 특정 사안이 발생하면 감사가 이루어지고, 이 증거로 인해 교사는 책임에서 자유로워질 수 있는 것이다. 아마도 캣맘 사건 가해자의 담당 교사 역시 이와 같은 방식으로 교육청이나 경찰에서 감사 또는 조사를 하지 않았을까 싶다. 교육과정상에 인성교육과 생활지도 문구가 존재하는가를 보았을 것이라는 말이다. 이 같은 일들이 학교와 교육청에서 통용되고 있고, 많은 학부모들은 그 시스템을 신뢰하고 있다. 학교에서 인성교육을 책임져주길 바라지만 현실은 이러하다.

법으로 만들 것과, 가정과 학교, 지역사회가 나누어서 책임져야 할 부분은 다르다. 법으로 제정하였으니 학교에 일임하겠다는 생각을 가진 부모는 없으리라 믿고 싶다. 나 역시 부모로서 부담스러운 말이지만 자식은 부모의 인성을 닮는다. 교직 생활 몇 년이면 정말 다양한 모습의 학부모와 만나게 된다. 부모와 자식이 외모뿐 아니라 성품까지 그대로 닮은 경우는 흔하게 볼 수 있다. 평소 행실이 바르고 학생들 사이에서도 긍정적으로 인정받는 학생의 경우 그들의 부모를 만나보면 고개를 끄덕이게 된다. 부모 또한 정중함과 예의를 갖춘 태도로 학생에 대한 깊은 애정과 관심이 묻어나는 이야기를 하는 등 교사가 알고 있는 학생의 모습과 그대로 닮아 있기 때문이다. 그런 학부모를 만날 때 교사는 신뢰가 생기고 학교생활에 대한 솔직한 이야기와 조언을 해준다. 물론 반대의 경우도 있다. 교권 침해 사건이 수시로 일어나는 요즘, 구체적인 예는 들지 않아도 짐작이 가능할 것이다. 그런데 그런 학부모의 모습 또한 자녀의 행동과 닮아 있다. 폭력적인 성향, 피해의식, 책임 전가 등 부모를 만나보면 문제행동에 대한 의문이 금방 풀리는 경우도 있다. 물론, 이런 사례들은 변수나 외적인 영향이 있어 일반화할 수는 없을 것이다.

　대부분의 교사들이 이러한 사실을 교직 생활 중에 경험하고 느끼면 서도, 학부모에게 자유롭게 얘기할 수 없다. 그럴 수 있는 구조나 문화 가 존재하지 않기 때문이다. 교사들이 이러한 이야기를 솔직하게 꺼내 는 순간 학부모들은 돌변한다. 뭔가를 바라고 하는 얘기라고 오해하거 나, 우리 아이가 그럴 리가 없다면서 교사의 능력을 의심하거나 공격 적으로 변하기도 한다. 이런 분위기 속에 교사들은 더욱 움츠리게 되 고, 문제가 있거나 고쳐야 할 점이 있는 학생일지라도 솔직하게 이야 기하기 힘들다. 학부모가 듣기 싫어하는 이야기를 해서 관계가 어색해 지느니 빙 에둘러 듣기 좋은 이야기만 몇 마디 하고 마는 것이다. 초 등학교 학생 생활통지표에 좋은 말만 쓰여 있는 이유가 이것이다. 초 등학교는 입시와 직접적인 관계가 적기 때문인지 이렇게 포장하고 감 추는 것이 가능하다. 그러다 생활지도가 엄격해지고 그것이 입시에 영 향을 끼치게 되는 중·고등학교에 가면 문제점이 드러나기 시작한다. 그때는 걷잡을 수 없이 학생이 변해 있기도 하다.

　이러한 상황이 닥치면 일부 학부모는 공교육을 탓한다. 인성교육에 있어서 도대체 공교육과 교사들이 해준 것이 무엇이냐고, 제대로 교육 을 하긴 했느냐고 말한다. 학교가 인성교육을 하지 않겠다는 것이 아 니다. 적어도 다른 학생들의 부모가 내 아이와 한 반이 될까 걱정하고 그 부모를 원망하는 상황은 일어나지 않아야 한다. 내 아이지만 사회 구성원이기도 하다. 올바른 인성을 가진 사회 구성원으로 키워내는 것 또한 부모의 의무이다. 세상에 부모를 닮지 않은 자식은 없다. 누군 가를 탓하고 싶은 마음이 생긴다는 것은 이미 부모가 자식의 상황을 직시하고 있다는 뜻이다. 학교에서의 자녀의 모습에 대해 솔직한 이야기를 듣고 내 자녀에 대해 객관적인 판단을 하고 대처할지, 나름 열심히는 하고 있다는 한마디 칭찬을 들을지는 학부모에게 달려 있다.

덧붙여, 학부모들이 좀 더 열린 자세로 교사를 신뢰하였으면 한다. 퇴출시켜야 하는 문제 교사도 분명 있지만, 그래도 대다수의 교사는 올바른 의식을 갖고 학생 교육에 힘쓰고 있다. 많은 학생들과 만나며 경험이 풍부한 교사의 견해가 쓴소리일지라도 원망이나 비난의 마음 없이 순수하게 받아들이는 것이 내 자식을 위하는 길이 아닐까 싶다. 학생 입장에서도 부모가 교사를 신뢰한다고 느낄 때 교육에 긍정적인 영향을 끼친다는 것은 말하지 않아도 알 것이다.

교권 추락은 어디서 왔는가?

2015년 12월 경기도 이천의 모 고등학교에서 기간제 교사가 학생에게 폭행당하는 동영상이 언론에 공개된 후 전 국민이 경악을 금치 못했다. 이천의 30대 후반 기간제 교사를 학생이 폭행하여 사법처리가 예정되고 있는데, 기간제 교사는 처벌을 원치 않는다고 말한다고 한다. 학부모들은 분노했고, 이 사건은 연일 언론에 보도되었다. 학생이 교사를 폭행하다니 분명 비극적인 일이다.

그런데 대한민국 교육 현장에서 이런 일이 비일비재하다면 학부모들은 믿을 수 있을까? 교사 폭행 사건은 어제오늘 일이 아니다. 아버지 세대 때도 그랬고, 지금도 그렇다. 다만 언론과 미디어의 발달에 따라 수면 위로 드러나는 경우가 많아졌을 뿐이다. 실제로 교사가 학생이나 학부모에게 맞았다는 사례를 찾기는 그리 어렵지 않고 학부모에게 폭언을 듣거나 학생에게 성희롱을 당하는 경우도 종종 있다. 그런데 언론에서 다루어 공개되는 수가 적은 이유는 무엇일까? 현실에서 개선이 잘 안 되고 교사들에 대한 인식이 좋지 않다 보니 대부분의 선생님들이 참거나, 참으라고 강요당하기 때문이다. 교사들이 주도적으로 피해 사실을 알려봐야 시끄러워질 뿐 해결되지 않는다는 인식,

교사들이 원칙대로 행동하면 학생에게 피해가 갈까 우려하는 현상, 그리고 관할 교육청이나 학교가 사건을 축소하려는 경향이 원인이 된다. 이번 사안과 같은 일이 언론에 노출되면 교육부, 교육청은 비상에 걸리고 단위 학교를 압박하기에 바쁘다. 빨리 사안을 종결시켜야 하며, 그렇지 않으면 관리자(교장, 교감, 담당 교사)에게 근평 등으로 불이익을 주거나, 뜬금없는 종합감사를 하기도 한다. 이런 사례가 비일비재하다 보니 교사, 교장·교감들은 사건을 키우는 것이 결코 좋지 않다는 것을 분명하게 인식하고 있다. 사건을 축소하려고만 하는 이유는 여기에서 기인한다.

교사들의 사기가 낮아지면서 교육에 대한 의지도 점점 꺾이게 된다. 사안의 반복은 공교육의 질 저하로 이어지는 것이다. 그럼에도 소수의 문제 교사들이 교사집단 전체인 것처럼 말하며 공교육을 싸잡아 비판하는 현상이 심화되고 있다. 교육 당국에서도 사안이 터지면 교사 탓을 하며 꼬리 자르기를 한다. 근본적인 고민을 하는 이는 어느 누구도 없다. 학부모는 교사 탓, 교사들은 학부모 탓, 중앙정부는 교사와 학부모 탓이다. 피해 보는 것은 학생들이다. 이것이 우리나라 학교교육에서 흔하게 나타나는 현상이다. 때문에 이천 기간제 교사 폭행 사건이 발생했을 때 전 국민은 경악했지만, 유일하게 교사집단은 크게 흔들리지 않았다. 그다지 새삼스러운 일이 아니라는 반응이었다.

학교에서 가장 약자인 기간제 교사

이천 기간제 교사 폭행 사건은 몇 가지 교육적인 해석이 가능하다.

첫 번째로 기간제 교사 문제를 들 수 있다. 세월호 사건에서도 언급했 듯이 기간제 교사는 학교에서 가장 약자이다. 초등에서는 기간제 교 사를 구하기가 쉽지 않다. 교대 졸업자에게만 교사자격증을 주는 구 조이기 때문에 그렇다. 그러나 중등(중학교, 고등학교)은 상황이 다르 다. 중·고등학교에서는 해당 과목 교사자격증 소지자라면 누구나 기 간제 교사를 할 수 있기 때문에 경쟁이 치열하다. 사범대는 물론이고 비사범대에서도 교직 이수를 하면 교직자격증을 받을 수 있어 자격증 소지자가 넘쳐나는 현 상황이 초래한 현상이다. 주요 교과(국, 영, 수, 과)는 그나마 형편이 나은데, 자리가 많지 않은 그 외 교과는 경쟁률 이 20 대 1에서 많게는 50 대 1까지 치솟는다. 도심 지역이면 경쟁이 더 치열하다. 특히 소수 교과 기간제 교사 자리가 나면 산간 오지건, 타 시·도건 달려와서 면접을 본다. 그만큼 교직에서도 일자리를 구하 기 힘들기 때문이다. 그러나 면접은 형식일 뿐 이미 학교 관계자 측 지 인이 내정되어 있는 경우가 흔하다. 일부 학교에서는 편법적인 수단이 발생하여 공정 경쟁이 어렵기도 하다. 이번 사건의 피해자인 교사가 학생 처벌을 원치 않은 이유가 무엇이었을까. 학생을 배려하는 교육적 인 이유였다고 볼 수 있지만, 기간제 교사라는 신분 때문에 본인의 계 약 연장을 위해서는 조용히 사건을 마무리하고 싶었던 이유도 무시할 수 없었을 것이다. 실제로 이천 기간제 교사는 주요 교과가 아닌 소수 교과 교사라고 한다.

기간제 교사들은 정교사가 아니라는 것이 어떤 식으로든 알려진다. 일부 학교의 사례이긴 하지만 이들은 안타깝게도 학생이나 교사들 사 이에서 임용고사를 통과하지 못한 무능한 사람으로 비쳐지기도 한다. 입시에 특별히 관심이 많은 지역의 어떤 학부모들은 기간제 교사가 담임을 하게 되면 교체를 요구하거나 정교사를 배치해달라고 항의를 한다. 능력 없는 교사들에게 학생을 맡길 수 없다는 것이다. 기간제 교사들도 정식 교사로 인정받고 싶지만, 학교 내에 제대로 정착하지 못하는 소속감 없는 이들로 전락하는 경우가 있다. 이들은 전문직으로 분류되기 때문에 2년이 지나도 무기계약으로 전환되지 못하고, 학교장의 결정에 따라 학교를 떠나거나 새로운 곳을 찾아야 한다. 운이 좋은 경우는 한 학교에서 5년가량 머무르기도 하지만, 많지는 않고 적게는 한 달 보통은 1년 안에 다른 학교를 찾아 이동한다. 교직에도 비정규직의 그늘이 확산되고 있다고 보면 된다.

일상에서도, 죽음에서도 이들은 차별을 받는다. 세월호 사건에서 순직 인정이 안 된 것처럼, 기간제 교사들은 늘 차별에서 자유로울 수 없다. 경기도교육청이 2015년 11월 도의회 교육위원회에 제출한 행정사무감사 자료에는 초등학교 3.5%, 중학교 32.2%, 고등학교 21.1%는 기간제 교사가 담임교사를 하고 있었다. 중학교 담임교사 10명 중 3명이 기간제 교사라는 얘기다. 중·고등학교에서 담임교사는 기피 대상이다. 담임을 맡으면 업무가 늘어나고, 그에 대한 수당은 월 13만 원(기존 11만 원에서 2016년에 2만 원 인상)으로 적을뿐더러, 책임져야 하는 일은 많아지기 때문이다. 정교사들이 기피하는 자리를 을의 입장인 기간제 교사들이 대신하고 있다. 이들에게는 담임 업무 이외에도 많은 업무가 주어진다. 정교사들이 기피하는 잡무가 많은 업무, 민원이 많은 업무, 행정처리가 많은 업무들이다. 이렇듯 기간제 교사는 교사집단에서 예스맨이 되어야 하는 최고의 '을'이다. 이천 고등학교 사건의 이면에는 기간제 교사라는 공교육의 그림자가 존재한다.

기간제 교사와 비교할 때 정교사는 고용이 안정된 기득권층이라고 볼 수 있다. 모두 같은 일을 하는 교사이다. 나와 입장이 다르다고 우월의식을 느끼지 않았으면 한다. '갑질'을 하는 학부모는 비난하면서 본인이 기간제 교사에게 '갑질'을 한다는 사실은 모르는 교사들이 있는지도 모르겠다. '나'는 그런 적이 없다고 하더라도 집단의 그늘에 숨어 은연중에 동조하고 있었는지도 모른다. 교사들 스스로가 자성해야 할 시점이 아닌가 생각해본다. 교사 자신에게도 부끄러운 일일 뿐 아니라, 학교는 학생이 가장 오랜 시간을 머무는 작은 사회로 가장 민주적인 공간이어야 하기에 더욱 그렇다.

학생인권과 교권 사이

학생인권, 교권과 관련된 문제를 말하려고 하니 새삼스럽게 학생인권조례 문제를 들고 나와야 할 것 같다. 학생인권조례는 경기도교육청을 시작으로 서울, 전북, 강원, 인천 등에서 만들어졌다. 학교에서 지켜주어야 할 학생의 인권문제를 다루고 있는데, 구체적인 내용을 소개하려는 것이 아니라 교사와 학부모의 인식에 대한 문제를 말하려 한다. 학교폭력과 교권 침해 사례의 증가는 학생인권조례 때문에 생겼을까? 그렇다고 대답한 이들은 언론에 의해 세뇌된 지식을 가진 이들이다.

대한민국에서 교권 침해와 학교폭력, 교실 붕괴라는 단어가 나타난 것은 1990년대 초·중반이다. 원래 이런 말들은 일본에서 먼저 사용하였다. 보통 교육, 경제, 사회적 문제 등 일본에서 일어난 현상이 10~20년 후에 우리나라에서 거의 비슷하게 일어난다고 본다. 일본에서는 고도성장기인 1970~80년대에 교실 붕괴 현상으로 많은 문제가 양산되었다. 사회·경제적으로는 고령화, 아파트 버블 붕괴, 2016년에 대한민국을 찾아온 인구절벽 현상 등도 일본과 거의 쌍둥이처럼 닮아 있다. 1990년대에 이미 일본은 원조교제 때문에 골머리를 앓았다. 2000년대 이후 대한민국에서 그러하듯이 말이다. 언론에서는 1990년대 초·중반부터 학교폭력, 교실 붕괴, 교권 침해 현상이 심각해서 대책을 세워야 한다는 이야기를 하기 시작했다. 그런데 김상곤 전 경기도교육감이 학생인권조례를 발표하면서 체벌 금지를 말하자, 기다렸다는 듯이 학교폭력, 교실 붕괴, 교권 침해 현상은 학생인권조례 때문이라 말하기 시작했다. 현재까지도 학부모, 교사들은 대부분 그렇다고 믿고 있다.

서울시교육청에서 학생인권조례를 제정하려 하자 온갖 단체에서 '동성애를 조장한다', '학생의 임신을 조장한다', '특정 종교의 이념과 맞지 않다'는 등의 주장을 하였다. 동성애자, 임신·출산한 청소년이 차별받지 아니한다는 문구 때문이었다. 그런데 언론에 연일 보도되었지만 정작 학생인권조례를 읽어본 이들은 많지 않다. 학생인권조례를 제정한 대부분의 시·도 교사나 학부모들도 마찬가지다. 학생들도 예외는 없다. 관심을 가지고 조례를 찾아본 이들이 얼마나 되겠는가? 특정 언론에 의해서 마치 학교에서 동성애를 조장하고 있다는 식의 선동이 이어졌고, 학부모들은 그것을 믿었다. 동성애에 대한 차별을 없애자는 것이 동성애를 조장하는 것이라니. 교육자로서 다문화 학생이건, 탈북 학생이건, 동성애 학생이건, 특정 종교 학생이건 차별하지 않는 것은 당연하다.

학생인권조례 때문에 학교폭력과 교권 침해 현상이 늘어났다면 차라리 잘된 일이다. 학생인권조례만 폐지하면 학교폭력과 교권 침해 현상이 사라질 테니 말이다. 학생인권조례의 본질은 온데간데없이, 지엽적인 내용으로 호도되어서는 안 된다는 것을 말하고 싶다. 특히 교육에 있어서 언론이 부추기는 대로 부화뇌동하지 않는 학부모의 역할과 중립적인 가치는 중요하다. 독일은 언론에 대한 신뢰가 그리 크지 않다고 한다. 애초에 그렇게 교육을 받는다고 한다. 나치 독일 시절 세뇌 교육을 받은 경험 때문에 언론에 나온 내용을 비판적으로 받아들이는 능력을 키우게 되었다고 한다.

진실을 바라보는 것보다 흥미 위주의 자극적인 선동이 훨씬 쉽다. 학부모나 교사들이 숨겨진 진실에 대해서 관심을 가지고, 알아가야 한다. 여러 학부모, 심지어 교사들도 교권 침해는 학생인권조례나 체벌 금지 때문이라며 진보 교육감 탓을 하고 있으니 말이다. 교육 문제에 대한 올바른 시각과 판단력을 지닌다면 그동안 발생했던 교육적인 현상과 문제에 대해 진실이 밝혀지고 공교육이 조금씩 변화할 수 있을 것이다.

교권 침해 문제는 일부 학생의 일탈이 아니라, 그러한 분위기를 만들어가는 공교육에서 원인을 찾아야 한다. 보다 정상적이고 체계적인 시스템이 공교육에서 만들어져야 하는데, 모두 중·고등학교 담임 교사 책임으로만 몰아가고 있다. 그렇지 않으면 학교폭력자치위원회에서 처벌 위주로 대처한다. 일부 교사들은 체벌을 부활시키면 간단히 학교폭력이나 교실 붕괴, 교권 침해 현상이 해결될 것이라고 이야기하지만, 즉각적인 효과가 있을지는 몰라도 제대로 된 방식은 아니다. 그리고 어떤 부작용이 있을지는 이미 모두가 알고 있다. 자신과 신뢰 관계가 형성된 교사를 대하는 학생들은, 아무리 문제아라 할지라도 교사를 폭행하지 않는다. 때문에 교사들은 학기 초부터 학급 아이들과의 신뢰 관계 형성을 위해 노력한다. 하지만 초등학교 때부터 이미 공교육과 교사를 신뢰하지 않는 문화가 학부모와 학생들 사이에 만연해 있기 때문에 점점 더 어려워지는 느낌이 든다.

체벌이 가져오는 것들

〈위플래시〉[5]라는 영화가 있다. 영화를 보고 있자니 정말 제목대로 채찍질당하는 기분이었다. 학생의 천재성을 끌어내기 위해 욕설과 인신공격, 모욕을 서슴지 않으며 학대에 가까운 방법을 동원하는 스승과 결국 그것을 이겨내고 천재성을 발휘하는 제자의 이야기이다. 영화에 대한 감상은 보는 이마다 다르겠지만 교육자의 입장에서는 우리나라의 수월성 교육에 대해 생각해보게 하는 영화다. 현실에서도 이 영화에서처럼 수월성을 위해서라면 어떤 수단과 방법을 써서라도 교육을 시킨다는 발상을 하는 이들이 있다. 소수의 성공을 위해, 수많은 학생들의 희생 속에서, 폭력을 정당화하고 있지 않았는지 지금의 교육 현실을 돌아보게 된다. 가령 우리나라에서 소수의 천재를 키워내기 위해 엘리트 체육이라는 명목으로 학생들을 언어적·육체적 폭력 속에 키워왔고, 그 가운데 수많은 아이들이 도태되지 않았는가. 체육 이외에도 교실과 각종 학원에서는 아직도 학생들이 언어폭력과 신체폭력에 시달리고 있다.

교사에게 때릴 권리를 달라는 특권의식을 가지는 시대는 지났다. 체벌은 곧 폭력이다. 그러나 아직까지도 내 자식을 때리는 것은 훈육의 일종이라고 생각하는 학부모들이 존재한다. 과거 체벌이 허용되었던 시절, 학생들이 따끔한 사랑의 매로 인해 자신의 잘못을 인정하고 반성했을까? 체벌을 통하지 않고서는 학생들이 잘못을 깨닫고 반성하는 것이 불가능할까? 때려서라도 사람 만든다는 생각은 틀렸다. 모든 사람은 존중받을 권리가 있다. 힘을 가진 교사가 저항할 수 없는 상태의 학생을 때린다는 것은 인권 침해이다.

불합리한 일을 당해도 체구가 작고 교사보다 힘이 약한 초등학생 때는 저항할 수 없어 참고 견디며 분노와 원망을 쌓아간다. 그러다 몇몇 학생은 덩치가 커진 중·고등학생이 되면 그 분노를 표출한다. 중·고등학교 때보다 초등학교에서 발생하는 학교폭력이나 교권 침해 사례가 적다고, 학생들에게 불만이나 문제가 없는 것은 아니다.

그럼에도 불구하고 교사와 학생들은 제대로 이야기하거나 소통하지 않았다. 학부모들은 학생들을 통해 학교와 교사에 대한 이야기를 전해 듣고, 또 보고 들은 내용들로 학교와 공교육 그리고 교사를 판단한다. 많은 학부모들은 이미 초등학교 저학년 때 공교육에 대한 불신이 극에 달한다고 말한다. 또 초등학교에서부터 구조적으로나 문화적으로 학부모와 소통하지 않는 권위적인 분위기가 있다고 느낀다. 여러 원인으로 인해 공교육 불신은 초등학교에서 시작되고, 문제는 중·고등학교에서 발생하는 것이다.

그러나 초등학교 교사들은 이러한 문제의식에 전혀 동의하지 않는다. 학교폭력이 거의 일어나지 않는데 무슨 학생인권 문제를 꺼내느냐는 것이다. 학부모들은 교사들과는 사뭇 다른 양상으로 대답한다. 평행선을 달리는 문제이다. 초등학교에서 학생들을 인격을 가진 존재로 보고 있는지, 아니면 지시나 통제의 대상으로 여기는지를 생각해봐야겠다. 아마 학부모 중 많은 수가 후자 쪽이라고 답할 것이다.

우리나라 초등학교에서 학생인권이 존중받지 못하는 경우가 많다. 저학년 때부터 그렇게 길들여진다. 교사들의 입장을 대변하자면, 우리나라 교사 1인당 학생 수가 너무 많은 것이 문제이다. 경기도는 이미 교사 1인당 학생 수가 30명이 넘어가는데, 이러한 학급 환경으로 봤을 때, 교사가 학생들 개개인을 충분히 살피고 감당할 수 있는 상황이 아니다. 그렇기 때문에 초등학교 저학년 때부터 지시와 통제의 방식을 적용하는 것이 일반적이다. 다른 문제들도 있지만, 이 요인으로부터 여러 부수적인 부작용이 생기고 있다. 학생을 대하는 교사들의 태도와 방식만 문제 삼을 것이 아니라, 근본적인 환경 요인을 파악하여 해결하고자 노력해야 한다. 지금은 교사나 학생 모두 열악한 환경에 놓인 피해자라고 볼 수 있다. 하지만 학부모는 근본적인 원인 파악을 할 수 없으니 눈앞의 현상만을 보고 흥분하는 경향이 있다.

사람을 등급제로 판단하는 상벌점제도가 더 비인격적이다

체벌 말고도 문제가 되는 것이 있다. 상벌점제도이다. 체벌을 금지하니 교사들이 통제 수단으로 상벌점제를 강화하는 현상이 생겼다. 중·고교에서는 상벌점제가 있는 것이 당연하다고 생각하는 경우가 많고 초등학교에서도 유사한 형태의 스티커 제도가 있다. 잘하는 경우 스티커를 주어 강화만 하는 경우도 있고, 잘못했을 경우 스티커를 떼거나 벌점 스티커를 붙이는 경우도 있다.

상벌점제도의 장점도 분명히 있다. 보상을 얻기 위해 동기를 자극하고 의욕을 고취시키며 독려하는 효과가 있다. 잘 따라오는 학생들의 경우 긍정적인 효과를 기대할 수 있지만 문제는 낙인이 찍혀 결국 아무것도 안 하고 포기하는 학생을 만든다는 것이다. 사람을 대상화하고 평가하는 방식은 일등과 꼴등을 구분 짓고 학생들 사이에서도 은근히 차별하는 일이 생긴다. 상점이 많아 상위권에 있는 이들은 행복할지 몰라도 하위권에 있는 이들은 자신감을 잃거나 해봤자 상위권 아이들을 따라잡을 수 없다는 생각에 의욕을 잃는다.

학교에서 이루어지는 평가는 보통 학업 성적이 우수하고 적극적인 성향의 학생들에게 매우 유리한 구조이다. 성적이 부진하거나 소극적인 성향의 학생들에게 불합리한 구조인 것이다. 사람의 다양한 가능성 중에 성적과 관련된 능력 위주로 평가하고 실제로 능력이 있어도 적극적으로 드러내지 않으면 좋은 점수를 받을 수 없기 때문이다. 또한 실수이건 고의이건 벌점이 누적되면 완전히 의욕을 상실하기도 한다.

과거 일본의 한 전자회사에서 벌점제도를 도입한 사례가 있는데, 생산성이 급격하게 떨어졌다고 한다. 열심히 하다가 문제가 생겨 벌점을 받는 것보다 대충대충 태업하면서 시간 때우는 것이 나았기 때문이다. 상벌점제도는 튀지 않는 학생을 만드는 것까지는 좋으나, 학생의 긍정적인 에너지에 도움이 되지 않는다. 무엇보다 상벌점제도를 통해 교사는 학생을 통제해야 하는 대상으로 바라보고, 학생에게 정해진 틀에 맞춰 행동할 것을 요구하게 된다. 순종적인 학생은 그에 맞춰 생활하며 창의적인 사고나 비판적인 사고를 할 수 없다. 착실한 학생으로 선생님에 눈에 들기 위해서는 선생님의 코드에 맞게 행동해야 하기 때문이다. 교사들과 학교의 이러한 인식이 우리나라를 굉장히 보수적이고 창의성이 부족한 사회로 만드는 데 일조했다.

학교폭력 문제의 원인으로는 외부 요인도 작용한다. 학교 내부 요인으로만 설명하게 되니 주로 교사와 공교육의 문제로 책임을 돌리게 되는 것이다. 가정환경이나 주변인들의 영향으로 잘못된 인성을 가졌거나 학교제도 자체에 적응을 못 하는 학생이 벌이는 일들을 모두 공교육 탓으로 돌린다면 억울한 측면이 크다. 현재는 공교육에 적응이 불가능한 학생도 무조건 공교육의 틀 안에 잡아두어야 하기 때문에 문제가 심각하다. 의무교육이라는 이유로 다른 방법은 취할 수 없고, 강제 전학의 방법으로 학교마다 소위 '폭탄 돌리기'만 한다. 이렇게 학교 내에서 심각한 폭력 성향을 가진 학생을 이 학교 저 학교로 전학시키는 것만이 능사인 현실에서 공교육에 대한 실망은 더 커질 수밖에 없다.

전학은 문제의 본질을 파악한 해결 방안이 아니다. 문제는 이러한 학생들을 성향과 맞지 않게 종일 공부해야 하는 학교 울타리에 잡아놓는 시스템이다. 공부가 적성이 아닌 이들을 책상에 앉혀만 둔다면 문제를 일으킬 가능성이 크다. 활동적인 학생들의 성향에 맞춰 수용할 수 있는 공간을 만들어야 한다. 이미 통제할 수 있는 상황에서 벗어난 학생들, 즉 일반 학교에서 적응하지 못하는 학생에게 직업훈련과 같은 대안적인 시스템(공립형 대안학고, 전환학년제)을 도입하는 것도 하나의 방안이 될 수 있다. 독일, 영국, 미국 등에서는 일반고가 아닌 직업을 선택할 수 있는 트랙을 별도로 나눠서 학생들에게 다양한 기회를 제공하고 있다. 이런 시스템이 정착된다면 공부와 적성이 맞지 않는 학생들이 학교에서 낙인찍혀가며 문제를 일으키는 일은 없을 것이다. 선진국에서는 이미 이런 형태의 홈스쿨링을 법제화하는 것을 하나의 방안으로 검토하고 있으나, 국민적인 인식이 아직까지 부정적이다. 그렇지만 언젠가는 법제화되어 시스템으로 안착되리라 생각한다.

'공주사대부고 해병대 캠프 사건'으로 본 학생 정신교육

많은 이들이 학창 시절이나 군 복무 기간 동안 자주 듣던 소리가 있을 것이다. '정신상태가 썩어빠졌다'는 말이다. 정신상태를 똑바로 하기 위해서 얼차려(군대식 제식훈련)를 받게 한다. 생각해보면 참 어처구니없다. 이 많은 학생들의 정신이 왜 썩었으며 얼차려를 받으면 썩은 정신이 맑아진다는 논리는 대체 어디서 온 걸까? 많은 이들은 이러한 전통이 조선시대까지는 존재하지 않았다는 것에 주목한다. 일제강점기에 일본인들이 조선인을 교육하는 방식에서 현재 우리 사회의 강압적인 군대식 문화가 만들어졌다는 주장이 설득력 있어 보인다. 이러한 군대식 문화는 지성인들이 모여 있는 대학가에까지 전통이라는 명목하에 이어지고 있다. 매년 학기 초가 되면 몇몇 학교, 특정 학과에서 일명 '군대놀이'를 한다는 기사를 접할 수 있다.

2016년 2월에도 대학교 오리엔테이션 자리의 성희롱과 군대놀이의 기사는 빠지지 않고 등장하였다. 말 끝맺음을 '다나까'로 한다든지, 관등성명을 대거나, 집합훈련을 받아야만 후배로 인정된다는 사례들이다. 장래에 교사가 된다는 이들도 예외는 없다. 교육대학교에도 이러한 일들이 있었다. 가해자가 되는 선배들도 왜 그래야 하는지 이유도 모르면서 위에서부터 내려오는 전통이라는 이유만으로 잘못된 행동을 되풀이하는 것이다. 그것을 거부하면 선배들과 사이가 서먹해지기도 하였다. 민주주의 사회에서 이러한 일들이 흔하게 일어난다는 것이 정말 놀랍지 않은가. 단순히 학생들의 치기 어린 행동으로 보기에는, 우리 사회의 현실과 학생의 행동에 서로 닮은 점이 많다.

학생을 엄하게 통제하고 강하게 단련시켜야 정신이 바로 선다는 인식은 '해병대 캠프'라는 비정상적인 프로그램을 만들어냈다. 이는 학생들을 대상으로 한 강한 정신교육과 안보교육 당위성의 합작품으로서 한때 대한민국의 유행 아이템이었다. 여러 고등학교에서 정신력 무장을 위해 앞다투어 해병대 캠프로 체험활동을 보냈다. 어른들의 맹목적인 욕심과 방심의 결과는 학생들의 큰 희생으로 이어지기도 한다. 우리에게는 '공주사대부고 해병대 캠프 사건'으로 알려진 일이다. 이 사건은 2013년 7월 18일 2박 3일 일정으로 공주사대부고 2학년 학생들이 미인가 해병대 체험 캠프에 참가했다가, 5명이 목숨을 잃은 것을 말한다. 구명조끼도 없었고, 현장을 통솔해야 할 교관들조차 경험이 부족한 나이 어린 이들이었다. 이 사건은 어른들의 학생 정신력 강화와 안보교육이라는 명목하에 학생들을 희생시키고 있다는 사실을 알리게 된 계기였으나, 그 뒤에 달라진 것은 없고 이와 유사한 캠프가 아직까지도 존재한다. 놀랍게도 이 사건은 세월호 사건이 터지기 불과 몇 개월 전 일이었다. 안전사고가 터지면 피해자의 가슴은 찢어지지만, 나머지 사람들은 짧은 찰나 정부의 무능함을 탓하고 금세 일상으로 돌아와 잊고 만다. 아마 공주사대부고 사건이 계기가 되어 새롭게 대한민국을 바꿀 수 있었더라면, 세월호는 여전히 운항 중이었을지 모른다.

매번 학생 안전과 관련된 사건이 터지면 안전 불감증이다, 근본적인 대책을 마련하겠다고 외치지만 바뀌는 것은 없다. 세월호 이전과 이후에 어떤 변화가 있는가. 어른들부터가 학생에게 강한 정신력을 만들어줘야 한다는 생각을 하고 있는데, 해병대 캠프가 사라질 리가 없다. 아직도 초등학교에서부터 체험활동 및 각종 청소년단체를 통하여 군대식 캠프와 유사한 형태를 경험한다. 거기에 국가 안보와 애국, 분단 국가라는 특수한 상황이라는 것까지 더해져, 더 강한 육체 단련을 통해 강인한 정신력을 키워야 한다고들 말한다. 극기훈련, 체험활동, 청소년단체, 해병대 캠프에서 '군대놀이'를 하면서 학생들에게 학대에 가까운 고통을 준다. 강한 정신력으로 무장하여 좋은 대학을 가야 한다는 목표 아래 우리 아이들은 지금도 많은 곳에서 희생을 강요당한다. 아이러니한 것은 이렇게 중·고등학생에 대한 가혹행위는 사회적으로 용납하고 있으면서 대학교 신입생들에 대한 가혹행위는 비난하고 있다는 것이다. 매년 발생하는 신입생 대상 가혹행위 사건이 우리에게 시사해주는 것은 무엇인가? 아래 2016년 3월에 나온 기사를 보자.

전북 W 대학교 사범대 한 학과는 지난 4일 신입생 20여 명을 학과 건물 앞에 도열시킨 뒤 막걸리 세례를 퍼부었다. 신입생 환영회의 한 순서로 진행된 '막걸리 세례'는 민소매와 반바지를 입은 신입생들을 선배들이 둘러싸고 막걸리를 뿌리는 고사告祀 형식의 한 행사다. 학과 대표와 선배들은 신입생 환영회라는 명목으로 3월 초 꽃샘추위에 신입생들에게 막걸리를 뿌렸고, 이 학과 학과장 등도 행사에 참여한 것으로 드러났다. 지난 11일에는 부산 D 대학교 화학공학과 내 축구동아리 선배들이 고사를 지낸 뒤 신입생들을 강의실로 집합시켰다. 이들은 바닥과 천장에 비닐을 미리 펼친 뒤 그곳에 신입생 10여 명을 도열시키고 고사를 지내고 남은 두부와 김치를 막걸리 안에 넣고 흔들어 신입생 머리에 차례로 끼얹었다. 두 학교 모두 자신들이 신입생 때 겪었던 일들을 '전통'이라는 이름으로 포장해 1년 뒤 고스란히 후배들에게 돌려줬다.[6]

이 학생들은 중·고등학생 시절 어떤 형태로든 정신교육을 받았을 것이다. 불과 몇 개월 사이에 어른이 되었다면서 이들에게 폭력행위를 강요한 선배를 사회가 나서서 응징하고 있다. 대학교 선배들은 외국에서 유학 온 학생들이 아니다. 우리나라 대한민국에서 태어나고 자란 학생들이다. 이들이 기성세대에서 배운 것은 이러한 군대놀이다. 그것을 그대로 후배들에게 강요하고 있는 것이다. 중·고등학교 때는 좋은 대학에 가려면 강한 정신력이 있어야 하니 고된 극기훈련을 찾아서 시키면서, 대학에 입학해서 일어나는 일들은 큰 문제가 된다. 정신적·육체적 학대인 것은 다를 바 없지 않은가. 중·고등학교 학생들의 인권은 대학생의 인권에 비해 가치가 없다고 여기는 것인가? 아니면 모른 척하는 것인가?

학생들이 인간답게 대우받는 나라를 만들어야 한다

분명한 것은 지금 이 순간에도 해병대 캠프, 스파르타 기숙형 사설 학원 등에서 학생들의 인권 유린 행위가 계속되고 있다는 것이다. 하지만 학부모들은 적지 않은 비용을 치르면서 좋은 대학을 가는 데 도움이 될 것이라고 방치하고 있다. 이런 생각이 바뀌지 않는 한 학생들의 가슴은 계속 멍들 것이다.

그나마 다행인 것은 최근에는 학생인권조례의 영향으로 체벌은 당연히 해서는 안 된다고 여기는 교사들이 많다. 물론 체벌 대신 언어폭력이나, 상벌점제로 통제하는 현상 등 반작용이 있지만, 체벌 금지에 대한 것은 안착이 되었다고 본다. 학부모들도 체벌은 안 된다는 인식을 강하게 가지고 있다. 처음에 그토록 논란이 되었던 일인데 5년여가 흐른 지금 어느 정도 자리를 잡았다. 다만 육체적인 체벌은 많이 사라졌지만, 교사에 의한 언어폭력이나 상벌점제의 문제가 아직도 지속되고 있다. 그렇지만 과도기적인 현상으로 이 또한 차차 해결될 것이라 본다.

많은 사람들이 학창 시절 정신이 쏙 빠지게 맞아본 경험이 있을 것이다. '나도 그랬어', '그 시기는 원래 그럴 때야'라는 식의 변명은 구차하다. 변화하는 시대의 흐름에 맞춰 교육정책도 변화해야 한다. 우리 세대의 구시대적 유물을 학생들에게 남겨줄 필요는 없다. 학생도 인간답게 살 수 있는 대한민국이 되었으면 한다.

아동학대 사건은
교사와 학교 책임인가?

2015년 12월과 2016년 1월, 그리고 2월 한 달여 간격으로 비극적인 일이 벌어졌다. 한 사건은 학대를 당하던 11세 소녀가 집에서 탈출하여 슈퍼마켓에서 빵을 훔쳐 먹다가 주인이 경찰에 신고한 사건이다. 공개된 CCTV 동영상에서 뼈가 앙상한 그 아이의 조그마한 어깨를 본 많은 부모들의 가슴이 먹먹해졌을 것이다. 얼마나 굶주렸을까. 슈퍼마켓 주인의 따뜻한 인정이 아니었다면 다시 집으로 돌아갔을 그 아이에게 어떤 일이 생겼을지 상상하기 싫다.

뒤이어 충격적인 사건이 2월에도 벌어졌다. 위 사건으로 인해 장기 결석 학생들을 전수조사 하는 과정에서 부천교육지원청의 모 장학사가 2012년 이후 등교하지 않은 학생 집에 전화를 하였고, 의심을 품고 경찰과 함께 직접 학생의 집을 방문했다가 학생의 시신을 발견한 것이다. 부천시의 모 초등학교를 다니던 A군은 2012년 4월 30일 이후 등교하지 않았는데, 이 학교는 A군의 결석이 장기화되자 5월 30일과 6월 1일, 두 차례 A군 주소지 관할 주민센터에 "아이가 집에 있는지를 확인해달라"라는 공문을 보냈지만, 주민센터 측은 결과를 통보하지 않았다.[7] 그런데 2016년 2월 초에도 부천에서 백골 여자 중학생 시신이 발견되었다. 이 여중생은 목사 아버지에게 장기간 학대당했다고 한다. 경남에서는 실종된 아동이 용인에서 살다가, 어머니의 학대로 사망하자 경기도 광주의 한 야산에 암매장당한 사건이 발생하였다. 사회의 무관심과 무책임으로 어린 학생들이 부모에 의해 살해된 사실조차 알 수 없었던 것이다. 허술한 행정으로 학대, 살해 사실을 은폐해도 발견하지 못했던 것이다. 사회의 무관심 속에 죽어간 아이들에게 어른으로서 너무 죄스럽고 미안하기만 하다.

보건복지부의 『2014 보건복지백서』 자료를 분석한 결과, 학대받은 아동들이 스스로 신고한 건수는 2012년 158건에서 2013년 171건, 2014년에는 628건으로 급증했다. 2년 사이에 4배로 뛴 셈이다. 교사의 경찰 신고가 크게 증가한 것도 눈에 띄는 대목이다. 이 중 교사의 아동학대 신고는 2012년 982건, 2013년 966건으로 소폭 줄었다가 2014년에는 2330건으로 2년 사이에 2.4배 수준으로 늘었다.[8] 구체적인 수치를 나타내는 기록도 있다. 다음 기사를 살펴보면 충격적이지 않을 수 없다.

학대 피해를 당한 아동이 지난해 경기도에서 2915명에 달한 것으로 나타났다. 이 중 아동을 학대한 당사자가 부모인 경우가 무려 82%에 달해 '폭력 부모'로부터 아이들을 지킬 수 있는 사회안전망 마련이 시급하다는 지적이 나왔다. 경기도는 이에 따라 부모의 품에 숨겨져 학대받는 아동을 찾아내고자 보육료나 예방접종 기록 등을 조사하는 등 아동학대 예방을 위한 시스템 구축에 나서기 시작했다. 2016년 11일 경기도에 따르면 도내 아동보호 전문기관에 신고된 아동학대 의심 건수는 2013년 2368건에서 2014년 3752건으로 58.4%

증가했고 2015년에는 4214건으로 전년보다 12.3% 증가했다. 2015년 경기도 아동학대 의심 신고 건수는 전국 1만 6650건의 25.3%를 차지했다. 학대 의심으로 신고된 아동은 대부분 학대로 확인됐다. 지난해 학대 의심 아동 4214명 가운데 67.1%인 2915명이 학대로 판정됐다. 학대 판정 아동 수는 전국 1만 1550명의 25.1% 수준이다.[9]

이러한 심각한 상황에서 누구의 책임인지 찾기에 앞서 근본적인 원인을 찾아 해결하는 것이 우선이겠다.

책임 돌리기는 근본적인 문제 해결을 멀어지게 할 뿐이다

위 세 사건을 보도하면서 교사의 책임 문제를 물고 늘어지기도 했다. 2월 초 모 신문에서는 교사의 책임감 부재와 교육 당국의 안이한 대응을 문제 삼기도 하였다. 교사들의 역할이 분명한데, 제대로 신고하지 않았으니 교사들이 책임져야 한다는 식의 보도였다. 6개월 이상 학교에 나오지 않는 학생을 '정원 외 관리 대상'으로 분류한 뒤 사실상 방치한다는 것에 대한 비판이었다. 해외 유학생이 워낙 많아져 학교에서는 실제로 그렇게 처리하는 경우가 많다. 교사가 신고를 소홀히 했다는 말 자체가 틀린 말이라고 생각하지는 않는다. 현재 제도나 법적으로도 아동학대가 의심되면 교사가 의무적으로 신고하게 되어 있다. 그러나 우리가 놓치고 있는 것은 법과 현실이 다르다는 것이다.

교사들은 학생이나 학생의 어머니가 가정폭력을 당하는 경우를 종종 목격한다. 상황이 심각한 경우 어머니가 아이를 데리고 아버지 몰래 다른 곳으로 이사를 한 후, 아이를 다른 학교로 전학시키기도 한다. 아버지가 사실을 알고 학생이 재학 중이던 학교로 찾아와, 학생이 전학 간 학교를 알려달라며 난동을 부리거나, 흉기를 들고 찾아오기도 한다. 다른 상황도 있다. 아동이 엄한 부모 밑에서 심한 체벌을 당하는 경우다. 얼굴이나 몸에 멍이 들어 오면 교사는 금방 눈치를 챈다. 이 경우 부모에게 상황을 물어보려 전화하면, 내 자식 일이니 신경 쓰지 말라면서 오히려 담임에게 화를 낸다. 또 종교적인 이유로 아이를 학교에 보내지 않겠다면서 무단결석을 시키고, 해외 유학을 보낸다면서 학교 측에 알리지도 않고 갑자기 아이가 사라지기도 한다. 학교에서 흔하게 일어나는 사례들이다. 어떤 학부모들은 불만이 생기면 학교 측에 과도한 항의와 민원을 넣기도 한다. 교사에게 '해볼 테면 해봐라, 내가 어떤 사람인데, 청와대·교육부에 민원을 넣겠다. 만약 학교나 교사가 나를 건드리면 가만두지 않겠다'고 으름장을 놓으며 학교에 대한 불신과 불만을 표출한다.

이런 학부모를 겪어본 교사는 정신적 충격을 받게 된다. 교사에게 방어적이고 부정적인 인식을 가진 학부모를 만나 불미스러운 일을 겪게 되면, 다른 학부모들에게도 방어적 자세를 취하게 되고, 기피하게 되는 것이다. 다른 보통의 학부모들과도 편한 관계를 갖기 어려운 이유는 이러한 일들의 영향이 크다. 교사가 감정노동자라는 말이 괜히 나오는 것이 아니다. 위와 같은 상황은 악순환의 반복이며, 이런 학생이 학교에 한 명이라도 있게 되면 그 학교는 교장, 교감을 비롯한 교원들 모두가 학부모 민원 발생을 최소화하는 데 신경을 쓰게 된다. 이러한 상황에서 진정 학생을 위한 교육 활동이 가능할까? 일단 서로가 곤란해지는 상황을 안 만들고 피하는 것이 우선이 된다. 서로에 대한 믿음과 신뢰는 이렇게 쉽게 무너진다.

　그리고 이러한 사건이 발생하면 교육청에서 적극적으로 교사를 보호해줘야 하는데, 그렇지 않은 경우가 대부분이다. 교육청 측에서는 민원 발생을 최소화하라고 교사나 학교장에게 압력을 가할 뿐, 교사들에게 별말을 하지 않는다. 자신들도 다치는 것을 꺼려 하고, 학부모들의 민원을 무서워하는 것은 매한가지다. 일부 시·도 교육청에서 교권보호센터를 만들지만, 그곳에 전화하면 '필요하면 법적으로 대응해라, 다만 대법원까지 3년 이상 걸리고, 물질적·정신적 피해가 크니 그냥 사과하고 끝내라'는 조언 정도를 할 뿐이다. 그 외의 도움은 받을 수도 없고, 교사 개인이 감당해야 하는 몫이다. 결국 변호사를 고용하는 교사도 있지만, 기나긴 법정 다툼에 몸과 마음이 지쳐 명예퇴직을 하거나 사표를 내는 교사들도 있다. 학부모의 과도한 민원은 교사, 학생 모두에게 불행의 씨앗이 된다. 민원으로 인해 고통받는 교사가 학생들을 위한 수업을 제대로 진행할 수 없기 때문이다. 대체 누구를 위한 민원인가. 서로에 대한 이해와 소통이 있었더라면 크게 되지 않을 일들인데 말이다.

결국 모두가 행복하지 못한 공교육

　결국, 현재의 공교육 아래서는 교사와 학부모 그리고 학생들 모두 행복하지 못하다. 누구 탓을 할 것도 없다. 이것들이 교사 탓인지, 극성맞은 학부모 탓인지, 아니면 학생 탓인지 모른다. 자기 아이만 생각하는 학부모와 피곤하니 방관하는 교사 모두에게 책임이 있고, 거기에 민원이 발생하면 시끄러워지기 전에 덮어버릴 생각부터 하는 교육청 모두가 문제다. 즉 시스템이 작동하지 않는다는 얘기다. 그러면 시스템을 가동하게 만들어야 할 주체는 무엇을 하고 있는가?

이준식 사회부총리 겸 교육부 장관은 국회 교육문화체육관광위원회에 출석해 초등학생이나 중학생이 7일 이상 무단결석하면 담임교사가 두 번 이상 가정을 방문하는 방안을 추진하고 있다면서, 이 같은 내용이 담긴 '장기결석 아동 관리 매뉴얼'을 검토하고 있다고 밝혔다. 일명 담임 신고 의무제이다.[10] 그리고 결국 2016년 3월 아동학대 대처법이라면서 교육부는 '7개 영역별 안전교육'을 고시하였다.

그런데 중앙아동보호전문기관이 공개한 '아동학대 주요 현황'을 보면 지난해 접수된 1만 9209건에 달하는 아동학대 신고 중 '가정'에서 일어나는 학대가 9378건으로 가장 많았다. 아동학대 가해자는 친아버지가 5368건, 친어머니가 3478건, 계부 236건, 계모 238건 등으로, 부모에 의한 학대가 상당수를 차지했다.[11] 아동학대의 가해자는 대부분 부모인데, 그들을 제재할 방법을 찾지 않은 상황에서 이러한 대책부터 나온 것은 정말 미봉책으로 보인다. 가정에서 벌어지는 아동학대를 교사가 적극적으로 막을 수 있는 권한도 없고, 방법도 찾기 힘들다. 그야말로 탁상공론이 아닐 수 없다. 교사가 무슨 강력한 행정력을 가지고 있다고 혼자 가정집을 방문하는가? 사회복지사도 아니고, 경찰도 아닌 담임교사가 말이다. 교육청에서 근무하는 장학사라면 그나마 유관 기관과 협조하여 같이 방문할 수도 있겠다. 그러나 담당 학교가 30~100개가 넘는 장학사가 그것을 한다는 것도 가능하지 않은 얘기다. 담임교사는 수십 명의 아이를 담당한다. 수업과 학생 지도, 학생들 하교 후에도 수업 준비와 기타 업무 등으로 장기결석 아동들을 찾아다닐 시간적 여유도 없다. 현실을 전혀 모르는 대책이다. 만약 혼자 가서 교사가 불미스러운 사고라도 당하게 된다면, 그때 가서는 어떤 정책을 또 내놓을 것인가? 처음부터 근본적인 대책 마련과 담당 인력 충원은 생각하지 않고, 면피성으로 대응하며 위에서 시키면 시키는 대로 따를 수밖에 없는 교사들에게 짐을 지운다.

늘 이런 식의 정책이 나온다. 현실성이 없으니 실제로 현장이 바뀔 리 만무하다. 이럴 때마다 교사들은 분통이 터진다. 내용을 모르는 학부모들은 이제야 뭔가 제대로 한다고 생각할지도 모른다. 그러나 이러한 일들이 지속될수록 교사들의 사기는 꺾이고, 정책의 효과가 제대로 나타날 리도 없으니 이 또한 교육 수요자들의 불만으로 이어져 공교육에 대한 불신만 심화될 뿐이다. 학교 현장의 피로도는 극에 달했고, 어떤 방식으로도 교사들을 움직일 동력이 없다고 본다. 그나마 다행인 것은 학생의 안전이나 소재가 3일 이상 확인되지 않을 때 경찰에 수사를 의뢰하도록 했던 것을 2일 이상으로 하루 앞당겼다고 한다. 그러나 징후가 발견되었을 때 예방할 수 있는 방안이 아니라 안 좋은 결과를 초래한 이후 사후 약방문의 대처라는 것은 여전히 아쉬운 점이다.

미국은 학부모가 상담에 응하지 않으면 경찰에 고발하도록 한 '학부모 소환제'가 있다. 캘리포니아 주에서는 지역 교육청에 출석 업무만 담당하는 감독관과 담당 변호사, 공무원이 따로 있어 학부모에게 과태료 처분을 내린다. 또 아동의 행방이 불분명하면 교직원이 아닌 학교출석감독관이나 경찰관 등 전문 인력이 나서 소재를 파악한다. 캐나다의 경우도 학생의 유급 권한을 교사에 부여하고 있다. 현행 초중등교육법은 '취학 의무 이행을 독려 받고도 의무를 이행하지 아니한 자, 의무교육 대상자의 의무교육을 방해한 자, 학생을 입학시키지 않거나 등교나 수업에 지장을 주는 행위를 한 자'에게 교육감이 100만 원 이하의 과태료를 부과할 수 있게 되어 있다. 그러나 이에 따른 과태료 부과 사례는 전국적으로 한 건도 없다.[12] 만약 제도와 법을 고치지도 않고, 추가 인력이 없는 현 상황에서 과태료를 부과한다면 어떤 일이 벌어질까? 교육부 발표에 의하면 아동학대 사례는 2014년에만 1만 건이 넘어섰는데, 이 가운데 부모에 의한 학대가 81%에 달한다. '내 자식 내가 알아서 한다'는 일부 부모의 잘못된 발상을 막을 제도가 필요한 시점이다.

직업 만족도 꼴찌인 교사, 하기 싫으면 그만두라는 사회

2015년 OECD 34개 나라, 중학교 교사 10만 5000여 명을 대상으로 한 직업 만족도 조사 중에, 다시 직업을 선택한다면 교사가 되는 것을 택하겠느냐는 질문이 있었다. 이 질문에 대하여 '다시 교사를 하지 않겠다'는 답변은 OECD 34개 국가의 평균이 14%였는데 우리나라는 36%에 달했다. 즉 10명 중 4명 가까이가 다시 교사라는 직업을 선택하지 않겠다고 답한 것이다. 우리나라는 스웨덴과 일본에 이어 세 번째로 교사들의 직업 만족도가 낮은 셈이다.[13]

이런 기사가 나올 때마다 일부 사람들은 이런 식으로 말한다. "당신들 아니어도 할 사람 많으니 불만족스러우면 그만두어라, 하고 싶은 사람 많으니 청년 실업 해결하게." 이 논리는 최저임금을 주지 않는, 악덕 고용주의 생각과 같은 논리다. 사람을 제대로 대접하여 좋은 환경을 만들지 않고, 소모품 취급을 한다. 100만 원의 월급을 주면서 300만 원 어치의 일을 시킨다. 정해진 규정대로 월급을 달라고 하여도 눈 하나 깜빡하지 않는다. 그리고 나서 "당신들 아니어도 할 사람 많으니, 일 하기 싫음 나가라"라고 한다. 언제부터인지 문제가 발생하면 문제를 해결하려고 하지 않고, 문제를 일으킨 사람을 제거해버리면 그만이라는 인식이 만연해 있다. 책임자가 책임을 지는 자세는 중요하나, 사람만 바뀐다고 해결되는 것이 아니라 시스템을 바꿀 시간과 노력이 필요하다. 과거 2002년의 월드컵 4강 신화를 만들었던 거스 히딩크 전 축구 국가대표 감독은 별명이 5:0이지 않았는가? 아마 국내 축구 감독들이 해외 강팀에게 5:0으로 졌다면 차범근 감독처럼 바로 교체되었을지도 모른다. 시스템을 바꾸는 데는 시간이 필요하고, 서로에 대한 믿음도 중요하다. 학교 교직문화는 독특하기 때문에 더욱 그러하다. 제도와 법을 잘 만들고 거기에 교사들을 믿을 수 있는 시간도 필요하다. 그러나 공교육에 대한 불신들이 많아서인지 우리나라 국민들의 인내력은 바닥이 난 것 같다.

아동보호는 무척 중요하다. 외국의 경우 가정폭력 사건이 일어나면 사회적인 시스템 안에서 양육을 하려 노력한다. 가정폭력은 범죄라는 인식을 분명하게 한다. 아동학대 사건이 발생하면, 부모든 친인척이든 모두 사건 발생 즉시 격리시킨 후 사법처리를 하고, 시청에서 사회복지사가 나와서 전후 관계를 파악하고, 사법부와 유관 기관과 함께 어떻게 할지를 논의한다. 친권 박탈까지 포함해서 말이다. 이렇게 되려면 많은 복지 예산과 시스템이 필요하다. 그러나 우리나라에서는 아직까지 모든 것을 학교나 동사무소에서 떠안아야 한다. 동사무소나 학교에서도 인력이 부족해 사건이 발생해도 어쩔 수 있는 도리가 별로 없다. 이것을 무능한 공무원 탓으로 돌리기보다는 근본적인 해결을 위해 먼저 노력하는 것이 우선이다.

이를 위해서는 먼저 복지예산이 늘어야 한다. 제대로 된 시스템을 만들기 위해서는 많은 비용이 필요하다. 사회복지사, 교사를 비롯한 공무원 등 필요한 인력의 인건비와 운영 경비가 필요하다. 우리나라는 복지예산을 늘리자고 하면 '포퓰리즘이다', '좌파 세력이다'라는 소리를 듣는다. 일부 언론과 일부 정치인들의 말은 국민들, 특히 가난한 사람들에게 더욱 쉽게 각인이 된다. 그런데 복지를 반대하는 이들은 오히려 복지 혜택을 받아야 하는 사람들이다. 이상한 건 이렇게 말하는 이들은 국가에 몇천억 원, 몇조 원대 손해를 입힌 이들이 잡혀도 무감각하다. 전임 대통령 때 '자원외교'로 포장된 정책 실패는 엄청난 국비 낭비를 초래했다. 감사원 감사에도 지적된 내용이다. 해외자원개발을 주도한 석유공사와 광물자원공사는 지난 5년(2011~2015년) 동안에만 10조 원어치 손실을 본 것으로 드러났다.[14] 이 외에도 각종 국방 비리, 공기업 비리, 건설 비리, 대기업 비리 등 너무 많은 비리가 일어났다. 너무 많이 발생하니 국민들은 1조가 얼마나 큰돈인지 무감각해지는 것 같다. 그 정도면 복지 예산을 충분히 늘려, 아동학대를 막을 수 있는 시스템을 만들 수 있는 금액이다. 저소득층 학생에게 방학 때에도 무료급식을 제공할 수 있고, 돌봄교실도 운영할 수 있다.

아동의 복지와 안전을 위해 국민의 세금을 써야

국민과 학부모들이 제대로 된 인식을 가진다면 국가 예산이 이상한 곳으로 흐르는 것을 막을 수 있다. 무분별한 복지는 분명 문제가 있을 수 있다. 그러나 우리나라 복지 수준은 OECD 국가 중 거의 꼴찌에 가깝다. 이러한 상황에서 중앙 언론과 정부는 과도한 복지로 대한민국이 망한다는 얘기를 하고, 국민들은 그 말에 속는다. 'OECD 복지국가 지속가능성의 다차원적 평가와 지속가능 유형별 복지정책의 특성' 보고서에 따르면, 한국의 가정(복지) 부문 지속가능지수는 0.292로 OECD 분석 대상(2013년 기준) 27개국 중 26위로 조사되었다.[15] 과도한 복지의 문제가 아니라 국가의 돈을 쓸데없는 곳에다 쓰고 전시행정을 하는 것이 문제다. 제대로 된 감시기구와 국민들의 인지가 필요하다. 교육예산을 평범한 학생과 저소득층에게 쓸 수 있도록 학부모가 현실을 깨닫고 각성해야 한다.

인천 사건처럼 학대받는 아동, 굶고 있는 학생이 전국적으로 엄청나게 많다. 그러나 그런 사안은 워낙 흔해서인지 언론에 나오지 않는다. 소외받는 학생이 얼마나 많은지, 소외받는 계층의 고통에 대한 관심은 연말연시와 비극적인 현실이 드러났을 때뿐이다. 복지를 반대하는 이들은 송파 세 모녀 자살사건[16]에 대해서 어떻게 생각하는지 궁금하다. 자살하면서까지 남은 돈을 주인에게 주고, 죄송하다는 유서를 쓰는 그 심경을 짐작할 수 있을까? 충격적인 그 사건 이후에도 교육이나 복지정책에 달라진 것이 크게 없다. 긴급 구호자금이 생겼지만, 정보에 무지한 이들은 그것을 활용할 수도 없다. 소극적인 행정이 아니라 적극적인 행정으로 이런 사람들을 찾아 나서야 하는데, 그런 노력이 부족한 것이다. 학교에 재직하면서 정말 딱한 처지의 학생들을 수없이 봐왔다. 하루하루 살아가는 것이 지옥이라는 아이들도 있고, 많은 경우 비행이나 탈선의 유혹에 쉽게 흔들린다. 이들은 성인이 되기 전에

범죄에 노출되기도 한다. 사비를 털어서 학생을 후원하는 교사들도 있다. 그러나 지속적이지 않은 일회적인 도움은 해결책이 될 수 없다.

이화여대 사회복지학과 정익중 교수 연구팀은 아동학대의 연간 사회적 비용을 추산한 결과 최소 3899억 원에서 최대 76조 원에 달하는 것으로 나타났다고 밝혔다. 학대받은 어린이들을 보호하고 치료하는 데 드는 비용과 피해 아동이 앞으로 겪을 것으로 예상되는 정신적 질환과 노동력 상실, 범죄 등 후유증으로 인한 사회적 비용을 모두 합치면 국내총생산(GDP)의 5%에 달하는 손실이 발생한다는 것이다.[17]

희생자가 속출하니, 이제야 법과 제도가 움직이고 있다. 늦은 감은 있지만 긍정적인 신호라고 본다. 서울가정법원은 2016년 5월부터 전국 모든 법원에 아동학대 방지 교육을 받지 않으면 이혼할 수 없도록 제도화하였다고 밝혔다. 계모 학대로 숨진 경기도 평택 신원영(7) 군처럼 이혼·재혼 가정에서 아동학대가 발생하는 것을 막기 위해 법원이 마련한 대책이다.[18] 한 아이의 희생이 있은 후에야 다른 아이의 희생을 막을 수 있는 제도가 마련되었다. 처음부터 이들을 신경 쓰지 못했던 것은 사회와 어른들의 잘못이다. 교육은 국가의 미래다. 교육에 투자하는 것이 가장 효과와 효율이 높은 투자라 볼 수 있다. 아동의 복지를 위해서 국민의 세금을 제대로 된 곳에 쓰고, 제대로 감시하는 투명한 사회가 되어야 한다. 그리고 어떤 학생들이건, 그들의 최소한의 인간적인 존엄성을 지킬 수 있도록 배려하고 지켜주는 사회가 되었으면 한다.

아동·청소년 대상 성범죄,
이대로 둘 수 없다

밀양 집단 성폭행 사건

배우 천우희가 영화 〈한공주〉를 통해 제35회 청룡영화제 여우주연상을 받았다는 소식에 영화를 보게 되었다. 이 영화의 모티브가 된 사건은 밀양 집단 성폭행 사건이었다. 충격적인 아동·청소년 집단 성폭행을 다룬 이 영화에서 배우 천우희가 낮은 음성으로 읊조리며 했던 말, 포스터에도 있는 대사가 뇌리 속에 강렬하게 남아 있다.

"전 잘못한 게 없는데요."

그럼 밀양 집단 성폭행 사건이 무엇인지 알아보자.

피해 여중생인 정은선 양(가명·당시 15세)은 울산에서 태어나고 자랐다. 아래로는 여동생과 남동생이 있었다. 정 양의 가정환경은 매우 불우했다. 아버지는 알코올 중독자였고, 가정폭력을 일삼았다. 아버지 정씨(당시 35세)는 하루도 거르지 않고 어머니 윤씨(당시 33세)를 구타했다. 이를 견디지 못한 윤씨는 사건이 일어나기 1년 전인 2003년 1월쯤에 이혼했다. 그 후 윤씨는 집을 나갔다. 아내와 이혼한 후 아버지의 폭행은 큰딸인 은선 양에게 집중되었다. 하루도 쉬지 않고 폭언과 폭행이 이어졌다. 아버지는 무능했고, 매일 술에 절어 살았다. 정 양은 이렇게 하루하루 악몽 같은 생활을 했다. 한창 사춘기였던 정 양은 이런 사실을 누구에게도 말하지 못했다. 그러다 우연한 기회에 인터넷 채팅을 했고, 밀양 지역 고등학교에 다니던 박 아무개 군(당시 18세)을 만났다. 이때가 2004년 1월쯤이다. 박 군은 정 양을 울산에서 한 시간 거리인 밀양으로 불러냈다. 그리고는 쇠 파이프 등으로 때린 뒤 여인숙으로 데려갔고, 이곳에서 고교 선후배 등 12명과 함께 집단 성폭행을 했다. 이들은 이후 한 번에 7~10명씩 짝을 이루어 정 양을 여관과 놀이터, 자취방, 테니스장 등으로 끌고 다니며 유린했다. 더욱 놀라운 것은 피해 사실을 신고하지 못하도록 정 양이 성폭행당하는 장면을 휴대전화와 캠코더 등으로 촬영한 것이다. 그러고는 부모에게 발설하면 인터넷에 사진과 동영상을 유포하겠다고 협박했다. 정 양은 불안과 수치심 때문에 이들이 시키는 대로 할 수밖에 없었다. 일부 가해자들은 정 양을 성폭행하면서 성기구까지 사용하는 등 엽기적인 행동도 서슴지 않았다. 이들의 범행은 여기서 그치지 않았다. 정 양의 여동생(당시 13세)과 창원에 있는 고종사촌 언니인 황 아무개 양(당시 16세)까지 밀양으로 수차례 유인해 폭행하고 금반지와 돈을 빼앗았다. (이하 생략)

　정 양은 한 달 정도 정신과 치료를 받은 후 퇴원했다. 하지만 짧은 기간 동안의 치료로 해결될 문제가 아니었다. 정 양은 '지하철에 뛰어들겠다'고 하는 등 자살 시도를 빈번하게 벌였다. 그러자 극단적인 행동을 염려한 가족 등이 폐쇄 병동에 강제 입원시켰다. 이런 와중에 아버지와 고모 그리고 고모부가 정 양을 찾아갔다. 이들은 정

양에게 피의자들과 합의할 것을 강권했다. 피의자 가족들이 정씨를 찾아가 합의 조건으로 돈을 제시했기 때문이다. 정 양도 외부와 단절된 병원에서 벗어나고 싶은 욕구가 있었다. 정 양의 아버지는 그런 딸의 심리를 이용했다. 현행법상 보호자의 친권을 막을 수도 없었다. 결국 정 양은 아버지를 따라나섰고, 피의자 가족들에게 합의서와 선처를 바란다는 탄원서도 써주었다. 아버지 정씨는 합의금으로 5000만 원을 받았다. 이 중 1500만 원은 울산 외곽에 전셋집을 마련하는 데 쓰고, 나머지는 친척들과 나누어 가졌다. 정작 정 양 자매에게는 한 푼도 돌아가지 않았다. 정 양은 끝내 고등학교를 졸업하지 못했다. 우여곡절 끝에 서울에 있는 고등학교에 전학을 했다. 10여 곳의 학교를 돌아다닌 뒤에야 간신히 전학을 할 수 있었다. 그런데 생각지도 못한 일이 벌어졌다. 가해자의 부모가 정 양이 전학한 학교에 찾아왔고, 소년원에 있는 아들을 위해 탄원서를 써달라고 한 것이다. 정 양은 큰 충격을 받고는 학교를 그만두었다.

밀양 여중생 성폭행 사건에 직접적으로 개입된 가해 학생들은 모두 44명이다. 검찰은 이 중 10명만 기소했다. 나머지 34명 중 20명은 소년부에 송치했고, 13명에 대해서는 피해자와 합의했거나 고소장에 포함되지 않았다는 이유로 '공소권이 없다'며 풀어주었다. 한 명은 다른 사건에 연루되어 다른 청에 송치되었다. 2005년 4월 울산지법은 기소된 10명 전원에 대해 소년부 송치 결정을 내렸다. 피의자들은 보호관찰처분 등을 받으면서 법적인 단죄가 마무리되었다. 호적에 '전과자'라는 빨간 줄도 남지 않았다. 피해자가 당한 상처와 고통에 비하면 터무니없는 솜방망이 처벌이다. 지금은 모두 풀려난 상태이며, 대학에 다니거나 사회생활을 하고 있다.[19]

성폭행을 당한 피해자에게 입에 담지 못한 망언을 한 경찰들, 피해자를 적극적으로 보호하지 않고 비난만 하는 현실은 군 위안부[20] 문제나, 그 이전 화냥년[21]이라고 손가락질하던 조선시대와 마찬가지라고 본다. 밀양 집단 성폭행 사건도 가해자들은 제대로 된 처벌을 받지 않았고, 피해자는 제대로 된 피해보상도 받지 못한 채 삶이 망가졌다. 매번 이와 같은 일이 반복되지만 교육 당국과 법제도는 오히려 피해자에게 차갑고 냉정하다. 피해자는 고통 속에서 살아가고 가해자는 솜방망이 처벌 후 다시 일상으로 돌아가는 것이다. 가해자의 문제도 있지만 법과 제도, 그리고 학부모를 포함한 국민들의 인식에도 문제가 있는 것이 아닐까?

학교 성교육의 실태

학교 성교육은 학부모 세대나 지금 학생들이나 그 내용과 방법이 별반 차이가 없다. 성교육 관련 애니메이션이나 동영상을 시청하고, PPT 자료를 보면서 설명을 듣는다. 주로 남녀의 생식기 구조와 차이, 정자와 난자가 만나 임신이 되는 과정, 성추행당했을 때의 대처법 등이 나온다. 학생들은 궁금한 것이 너무나 많은데, 초등학교 저학년부터 고3 때까지 거의 같은 방식이다. 담임교사들도 민망하고, 난감하다는 이유로 성교육을 하지 않고, 보건 교사들도 예전 자료 그대로를 보여주는 데 그친다. 적극적으로 성교육을 하면 주변에서 이상하게 보지는 않을까 하는 걱정에 소극적으로 교육하게 된다. 학교에서 성기 모양 기구에 콘돔 끼우기를 교육하는 외국과는 상당히 다른 양상이다. 만약 우리나라에서 그런 교육을 했다면 뉴스에 나올지도 모르는 일이다.

결국 피해는 학생에게 돌아간다. 대부분의 학생들이 스마트폰을 소지한 요즘은 링크 주소를 공유하면서 실시간으로 동영상을 나눠 본다. 손쉽게 언제든지 링크한 동영상을 구할 수 있다는 의미이다. 제대로 된 성교육 없이 가학적이고 자극적인 동영상을 접하며 잘못된 성지식, 그릇된 호기심을 갖기도 한다. 국가의 대책은 여전히 '은폐'하는 방식뿐이다. 야한 동영상이 링크되어 있는 주소들을 색출해서 접근하지 못하도록 블라인드 처리한다. 이것을 여성가족부나 경찰청에서 담당한다. 전 세계의 야한 동영상 링크 주소를 다 찾으려면 몇 년이 걸릴까. 성에 대해서 호기심이 왕성한 학생들에게 정자와 난자 교육만 하고 있는 학교나, 이미 부작용이 발생하고 있는데 소극적으로 대처하는 정부 모두 문제다. 더불어 성교육은 학교에서 해주는 것이라고 생각하는 학부모들의 생각도 위험하다.

학생들에게 더 큰 위험은 무엇인가?

우리나라는 성매매가 금지된 나라이다. 2016년 3월에도 헌재는 성매매 처벌에 대한 특별법에 대해 합헌 판결을 내렸다. 지금부터 성매매 금지 이후 아동·청소년에게 일어나는 현상을 말하려고 한다. 성매매가 금지되자 많은 성매매 산업이 음성화되었다. 그 피해는 결국 청소년들에게로 돌아가고 있다. 스마트폰 채팅 어플로 인한 청소년 성범죄 노출이 심각한데 처벌은 경미한 수준이다. 학생들도 로그인 없이 채팅 어플을 다운받아서 조건만남을 하고 있고, 성인들은 더욱 어린 청소년을 노리고 있다. 특히 탈학교 아이들 중 여학생 상당수가 성매매에 대한 유혹을 떨칠 수 없다. 특별히 돈벌이가 되는 수단이 없거나, 현실적이지 않은 시급 때문이다. 성매매 금지 후로 이러한 현상은 더 많아지고 있다고 한다.

아이러니한 것은 어른들의 이중적인 잣대다. 성매매는 금지시켰지만 흔히 성매매가 이루어지고 있는 고급 룸 주점은 단속하지 않는다. 그냥 주점이라면서 눈 가리고 아웅 한다. 설사 단속을 하더라도, 속칭 바지사장이라는 업주만 바뀌고 그대로 유지된다. 단속을 해야 할 경찰과 업주 사이의 비리가 발생할 때마다 알 수 있듯이 솜방망이 처벌과 내 식구 감싸기뿐이다. 돈 많은 이들이 고급 룸 주점에서 성을 사는 것은 단속되지 않는 희한한 일이 벌어진다. 미성년자인 청소년을 고용하여 단속되는 곳들도 있지만 처벌은 경미하다. 워낙 많아서 제대로 된 단속도 어렵다고 한다.

성매매 금지로 인한 아동·청소년 대상 성범죄 풍선효과도 무시하지 못한다. 청소년 대상 성범죄가 지속적으로 늘어나고 있지만 딱히 대책을 마련하지도 않는다. 여성가족부 자료에 의하면 2014년도 아동·청소년 대상 성범죄 신상정보 등록 대상자 수가 3234명으로 전년(2709명)보다 19.4%(525명) 증가했다고 한다. 아동·청소년 대상 성범죄로 신상정보 등록 대상이 된 성범죄자는 늘었지만 선고 형량은 오히려 낮아진 것으로 나타났다. 법원의 최종심 선고 결과를 보면 전체 신상정보 등록 대상자 중 44.2%가 최종심에서 집행유예를 받았고 33.0%가 징역형을 받았다. 이 외 22.1%는 벌금형을 받았다. 2013년과 비교해 집행유예(43.2%)와 벌금형(18.7%)은 늘고 징역형(36.2%) 선고 비율은 줄어들었다.

성매매가 금지되었지만 성매매 산업은 음성화되었을 뿐 더욱 호황인 역설적인 현상이 발생한다. 비싼 비용을 치르겠으니 성매매를 하라는 유혹에, 많은 학생들이 노출되고 있다. 미성년자 성범죄나 성매매를 하다 적발되어도 경미한 처벌을 받기 때문에 가능한 일이다.

미흡한 처벌도 사건의 원인이다

영·미권 국가나 유럽 등 선진국은 성매매가 합법이지만 그 대상이 미성년자일 경우 중범죄에 해당되어 몇십 년, 몇백 년 징역형을 받기도 한다. 워낙 엄격하게 적용해서 사건이 발생해도 변호사가 변호를 맡지 않고 포기할 정도다. 그런데 우리나라는 이상하리만큼 미성년자 대상 성매매, 성범죄에 대한 처벌이 미약하다. 앞서 언급한 밀양 집단 성폭행 사건처럼 말이다. 그나마 미성년자 대상 성범죄의 친고죄[22]가 폐지되었다는 것은 다행이다. 일부 국회의원들이나 사법부에서는 미성년자 대상 성범죄 처벌을 강화하면, 피해자 대상 2차 범죄가 발생할 가능성이 있다는 이유로 이를 반대하고 있다. 이런 이유로 미성년자 성범죄를 경미하게 처벌한다는 것은 논리가 부족해 보인다. 더군다나 청소년 대상 성범죄는 날이 갈수록 늘어나고 있는데 말이다. 제2, 제3의 밀양 집단 성폭행 사건이 일어나지 않는다는 보장은 없다.

학생들이 안전하게 보호받아야 할 학교에서도 간혹 불미스러운 일들이 벌어진다. 2012년 강원도에서는 모 초등학교 고학년 학생을 여러 차례 성폭행한 초등 교사가 구속되어 실형을 선고받았다. 중형이라고는 하는데 10년 미만 형이라고 한다. 학생을 보호해야 할 교사가 어린이를 유린하고 한 사람의 미래를 뒤흔들어놓은 대가로 10년 미만의 징역이 충분한지 모르겠다. 더군다나 모범수로 복역하면 5년 내외의 형을 살고 가석방될 수도 있다. 그나마 징역형이라도 살게 된 것을 다행이라고 봐야 할지 모르겠다. 대개는 집행유예 정도의 가벼운 형으로 그치는 경우도 볼 수 있는데, 처벌 강도가 너무 약하다는 것이 시민단체, 학부모단체, 교원단체의 중론이다. 강원도의 모 초등 교사는 사랑이었다고 주장한다는데, 황당하지만 이와 유사한 사안이 매년 발생하고 있다.

한편 남과 여가 상황이 바뀌면 처벌 기준이 다르기도 하다. 몇 년 전, 경기도 부천에서 기간제 여교사가 중학교 남 제자와 주차장에서 성관계를 맺다가 발각된 사례가 있었다. 사랑했다고 주장하는 패턴도 비슷했고, 만남의 횟수 등을 볼 때 강원도 남자 초등 교사의 사안과 유사했는데, 결과적으로는 여자 기간제 교사가 학교를 그만두고 마무리되었다. 기간제 교사는 앞서 얘기했다시피 계약직 교사이기 때문에 어차피 계약 기간이 종료되면 떠나야 하는 사람이니, 아무 일 없이 마무리되었다는 얘기다. 전국적으로 시끌시끌했는데, 형사처벌을 받지 않고 그냥 묻혀버렸다. 이 일이 청소년 대상 성범죄 처벌이 엄격한 외국에서 일어났으면 어떻게 되었을까? 아마 이렇게 묻혀버리지는 않았을 것이다. 남자건 여자건 미성숙한 학생을 성적 욕구의 대상으로 삼는 성인이 문제다. 아동학대의 일종이며, 범죄다. 거기에 대해서는 응당한 처벌을 받아야 하는데, 이런 범죄에 대해서 남자와 여자 처벌 기준이 다르다는 것도 모순이다.

최근에는 중학생과 사랑을 했다고 주장하면서 임신까지 시킨 한 40

대 기획사 대표(남)가 무죄 판결이 난 사례도 있었다. 의제강간[23] 연령이 13세기 때문이다. 의제강간 연령이 영국, 캐나다, 뉴질랜드, 호주 등은 만 16세, 미국 뉴욕이나 텍사스 주는 만 17세이며, 미국 캘리포니아와 일부 선진국은 만 18세 이상인 것을 감안할 때, 우리나라의 만 13세라는 연령은 너무도 낮다.[24] 결국 우리나라에서는 미성년자인 학생과 성관계를 하여도, 학생이 13세 이상일 경우 상대방이 원해서 자의적으로 했다고 하면 처벌받지 않는다. 모두가 상식적으로 이해되지 않는 법과 판결이며, 아동·청소년에 대한 보호의식이 부재한 사회의 한 단면이다.

아동이나 청소년을 보호할 생각을 안 하고, 사랑이라고 말하면 용서하는 것이 맞을까? 법과 정의대로 판결을 내렸다고는 하나, 힘 있는 사람의 딸이 피해자가 된 상황이어도 동일한 판결을 내렸을지 잘 모르겠다. 자아가 미성숙한 아동·청소년은 성인이 시키면 시키는 대로 따라 하게 된다. 성인들이 사랑이라고 얘기하면, 그런가 보다 하고 세뇌되는 미성숙한 인격체다. 몸과 마음이 미성숙한 상태에서 성관계를 맺은 사람과 사랑했다고 얘기하는 이 아이들의 미래는 누가 책임질 것인가? 누가 그들을 보호해줄 것인가? 그것을 사랑이라고 보는 사회가 이상하지 않은가. 법과 제도를 만들고, 그 법에 따라 판단을 하는 이들 모두 심각하게 고민해볼 문제다.

미디어 속 청소년 노출은 괜찮은가

요즘 미성년자 멤버가 속한 걸그룹들이 거의 헐벗고 나와서 성행위를 연상시키는 안무로 짜인 춤을 추는 모습을 보는 건 어렵지 않은 일이다. 이건 성인방송 수준이다. 서로 경쟁하듯이 노출의 수위를 높이고 있다. 텔레비전을 보지 않더라도, 인터넷 기사에서 나오는 방송 캡처 화면부터가 성인잡지에 나올 만한 장면들이다. 아동·청소년 보호법을 만들어서 보호를 해줘도 모자란 상황에 방송을 비롯한 각종 매체에서 이를 허용하는 이유는 무엇일까? 요즘 아이들 꿈을 조사하면 연예인은 늘 상위권을 차지한다. 그만큼 학생들의 선망의 대상인 것이다. 그런 연예인들의 모습과 행동은 긍정적이든 부정적이든 학생들에게 영향을 끼치리라 본다. 그들의 노래와 춤을 가장 많이 보게 될 청소년들에게 미칠 영향은 전혀 생각하지 않는 것 같다.

또한 기획사에서 청소년들을 얼마나 교육적으로 대하고 있을지도 걱정이다. 아직 미성숙한 청소년을 소위 섹시 콘셉트나 성적 매력을 어필하는 걸그룹으로 만드는 과정에서 문제는 없는지 의문이다. 국가가 나서서 법과 제도로 이들을 보호할 수는 없을까. 학생들의 성교육이나 성 관련 문제들은 덮어놓고 학교 책임으로 한정 짓거나 누군가에게 맡길 것이 아니라, 가정과 국가의 역할도 중요하게 생각해볼 필요가 있다.

세림이 법으로 본 학교 안전 문제

　김세림 양은 지난 2013년 3월 충북 청주의 한 어린이집 앞에서 타고 내렸던 통학버스에 치여 숨을 거두었다. 이 사건으로 개정 도로교통법(세림이 법)을 만들었고 이 법은 통학 차량 운영과 관련한 안전 규정을 강화했다. 어린이 통학버스가 도로에 정차하여 어린이나 영유아가 승하차 중임을 표시하면 반대 방향에서 진행하던 운전자도 일시 정지하여 안전을 확인한 후 서행해야 한다. 구체적인 내용은 아래와 같다.

- 어린이를 태우는 통학 차량(9인승 이상 승합차)은 노란색으로 색칠하고 경광등, 발판, 후방 카메라, 어린이용 안전띠 등을 설치 후 담당 기관에 신고해야 함. 미신고한 차량은 30만 원 이하의 과태료 부과.
- 통학 차량에 동승 보호자 탑승이 의무화됨. 보호자가 동승하지 않으면 승합차 기준 13만 원, 승용차는 6만 원의 과태료 부과.
- 차량 운전자 안전교육이 의무화됨. 관련자가 교육을 이수하지 않으면 8만 원의 과태료 부과.

• 아이들에게 안전벨트를 착용시키지 않고 출발하는 경우 20만 원 이하의 과태료 부과.

세림이 법을 들어본 적 있는가? 아마 들어본 이들이 많지 않을 것이다. 학부모들도 잘 모른다. 그리고 이 법이 적용되는 학원 차량 운전자들도 잘 모른다. 학교 앞 스쿨존에서는 속력을 시속 30킬로미터 이내로 제한하고 있지만, 시속 60~80킬로미터로 달리는 모습을 흔하게 볼 수 있다. 안전 방지턱이 있는 곳도 있지만, 없는 곳도 있다. 설치했다가 불편하다는 주민 민원이 많아서 없앤 곳도 있다. 유럽을 포함한 선진국은 학생의 안전을 위해 주간 전조등[25]을 의무화한 국가들도 늘어나고 있다. 매년 우리나라에서는 학교나 학원 내·외 인근에서 발생하는 학생 사망사고가 끊이지 않고 있다. 사건·사고가 발생해 119구급대의 도움으로 병원에 실려 간 아동의 수가 최근 8년 사이 70% 이상 늘어난 것으로 나타났다.[26] 사고 관련 뉴스가 놀랍지도 않을 정도로 빈번하게 발생하고 있다. 통학 차량을 태워 어린이집이나 유치원에 보내는 학부모들은 마음을 졸이면서 '별일 없겠지'라고 바라고 생각할 뿐이다.

사고를 방지하기 위해 '세림이 법'이 만들어졌지만 여전히 유사한 사건으로 어린아이들이 목숨을 잃고 있다. 2016년 2월 1일에도 충북 청주에서 9살 남자아이가 학원 차량에 깔려 숨지는 사고가 났다. 당시 차량엔 보호자가 함께 타지 않았다고 한다.[27] 학교에는 하루에도 여러 대의 학원 차량이 오고 간다. 이들 중 상당수는 영세한 업체들이기 때문에 동승 보호자는 없고 운전자만 있는 경우가 많다. 타고 내릴 때 학생이 문을 여닫는 것이다. 요즘은 태권도장, 보습학원, 예체능 학원까지, 차량 운행을 하지 않으면 학부모들이 학원 등록을 하지 않는다고 하니 앞다투어 학원들이 버스 승합차를 산다고 한다. 수업이 끝나는 시간에 맞춰서 여러 학원 차량이 동시에 출발하기 때문에 학교 주차장은 모두 학원 차량의 차지가 되어버린다. 활동적인 아이들이 끊임없이 오가는 학교 안에 차량이 들어오면서 위험한 장면이 연출되곤 한다. 아무리 교사들이 학교에 안내장을 붙이고, 차단막을 설치하여 막아도 치우고 그대로 학교로 진입하기도 한다. 어떤 학부모는 학교에서 학원 차량을 통제하는 것에 대해, 아이가 길에서 차를 타다 사고가 나면 학교에서 책임질 거냐고 따지는 황당한 일도 벌어진다. 학교 측에서 이들을 제지할 수 있는 마땅한 방법이 없다.

그런데 학교 안에서 사고가 나면 으레 담임교사와 학교장이 책임을 지고 있다. 특히 사망사고가 벌어지면 민·형사상 책임과 교사 징계를 운운하는 교육청도 있다. 학원 차량을 들어오지 못하게 하면 들어오지 못하게 한다고 민원 넣고, 들어와서 사고가 나면 교사들이 책임을 져야 하는 황당한 일이 벌어지고 있는 것이다. 책임 소재를 떠나, 학원에 다니지 않는 학생들까지 위험하게 만드는 이기적인 발상 자체가 문제이다. 유사한 사례는 또 있다. 꼭 학교 주차장이나 운동장까지 학생을 태워다 주는 학부모들이다. 이런 학부모들은 귀한 내 자식을 조금이라도 가까운 데 내려주려고 학교 내로 진입한다. 아무리 안내장을 내보내도 무시한다. 이들에게는 다른 학생들이 위험하지 않도록 자녀를 교문에서 얼마간 떨어진 곳에서 내려주는 일이 안타까운 일인 것 같다.

예상치 않게 갑자기 비가 오는 날이면 자녀를 태워 가려는 대기 차량들로 학교 앞은 몸살을 앓는다. 그리고 종종 큰 사고로 이어지기도 한다. 2012년에는 인천광역시 부평에 있는 한 여고 주차장에서 한 학부모가 운동장 안까지 차를 끌고 왔다가, 지나가는 여학생을 보고 놀라 브레이크를 밟는다는 것이 액셀을 밟아, 여고생이 생명이 위독할 정도로 다친 사건도 있었다. 학교 안은 도로가 아니라는 이유로 그 학부모는 형사처벌도 받지 않았고, 여고생은 생명에는 지장이 없지만 크게 다쳐 수능시험도 보지 못했다고 한다. 이 사고의 블랙박스 동영상이 공개되자 많은 학부모들이 분개하였지만, 이후에도 법이 크게 달라지지 않았다. 지금도 비 오는 날이면 학부모들이 끌고 온 차들로 인해 학교 운동장이나 주차장은 북새통을 이룬다. 특히 도심 지역에 위치하여서 학교 앞 공간이 좁은 학교는 학교 안으로 진입하려는 학부모들 때문에 학생의 통학 길이 위태로운 상황에 놓이기도 한다.

학교는 정말 안전한 공간인가?

학부모들의 이중적인 잣대와 그로 인해 피해를 받는 학생들에 대해 생각해보았으면 한다. 학생들은 학교에서 정직함, 민주적 자세, 역지사지의 관점, 배려심을 가진 사람이 되라고 배운다. 그런데 일부 학부모들은 내 자식을 위한다는 이기심에, 최대한 빨리 데려가야겠다는 생각을 한다. 나와 내 자식이 좀 더 편해지고자 다른 학생들이나 학교 측의 불편을 초래하는 것에 대해서는 무관심하다. 설사 이에 대해 항의가 들어오더라도 학부모의 권리를 내세우며, 학교 앞 주차 시설을 확충해야 하지 않겠냐는 궁색한 변명을 하기도 한다.

따지고 들자면 학교 밖에 관한 것은 지자체 관할이다. 관할을 따지자는 것이 아니라 앞뒤가 맞는 얘기를 해야 한다는 것이다. 어떤 학부모는 학교에서 아파트 단지까지 길에 있는 눈 때문에 아이가 미끄러졌다고 학교장에 항의 전화를 한다. 눈을 치우지 않으면 소송을 하겠다고 말하기도 한다. 학교에서 학교 밖의 눈까지 모두 치워주어야 하는 것인가. 그렇다고 학부모들이 나서서 자발적으로 학교 근처 눈을 치웠다는 사례는 들어본 적이 거의 없다. 내 아이를 위한다면 그런 봉사를 할 수 있는 주인의식이 아쉬운 대목이다. 학부모들이 학교 안에는 마음대로 들어오면서 그에 대한 불편함을 감수하지 않는 것은 어제오늘 일은 아니다. 그로 인해 학교라는 공간이 위험해진다는 사실은 잘 모르는 것이다.

학부모들은 교내에서 성폭행이나 성추행 사건이 종종 일어나고 있다는 것을 언론에서 접해 잘 알 것이다. 이런 일이 발생하면 언론에서는 안전시설인 CCTV 강화, 외부인 교내 출입 시 행정실 방문 등의 절차를 얘기한다. 교육청에서도 수없이 많은 매뉴얼과 공문을 보내고 있다. 초등학교에 가장 많이 출입하는 외부인은 학부모와 물품을 가져오는 외부 업자들이다. 학부모들의 출입을 통제하면 학부모들의 항의가 이어지고, 외부 물품을 납품하는 업자들을 통제하면, 학생들에게 공급해야 할 물품이 시간 안에 보내지지 않는 불편한 상황이 연출된다. 더군다나 이들을 통제할 수 있는 시설이나 예산, 인력이 없다. 학생들의 안전보다 내가 불편하지 않은 것이 우선이라는 생각이 학교를 위험하게 하고 있다. 추가적인 예산이나 인력 지원 없이 단위학교 책임만 운운하고 있는 사태가 학교를 위험에 빠트리고 있는 것이다. CCTV가 있어봐야 화질도 좋지 않고, 설사 화질이 좋더라도 실시간으로 감시하는 체제가 아니다. 사건이 나고 한참 후에 돌려볼 뿐이다.

사건은 벌어지면 그만이라는 인식도 문제가 된다. 배움터지킴이, 스쿨폴리스, 지역마다 이름은 다르지만 학교의 안전을 위한다고 비정규직을 파트타임으로 고용한 사례가 있다. 백만 원도 안 되는 예산, 그나마도 10여 개월 치만 내려보내서 고용할 수 있는 인력들이 주로 은퇴한 군인이나 경찰들이었다. 이마저도 최근에는 모든 예산을 다 끊었다. 흔한 일은 아니지만 가령 학교 안으로 나쁜 의도를 가진 사람이 접근한다면 이들을 제지하기에 배움터지킴이의 힘이 모자라지는 않을지 걱정된다. 그리고 비정규직 인력들이 근무하지 않는 방학 때 벌어지는 일들은 어떻게 할 것인지도 걱정이다.

안전에 대한 기본적인 인식 부재는 엄청난 예산 낭비를 초래한다. 한때 국가에서 나서서 주민들에게 학교를 돌려줘야 한다며 담장 없는 학교 예산[28]을 지원해주더니, 주민들이 와서 고성방가하고 음주하는 등의 사건이 벌어지니 다시 담장을 쌓으라고 하였다. 물론 예산 지원은 별도로 없다. 학교에서 알아서 하라는 식이다. 학교에 대한 주민들의 인식은 이중적이다. 내 자식이 다니지 않는다고 조기축구회가 지역 정치인을 끼고 교장에게 압력을 가해 인조잔디 운동장을 오전, 방과 후까지 점거하기도 하고, 배드민턴 동호회도 학교 개방을 않는다면서 지역 언론인을 끼고 학교 측에 압력을 넣는 사례도 빈번하게 발생한다. 가장 중심이 되어야 할 학생들은 안중에도 없는 것이다. 이렇게 외부인이 학교에 와서 학교 시설을 함부로 사용하다 훼손하는 일이 빈번하며, 그 피해는 고스란히 우리 아이들이 받고 있다.

어떻게 해야 하는가?

학교 안에서 학생을 안전하게 보호하기 위해 외부자를 모두 통제하는 시스템이 만들어져야 한다. 이를 예산과 인력 지원 없이 교사들에게 맡기는 것은 애초부터 실현 가능성이 없다. 교사들에게 단속권이 있는 것도 아니고, 학부모와 외부인을 구분하기 어려운 상황에서 신분증 검사를 하는 것부터 불가능하다. 물론 충분한 예산과 인력 지원을 통해 완전히 통제된 보안 시스템을 만들면 가능하나 실현 가능성이 높지 않다. 학교는 개방해서 주민이 함께 이용해야 한다는 인식이 있기 때문이다. 대학교에서도 도서관 등 일부를 제외하고는 외부인의 출입이 자유롭다. 학교를 제대로 통제할 수 있는 시스템이 아니라면 학부모나 국민들의 인식이 바뀌어야 한다. 외부인이 허락 없이 교내로 출입하는 것을 막아야 하며 학부모가 수시로 학교 안까지 차를 운행하는 것도 학생을 위험에 빠뜨릴 수 있다는 생각을 가져야 한다. 어른들의 인식이 바뀔 때 학교의 모습도 조금씩 바뀔 것이다. 세림이 법과 같은 제도도 중요하지만, 지키는 것이 더 중요하다. 세림이 법을 만든다고 제2, 제3의 세림이가 생기지 않는 것은 아니다. 국민들의 의식과 학부모의 의식이 변화할 때 공교육과 학교는 변화할 수 있을 것이다.

1. 캣맘(cat mom) 주인 없는 길 고양이에게 사료를 먹이거나 자발적으로 보호 활동을 하는 사람들을 일컫는 신조어.
2. 10세 이상 14세 미만의 소년으로서 형벌법령(刑罰法令)에 저촉되는 행위를 한 자. 형사상 처벌을 받는 최소 연령을 우리나라에서는 만 14세 이상으로 규정하고 있음. 보통 중2~중3 연령에 해당함.
3. 『조선일보』 2015. 10. 17.
4. 『연합뉴스』 2016. 1. 8.
5. 〈Whiplash〉, 2014 제작. 위플래시의 뜻은 채찍질이다. 제87회 아카데미 시상식 남우조연상, 제72회 골든글로브 시상식 남우조연상, 제49회 전미 비평가 협회상 남우조연상 등 수상.
6. 『연합뉴스』 2016. 3. 30(대학 이름은 이니셜로 표기).
7. 『오마이뉴스』 2016. 1. 18.
8. 『뉴스1』 2016. 1. 24.
9. 『연합뉴스』 2016. 3. 11.
10. YTN 뉴스, 2016. 1. 26.
11. 『헤럴드경제』 2016. 4. 12.
12. 『연합뉴스』 2016. 2. 18.
13. SBS, "교사 된 것 후회 '36.6%' 교사 직업 만족도 왜 이렇게 낮나 했더니?", 2015. 2. 11.
14. 『주간경향』 2016. 4. 5.
15. 『한국일보』 2015. 2. 7.
16. 2014년 2월 26일 송파구 석촌동의 단독주택 지하 1층에서 60대 어머니와 30대 두 딸이 자살한 사건. 현장에 출동한 경찰이 현금 70만 원이 든 봉투를 발견했는데, 표면에는 '공과금이 밀려 죄송하다'는 유서가 있었음.
17. 『동아일보』 2016. 3. 28.
18. 『연합뉴스』 2016. 3. 27.
19. 『시사저널』 2012. 8. 23. 일부 발췌.
20. 미국이나 UN에서는 군 위안부라는 표현보다 성노예(Japanese Military Sexual Slavery)라는 표현을 쓴다.
21. 화냥년이란 '정조 없이 여러 남자들을 상대하는 여자'라는 의미이다. 원래 환향녀(還鄕女)에서 유래된 말로 '고향에 돌아온 여자'를 말한다. 세월이 흐르면서 환향녀가 화냥년이란 말로 변하였다. 조선시대의 병자호란 후 청은 50만의 조선 여자를 끌고 갔는데, 그 뒤 탈출한 여성들을 정조를 잃었다고 비하하며 생긴 말이다.
22. 피해자가 가해자를 고소해야만 처벌할 수 있는 조항. 그동안 미성년자 피해자가 합의금을 받고 가해자와 합의해주면 형사처벌하지 않았었음.
23. 13세 미만의 사람에 대하여 간음 또는 추행을 함으로써 성립하는 범죄. 동의를 한 성교일 경우에는 처벌하지 않는 연령을 말함.
24. 위키백과 참고.
25. 자동차 헤드라이트 불빛을 24시간 켜고 다니게 하는 것을 법제화한 국가들이 많음. 낮에도 불빛으로 인해 멀리서도 차량이 오는 것을 인지할 수 있는 장점이 있음.
26. 『연합뉴스』 2016. 2. 21.
27. JTBC, 2016. 2. 2.
28. 몇 년 전 중앙정부에서 몇 억에서 몇십억가량 예산을 들여 담장을 없애서 주민들에게 24시간 개방하는 시범학교에게 예산 지원을 한 사례가 있음.

Ⅲ

경제 논리에 의한 교육
－수요자와 현장 중심의
교육정책을 만들어가야

돌봄교실 확대와 학교의 존재 이유

대선공약집의 핵심 공약이었던 '초등 돌봄교실'

'초등 돌봄교실'은 맞벌이나 저소득층, 한부모 가정의 초등학생들을 정규 수업 이후에도 학교에서 돌봐주는 복지제도로, 대통령의 대선공약집에 '1번 타자'로 실린 핵심 공약이다.

저소득층을 비롯한 취약 계층 자녀를 대상으로 2004년부터 시범 운영돼온 것을 현 대통령이 '희망하는 모두'로 대상을 확대해 공약했다. 현 대통령은 후보 시절인 2012년 "초등학교에서 온종일 학교를 운영하겠다"며 "방과후에는 보살핌을 받지 못하는 초등학생들이 안전한 학교에서 다양한 체험활동을 할 수 있도록 하겠다"라고 공언했다. '희망하는 초등학생' 모두를 대상으로 오후 5시까지 급식과 방과후 프로그램을 무료로 제공하는 한편, 맞벌이 가정 등 추가적인 돌봄을 희망하는 경우엔 오후 10시까지 독서나 숙제 보조 같은 활동을 지원한다는 것이었다.

이를 위해 "방과후학교 무상 지원 예산 및 돌봄교실 무상 지원 예산을 반영하겠다"라는 재정 지원 공약도 함께 내걸었다. 하지만 정부는 도입 첫해인 지난 2014년에만 시설비 명목으로 1008억 원의 국비를 지원했을 뿐, 지난해와 올해는 단 1원도 국고 지원을 하지 않았다. 지난해 예산엔 교육부가 요청한 6600억 원을 기획재정부가 전액 삭감해버렸고, 올해 예산에도 역시 반영하지 않았다. 이러다 보니 '희망자 모두'에게 지원하겠다던 사업은 '방과후학교 연계', '맞춤형 돌봄' 식의 단서가 붙으며 대폭 축소됐다. 65세 이상 노인 모두에게 기초연금 20만 원을 지급하겠다던 공약이 '소득 하위 70%'로 대폭 후퇴한 것과 같은 맥락이다. 지난해 경우 오후 5시까지 돌봄교실을 이용한 초등학생은 경기도 5만 5854명, 서울 3만 1791명 등 23만 9798명이다. 오후 10시까지 '저녁 돌봄'을 받은 학생도 1만 6248명에 이른다.[1]

2016년부터 초등 돌봄교실을 5학년과 6학년까지 확대하기로 하였다. 현 대통령은 공약으로 희망하는 초등학생에게 2014년 1·2학년, 2015년 3·4학년, 2016년 5·6학년으로 연차적으로 확대 시행하는 것을 약속했었다. 방과후학교 무상 지원 예산 및 돌봄교실 무상 지원 예산을 반영하겠다는 것이었다. 일명 '온종일 돌봄학교' 도입을 추진하겠다는 것이었다. 그러나 위 기사에서처럼 정부는 시·도 교육청에 추가적인 예산을 지원하지 않고 있으며, 시·도 교육청의 자체 예산으로 충원하라고 하고 있다. 이것은 누리과정의 논란과 맥을 같이하는 것이다. 즉, 시·도 교육청 예산도 정부에서 주는 것이므로 중앙정부와 지방정부가 따로 있는 것은 아니라는 논리이다.

이 사안에 대해 누리과정처럼 예산의 주체에 관해 논하자는 것이 아니다. 돌봄교실의 실태에 대해서 중앙정부가 정확하게 파악하고 있는지 의문이다. 학부모들은 돌봄교실에 대해서 부정적인 인식을 가지고 있는데, 5, 6학년까지 확대한다는 것이 과연 효과적인 정책인지 파악해볼 필요가 있다. 아래 내용을 보면 돌봄교실을 경험했던 학부모들은 이해할 만한 내용들이 나온다. 정책을 입안하는 사람들은 예산의 주체보다 초등 돌봄의 교육적 의미가 있는지, 현 상황이 어떤지 살피고 현장의 목소리를 귀담아들을 필요가 있다.

누구를 위한 돌봄인가-초등학교 돌봄교실의 실태

여성가족부는 지난해 3월 전국 5018가구의 12세 이상 모든 가족 구성원을 면접 조사한 '2015년 가족 실태 조사' 결과를 2016년 2월 3일 발표했다. 가구의 특성, 가족에 대한 인식과 태도, 가족관계 등에 대해 묻는 이 조사는 2005년부터 5년마다 실시하고 있으며, 이번이 3차 조사다. 조사 결과에 따르면 초등학생 3명 중 1명(37%) 이상이 방과 후 최소 1시간 이상 집에 혼자 있는 것으로 나타났다. 1시간 정도 혼자 있는 아동이 16.8%로 가장 많았고 2시간 10.3%, 3시간 5.6%였으며, 4시간 이상 홀로 있는 아동도 4.3%나 됐다. 특히 한부모 가정 아동이 제대로 돌봄을 못 받는 상황은 심각했다. 한부모 가정의 초등학생은 63.7%가 방과 후 1시간 이상 혼자 있었는데, 4시간 이상이 21.5%로 가장 많았다. 3시간이 16.9%, 1시간이 15.5%였다. 한부모 가정 아동은 전체 가정 평균 대비 혼자 있는 비율이 두 배나 많을 뿐 아니라, 4시간 이상 혼자 있는 아동은 5배나 많을 정도로 시간도 훨씬 길었다.

일상적인 돌봄의 공백뿐 아니라, 엄마 등 주 양육자가 갑자기 병원에 가거나 야근을 하는 등 급히 돌봄이 필요할 때의 돌봄 공백도 컸다. 긴급히 자녀를 돌볼 사람이 필요할 때 도움을 얻는 사람은 아동의 부모(37.3%), 조부모(33.4%), 친인척(9.1%), 아이 형제·자매(2.3%) 등 대부분 가족이 차지했다. 긴급하게 도움이 필요한데도 '도움을 받기 어렵다'고 답한 가구가 15.5%나 됐고, 정부 지원 서비스인 아이 돌보미의 도움을 받는 비율은 0.5%뿐이었다. 여성부는 "주로 가족이나 친인척에게 의존하고 있는 실정"이라며 "주변에 친인척 네트워크가 충분하지 않으면 돌봄 공백이 발생할 여지가 있다"라고 지적했다.[2]

돌봄교실은 위 기사와 같이 맞벌이, 저소득층, 한부모 가정의 돌봄 공백이 있는 초등학생들을 정규 수업 이후에도 학교에서 돌봐주는 것이다. 방과 후부터 오후 5시까지 '오후 돌봄'과 저녁식사 후 오후 10시까지 '저녁 돌봄'으로 구분된다. 극히 일부이긴 하지만 시·도 교육청에서는 아침 돌봄 형태를 유지하는 곳이 있다고 한다. 과거 교육청 정책 제안과 연구 차원에서 초등학교 돌봄교실을 경험해본 학부모들과 간담회를 한 적이 있다. 학부모들은 격앙된 목소리로 비슷한 말들을 했다. 사교육에 의존할 여유가 있는 이들은 너무 실망해서 한 학기 하다가 관뒀다는 소리를 하고, 여유가 없는 학부모들은 울며 겨자 먹기로 하고 있다고 했다. 학생들이 다 빠져나간 어떤 학교의 돌봄교실은 해당 학교 교직원 자녀인 학생들이 주를 이루는 경우도 있다고 한다. 좀 더 궁금해져서 간담회 이후, 자세한 실태를 알아보았다. 내막을 알아보니 참 황당하고 서글픈 일이 학교에서 벌어지고 있었다.

많은 학교에서 돌봄교실을 1~2학급씩 운영한다. 수요에 따라 운영하지 않는 학교도 있다. 한 학급은 20명 내외의 학생 수를 기준으로 편성된다. 그리고 담당 수업을 하는 담당 강사는 공개 채용을 하고, 그 강사를 관리하는 정교사(초등교사) 1인을 따로 두고 있다. 학급이 2학급이면 교내 담당 교사가 2명 필요한 셈이다. 일부 시·도 교육청에서는 돌봄 학급 관리라고 하여서 교사 승진점수(가산점)를 주기도 한다. 보통 교사들이 밤늦게까지 남아 일하기도 하는데, 행정업무가 많아서 그런다고 한다. 위 기사에서처럼 시·도 교육청은 예산이 추가적으로 없기 때문에, 학기 초 수요에 따라 초등학교당 1~2학급씩 운영하라는 지침을 학기 초에 공문을 보낸다. 보통 1, 2학년 학부모들이 돌봄교실을 주로 이용하는데, 어떤 학교에서는 초등 중학년(3, 4학년)이나 고학년(5, 6학년)도 이용한다. 한 반을 구성하면 학생 20명 내외가 되고, 학년 구분에 상관없이 운영하게 된다.

돌봄 강사가 한 가지 프로그램으로 초등학교 고학년과 저학년을 한 반에서 운영하기란 사실상 불가능하다. 형식적인 계획서만 존재할 뿐이다. 결국 책을 읽으라고 하거나, 동영상을 틀어주거나, 주로 저학년에 초점을 맞춘 프로그램을 운영한다. 프로그램 운영을 형식적으로라도 하면 그나마 다행이다. 대부분 자유 시간을 준다. 고학년은 지겹지만 어쩔 수 없이 버티거나, 스마트폰 등을 하며 시간을 때운다. 돌봄 강사의 수당은 70~80만 원 내외[3]가 주어지는데 이것도 시간에 따라 약간씩 다르다. 오후 5시 기준으로 돌봄 강사에게 수당을 주면 너무 적으니, 일부 학교에서는 실제 5시까지 운영되더라도 저녁(7~10시)까지 운영한다고 보고하고, 수당을 주는 편법이 동원되기도 한다. 너무 수당이 적기 때문에 강사를 구하기 힘들어 발생하는 상황이라고 한다.

돌봄교실 수업은 초등학교 교사가 아닌, 외부 강사가 맡기 때문에 교육의 질은 강사에 따라 천차만별이다. 물론 은퇴 교사나 지식인 등 자질이 훌륭한 분들이 재능 기부를 목적으로 활동하기도 하지만, 그렇지 않은 강사도 종종 있다고 한다. 일부 학부모들은 학생이 제대로 된 돌봄을 받지 못하고 학년 구분도 없이 방치 수준에 있다가 학교에서 벌어진 각종 일들을 제보했는데, 정말 경악을 금치 못할 일들이 벌어지기도 하였다.

열악한 시설도 문제다. 초등학교 빈 교실을 그냥 사용하는 경우가 많은데, 냉난방도 잘 되지 않는 경우가 많다. 좋은 곳은 온돌시설이 갖추어진 곳도 있는데 초기 투자비용이 많아 이렇게까지 만들기란 쉽지 않다. 아이러니하게도 오히려 시설 투자에 대한 선심성 행정이 작동하는 농어촌 지역이 도심 지역보다 시설은 더 좋다. 학생 대비 투자비용이 많기 때문이다. 돌봄교실을 신청한 학생이 오든 안 오든 형식적인 관리를 하는 경우도 있어, 학부모들은 아이들의 안전 문제가 걱정이라고 한다. 돌봄교실의 방치에 가까운 운영이 주된 걱정거리이지만 또 다른 고민은 먹을거리이다. 장시간 있다 보니 배고픔을 해결해야 할 상황이 발생한다. 그래서 간식이 제공되는데 주로 단가가 낮은 간단한 먹을거리들이 많았고, 위생문제가 생겨도 대처할 방안이 없다고 한다.

결국 초등 돌봄교실이 맞벌이 부모의 돌봄 공백을 채워줄 만한 공간이 아니라는 인식, 학습을 보완할 수 있는 공간이 아니라는 의견이 면담한 학부모들의 공통된 의견이었다. 방학 중에도 일부 학부모의 수요가 있긴 하지만, 급식이 되지 않아 오전 돌봄으로 마무리하는 경우가 많으며, 이조차 난색을 표하는 학교가 많다. 한 명이라도 있으면 안전사고 발생 시에 학교 측에서 책임져야 하기 때문이다. 학교나 교육청에서는 방학 중 돌봄교실에서 식사를 하게 되면, 식중독 사고에 대한 우려가 많이 있어 신경 쓰인다고 한다. 지역마다 다르지만 학생들에게 도시락을 싸오게 하거나, 인근 식당에서 고정적으로 사먹기도 한다고 한다.

결론적으로 돌봄교실은 운영비용은 무료일지 몰라도 학부모 만족도는 지극히 낮고, 교육적인 관점에서 볼 때 프로그램 운영이라기보다는 학생을 모아두고 방치하는 형태라고 볼 수 있다. 운영이 잘되는 곳이 없다고 말할 수는 없지만, 대부분 실정이 이러하니 학부모들은 실태를 알면 알수록 비싼 돈을 주고라도 다른 곳에 맡기는 것이다. 이러한 문제를 해결하지 않은 상황에서 양적 확산만 하는 것은 학생과 학부모가 원하는 것이 아닐 것이다. 생색은 중앙정부에서 내고 욕은 시·도 교육청이나 학교가 먹고 있는 상황인 것이다. 학교에서는 예산도 없고, 운영 주체도 없이 승진가산점 하나로 버티고 있는 상황이다.

방과후학교의 실태

학교에서 방과 후에 이루어지는 프로그램은 돌봄교실 외에도 '방과후학교'가 있다. 방과후학교는 2006년부터 초·중·고등학교에서 정규교육과정 이외의 시간에 다양한 형태의 교육 프로그램을 운영하는 것인데, 그 시작부터가 사설 프로그램을 공교육과 결합시킨 것이 이상하다. 비용이 좀 더 저렴한 사설 학원이 학교로 들어온 구조라고 보면 된다. 방과후학교에서 주지교과(국, 영, 수, 과)의 학습은 할 수 없지만 그 외에 특기적성, 진로, 예체능 프로그램 참여는 가능하다. 이러한 방과후학교 프로그램은 비교적 저렴한 비용으로 학부모들에게 환영받기도 하나, 일부는 강사의 질, 프로그램의 단순성, 학생 만족도의 저하, 학부모의 의견 반영 미비 등의 문제가 있다.

초창기에는 컴퓨터 학원이나 예체능 학원이 학교의 한 공간에 들어온 형태로 운영되었다. 많은 문제와 비리가 발생하자 업체를 통한 계약은 지양하고, 지금은 개인 단위의 계약을 하는 상황이다. 개인 단위의 계약이라 할지라도 중개 업체에서 교육을 받고 파견된 직원들이 많기 때문에 결국 특정 업체들이 방과후학교 시장을 장악하기도 한다. 재능 기부를 하려는 학부모나 교육 봉사에 뜻을 두는 이들도 소수 있지만, 순수한 목적의 개인은 찾아보기 쉽지 않다. 중개 업체를 통해 해당 지역 학교를 소개받고 수수료를 떼주며 일하는 강사가 많다는 뜻이다. 업체에 각종 교육비, 재료비 등 수수료를 지불하고 방과후학교 강사들이 가져가는 돈은 월 100만 원이 채 안 되는 경우도 있다. 이와 반대로 서울 서초구에 있는 한 공립 중학교에서는 수강료가 70만 원이 넘는 방과후학교 프로그램을 개설해 학부모들에게 환영받았다고 한다. 경기 분당에서도 유사한 일이 벌어졌다. 사실상 고액 학원이 학교에 들어온 것이다. 학교 측에서는 교육청 지침을 어겨가면서 학부모가 만족한다는 이유를 들어 강행하려 했지만, 언론에 공개된 후 2016년 3월 말 서울시교육청과 경기도교육청은 서둘러 프로그램을 중단시키고 조사에 들어갔다고 한다. 방과후학교에서도 부익부 빈익빈이 벌어지고 있는 것이다. 모양새가, 학교라는 공간을 빌려 사교육 업체가 장사를 하는 모습이 되어버렸다. 이것이 사교육인지 공교육인지

분간이 되지 않는다.

　방과후학교 강사의 질이 낮은 결정적인 이유가 있는데, 교육청이 아닌 단위 학교에서 강사 선정을 해야 하기 때문이다. 학교에 노하우나 내공이 있는 것도 아니기 때문에 질 좋은 강사를 담당 교사가 알아보기도 힘들뿐더러, 100만 원 남짓 하는 비용에 우수한 강사가 선뜻 오기도 쉽지 않다. 앞서 말한 대로 중개 업체만 배불릴 뿐이고, 소속된 강사들은 더 낮은 비용의 급여를 받는 구조이다. 특히 도심 지역이 아닌 열악한 지역에서는 한 명의 강사도 아쉬운 판에 질 관리를 얘기할 수 없는 상황이 존재한다. 강사의 입장에서 봤을 때도 도심 지역 근거리에서 여러 학교를 돌면 이동 시간을 아껴 두 배, 세 배의 돈을 벌 수 있는데, 굳이 외곽 지역으로까지 갈 필요가 없다. 도심 지역과 외곽 지역의 격차는 갈수록 벌어지고 있다.

　한편, 방과후학교를 운영하는 데 생각보다 행정적인 일이 많다. 계약서류부터 시작해서 강사 연락, 학생 관리, 학부모 민원 등의 책임은 모두 교사 몫이다. 일부 혁신학교에서는 행정 코디네이터가 있어 이 역할을 하지만, 거의 대부분의 학교에서는 이 일들을 교사가 한다. 워낙 업무가 많다 보니 경기도를 포함한 일부 시·도 교육청에서는 학교 이동 시 가산점을 주기도 한다. 그렇게 하여도 이것은 교사가 원하지 않는 기피 업무(방송, 방과후학교, 청소년단체 등) 중 하나이다. 방과후학교 업무를 맡게 된 일부 교사들은 펑펑 울면서 교장·교감 선생님을 찾아가 하소연하기도 한다. 그만큼 과도한 행정업무가 교사들에게 주어진다.

학교라는 공간에 대한 과도한 기대는 줄여나가야

무엇이 문제일까? 돌봄교실, 방과후학교를 제대로 관리 안 한 학교장의 책임일까? 제대로 운영하지 않은 교사들의 책임일까? 모두 정답이 아니다. 학부모들은 학교라는 공간을 만능으로 생각한다. 우수한 인력이자 세금을 받는 공무원이고, 학생을 책임져야 하기 때문에 교사들이 모든 업무를 해야 한다는 논리이다. 강사에 대한 사소한 불만도 방과후교실, 돌봄교실 업무 담당 교사에게 항의하는 방식으로 민원이 제기되기도 한다. 이와 유사한 형태로 학교에 들어온 사업들이 한두 개가 아니다. 학교 운동부, 청소년단체도 기본 속성은 비슷하다. 학교 운동부와 청소년단체(컵스카우트, 걸스카우트, 아람단, 우주소년단, 해양청소년단, RCY 등)를 학교에서 맡아주는 나라는 전 세계에서 대한민국이 유일하다. 보통은 이를 지역사회에서 담당한다. 그런데 우리나라는 과거 군사정권 시절 엘리트 체육교육을 한다면서 학교 운동부를 창설하여 학교에 밀어 넣었고, 청소년 정신교육을 한다면서 각종 사설 단체인 청소년단체를 학교에 밀어 넣었다. 그리고 교사들에게는 유인책으로 승진가산점을 주었다.

운동부와 청소년단체를 담당해본 적이 있고, 실체를 아는 교사들은 자신이 교사인지 정체성을 잘 모르겠다고 한다. 손이 많이 가고 처리해야 할 행정적인 일도 많은 다른 기관의 사업을 대신 해주고 있다는 의미이다. 그들은 교사 본연의 업무는 정상적으로 수행하지 못한다. 수업 시간에 출장도 가야 하고, 단체나 업체 관계자도 만나야 한다. 그 과정에서 각종 계약을 하기도 하며, 금전과 관련된 불미스러운 일이 발생하기도 한다. 매년 발생하는 체육계 입학 비리도 그러한 과정에서 발생하고, 소수지만 일부 교사들은 그로부터 자유롭지 못한 모습을 보인다. 그러나 학부모들은 학교에서 이런 것들을 당연히 해야 한다고 굳게 믿고 있다. 일단 공교육 교사니까 믿고 맡길 수 있다고 생각하고, 학교가 편하기 때문이다.

전시행정 속에서 멍들어가는 학교 구성원들

학교가 가장 만만한 집단이며, 학부모들을 설득하기 좋기 때문에 들어온 국가 특색 사업들이 또 있다. 원어민 강사, 영어회화 전문 강사, 스포츠 강사 등이다. 누군가에게 이익이 되는 정책이었는지는 모르겠지만, 그 뒤처리는 교사들의 몫이었다. 원어민 강사가 거처할 집 계약 문제와, 냉장고, 침대 등 집기류를 사주는 일까지 교사들이 담당하기도 했다. 외부에서 볼 때 누가 그런 사실을 알겠는가. 교사라기보다 그냥 행정 역할을 수행하는 행정직원이라고 봐야 한다. 이런 일들을 하느라 정작 수업은 간신히 하고 수업 준비나 교재 연구는 시간 남을 때 잠깐 한다는 우스갯소리도 한다. 이 과정에서 공교육은 서서히 멍들어가고, 교사들은 수업과 교육과정 전문가가 아닌 행정업무의 전문가가 되어간다.

교사들이 영어와 체육을 제대로 하지 못한다고 도입한 영어회화 전문 강사나 스포츠 강사와 같은 비정규직 계약직은 양질의 일자리 창출도 아닌 미봉책이었다. 학부모들에게는 홍보가 잘되었는지 학생에게 대단한 효과를 가져오는 것으로 포장되고 과대평가되었다. 실제로 이 정책들은 학교 내에서 갈등과 분란만 조장한 정책이었다. 교사, 학부모, 학생, 심지어 영어회화 전문 강사나 스포츠 강사들 모두 정책의 희생자들이다.

학교에 이런 식으로 들어온 비정규직의 숫자는 어마어마하다. 소규모 학교에서는 비정규직이 정규직보다 많기도 하다. 공교육에서 수업과 교육과정을 담당해야 하는 교사들은 자신이 가진 에너지를 사업 운영과 행정업무 처리에 쓰고 있다. 이러한 사정을 학부모들은 잘 모른다. 사안이 발생하면 교사에게 민원을 제기하고, 학교 탓을 한다. 잘못된 정책이 근원인지 모르는 것이다. 전시행정을 구분하지 못한다면 이 현상들은 더욱 심화될 것이다.

교사는 슈퍼맨이 아니다. 한정된 에너지를 분산해서 써야 하기 때문에 과도한 업무가 주어지면 형식적으로 운영될 수밖에 없다. 국가 교육정책이 용두사미로 끝나는 이유가 바로 이런 실태에서 비롯된다. 공교육 교사들은 중앙정부가 무엇을 하더라도 묵묵히 수행한다. 그러나 제대로 의미 부여를 하며, 맡은 역할을 하려는 이들은 많지 않다. 그 사업이 언제까지 간다는 보장도 없고, 제대로 하더라도 칭찬받는 일은 없다. 그래서 중앙정부 사업의 끝은 늘 승진가산점이다. 어떤 교사는 그러한 승진점수의 노예가 되기도 한다. 지금까지 만들어진 승진 점수는 교사들 사이에서 분란만 조장할 뿐 좋은 결과를 가져오지 못했다. 교사에게 조삼모사 대우를 해주는 꼴이다.

저출산 시대, 올바른 교육정책은

중앙정부는 최근 3차 저출산·고령사회 기본계획을 발표했다. 1.21명인 출산율을 2020년 1.5명, 2030년 1.7명, 2045년에는 인구 대체 수준인 2.1명까지 끌어올린다는 계획이라는데, 내용을 보면 정말 황당하다. 대학생 임신휴학을 가능하게 한다고 광고하고 있고, 육아지원을 위해 학부모들의 선호도가 높은 공공·직장 어린이집을 아동 수 대비 현재 28%에서 2025년에는 45%로 확대한다는 방침이라고 한다. 이 정책들은 현재도 제대로 되지 않고 있고, 아마도 정권의 임기가 끝나면 원위치 될 정책들이 대부분이다. 공무원 특성상 전임자가 했던 것은 나 몰라라 하는 경향이 있기 때문이다. 그리고 지금 나오는 정책들은 과거에도 나왔던 정책을 재탕, 삼탕으로 내놓고 있는 실정이라 안타까울 따름이다.

최근 모 정치인이 출산율이 떨어지면 조선족을 데려오면 된다는 황당한 발언을 해서 물의를 일으킨 사례가 있었다. 우리나라 국민들이 아이를 낳지 않는 이유를 제대로 파악조차 못하면서, 인구가 줄어들면 외국인을 데려올 생각을 하다니. 준비가 안 된 상태에서 무분별한 외국인 유입이 가져올 파장은 생각해본 것일까. 교육정책을 제대로 바로잡지 않는다면 언제까지나 이런 일이 계속될 것이다. 유일호 부총리 겸 기획재정부 장관이 저출산 고령화 문제와 관련해 "이민정책을 전향적으로 생각해야 한다"라고 밝혔다. 2016년 3월 열린 한경 밀레니엄포럼에서 '미래 사회와 한국 경제'라는 주제의 기조 발표를 통해 이같이 말하기도 하였다. 그는 저출산 고령화에 대해 "과거 많은 노력을 했지만, 효과가 별로 나타나지 않고 있다"라고 설명했다.[4] 국민의 현실을 파악하려는 의지보다는 부작용에 대해서는 생각하지 않고 쉽게 인구 문제를 해결하려는 태도가 놀랍다.

한국보건사회연구원이 2016년 2월 10일 발표한 '저출산·고령사회 대응 국민 인식 및 욕구 모니터링' 보고서를 보면 조사 대상자의 97.5%가 정부의 저출산 대책에 대해 부정적 평가를 내렸다. 중학생과 고교 1~2학년생 1179명에게 실시한 설문조사에서 52.6%는 '결혼하지 않아도 살아가는 데 별문제가 없다'고 답했고, 자녀가 없어도 된다고 한 학생들은 그 이유로 '내 일에 전념하고 싶어서'(29.8%), '자녀 양육비 및 교육비 부담'(26.8%) 등을 꼽았다.[5] 성인을 포함 중·고등학교 여학생들마저 양육비와 교육비를 걱정하고 있다. 이처럼 저출산 문제가 시급히 해결해야 할 현실로 눈앞에 와 있는데도, 중앙정부는 특단의 대책을 마련하지도 않고 그 심각성을 제대로 인식하지 못하고 있는 것 같다.

출산율을 높이기 위한 방안으로 방과후학교나 돌봄교실은 매우 중요한 사업이다. 이것을 교사들에게 맡기고 단위 학교가 책임지라고 하는 것이 문제다. 그렇다면 이 사업은 누가 해야 하는가? 바로 학부모와 지자체이다. 이 사업을 성공시킬 수 있는 동력은 학부모의 힘이다. 학부모가 의지를 갖고 관심을 기울인다면 양질의 지역 일자리 창출, 학생들에게 맞는 돌봄 시스템 구축, 지역사회와 함께하는 교육이 모두 가능하다. 특히 학생들을 학교에서 제대로 돌봐줄 시스템을 만들기 위해서는 학부모, 지역사회와 연계할 인프라 구축이 필요하다. 교육부가 그 역할을 해야 하는데, 무작정 교사들에게 하라고 떠넘길 일이 아니다.

중앙정부가 노력하면 국민의 일상은 바뀐다. 호주에서는 유연근로제에 따라 부부가 일주일에 하루씩을 쉬면서 아이를 돌보고 나머지 요일은 어린이집에 맡긴다. 보육비 절반은 정부에서 되돌려주고 세액공제 등의 혜택을 받을 수 있다. 또 3살 미만의 어린이는 보육 교사

1명당 아이 5명까지만 돌볼 수 있도록 엄격히 규정하고 있고 보조 교사가 항상 대기하고 있어서 교사가 아프거나 사정이 생겨 당일에 통보해도 보육에 문제가 없다. 정부와 일터, 보육기관이 남녀 모두 편히 일할 수 있는 환경을 만들어주고 덕분에 여성의 사회 진출 지수도 높다. 호주에서는 남녀 경제 참여율이 동등해지면 GDP가 13%, 2000억 달러 증가하는 효과가 있다는 통계도 있다. '고용과 능력, 리더십' 세 분야를 기준으로 여성의 사회 진출 점수를 매겨봤더니 한국은 100점 만점에 52점으로 아시아 태평양 지역 18개 나라 가운데 13위로 하위권으로 나타났다.[6] 중앙정부가 의지만 있다면 지금의 현실을 얼마든지 개선할 수 있는데 안타까울 뿐이다. 경제가 어려워질수록 교육에 투자하는 비용을 늘려야 나라 발전에 도움이 될 수 있다. 다만 무작정 예산을 투입하는 것이 아니라 제대로 쓸 수 있는 곳에 우선적으로 투자해야 한다.

누리과정에서 놓치고 있는 것은 무엇인가?

감독권 없이 예산 배분을 강요당하는 시·도 교육청

누리과정에 대한 정확한 이해를 돕고자 예산과 관련된 다소 어려운 얘기로 시작하려 한다. 교육정책을 하려면 돈이 필요하고, 그 돈이 어디에서 나오고 어떻게 쓰이느냐는 중요한 문제이기 때문이다.

만 3~5세 영유아 보육 사업인 누리과정이 지난해에 이어 2년째 문제가 되고 있다. 하지만 중앙정부와 교육부는 근본적인 해결책을 모색하지 않고 땜질식 처방으로 일관하며, 시·도 교육청의 문제로 매도하고 있는 상황이다. 전국 3~5세 130만 명의 영유아를 무상 보육하는 데 필요한 2016 내년도 누리과정 예산은 어린이집, 2조 1323억 원과 유치원, 1조 8916억 원 등 총 4조 239억 원에 이른다. 공립유치원에는 원아 1인당 학비 6만 원과 방과 후 학비 5만 원이 지급된다. 어린이집(국공립 및 민간)과 사립유치원에는 원아 1인당 학비 22만 원과 방과 후 학비 7만 원이 지급되는데, 이 중 문제가 되는 것이 바로 어린이집 예산이다.

2015년 12월 국회 본회의에서 어린이집 누리과정 우회 지원을 위한 목적예비비 3000억 원을 포함한 내년도 예산안을 통과시켰지만, 여전히 어린이집 예산 1조 8000억 원가량이 부족하다는 것이 각 시·도 교육청의 입장이다. 시·도 교육청은 어린이집 예산 전액을 정부가 국고에서 지원해야 한다는 입장이고, 여기에 서울, 경기 등 일부 지방의회는 더 나아가 유치원 예산마저 전액 삭감하였다.[7] 경기도의회에서는 2016년 1월 1일까지 예산 편성이 되지 않아, 준예산 편성이라는 사상 초유의 사태가 벌어졌다. 정치적 파워게임으로 교육청과 중앙정부 양측이 얻을 수 있는 것이 있다고 보고, 근본적인 대책은 내놓지 않는 것이다. 현재의 법 제도로 봤을 때 교육감들의 잘못으로 보일 수 있다. 어찌 되었든 간에 시행령도 법이라고 볼 수 있기 때문이다. 그러나 세부 사항을 살펴보면 다른 해석이 나올 수 있다.

누리과정 사태가 2년째 반복되는 것은 근본적인 문제가 있기 때문이다. 어린이집과 유치원을 합쳐서 누리과정이라고 하는데, 시·도 교육청에는 어린이집 감독권이 없다. 감독권은 지방자치단체에 있다. 시·도 교육청은 감독권도 없으면서 예산만 배분해줘야 하는 상황이다. 그리고 핵심적인 문제는 바로 이 누리과정 공약을 현 대통령이 제시했다는 것이다. 국가(중앙정부)에서 지원하겠다고 약속하였는데, 시·도 교육청 예산을 사용하라고 하는 것이다. 중앙정부와 시·도 교육청이 제시하는 데이터가 상이해 해석을 달리할 가능성은 있지만, 종합해보면 다음과 같은 결론을 내릴 수 있다. 시·도 교육청의 예산으로 누리과정 예산을 충당한다면 경기도나 서울, 인천 등은 자체 사업을 할 예산이 없다는 것이다.

정부에서는 우회 지원 방식을 통해 3000억 원으로 누리과정을 해결하라고 하고 있으나, 이마저도 시설 투자 비용에 한정하고 있고, 미미한 예산만으로는 누리과정 예산을 시·도 교육청이 감당할 수 없는 상황이다. 교육부는 2016년에 3조 9000억 원의 지방채를 시·도 교육청이 발행할 수 있도록 승인했지만 시·도 교육청은 이미 한계상황에 처해 더 이상은 발행할 수 없다는 입장이다. 실제 시·도 교육청이 부족한 재원을 충당하기 위해 발행한 지방채 규모는 2012년 2조 769억 원에서 올해 10조 6188억 원으로 다섯 배 이상 증가했다.[8] 경기도교육청의 채무는 누리과정으로 인해 7조 원이 넘어서고 있다.[9] 빚잔치를 벌여서 복지를 해결하라고 요청하는 나라는 전 세계 어디에서도 유례를 찾아보기 힘들 것이다. 지방채 발행도 시·도 교육청의 빚이며 이는 결국 정부의 빚이라 할 수 있다. OECD 선진국 중에도 중앙정부가 지방정부에게 예산을 강요하는 사례는 찾아보기 힘들다. 2016년 예산 편성에서 땜질식 처방이 이루어지고 근본적인 해결이 되지 않는다면, 앞으로 지속적으로 이런 상황이 발생할 가능성이 크다.

현재 지방재정교부금법 시행령에는 누리과정 예산을 교육감들이 의무적으로 편성해야 하는 의무지출경비로 지정돼 있다. 하지만 상위법인 지방재정교부금법에서 교부금은 교육기관에만 지원할 수 있다고 명시돼 있어 교육기관이 아닌 어린이집에는 예산을 편성할 수 없다는 시·도 교육청의 입장이다. 이에 중앙정부에서는 2016년 안에 지방재정교부금 시행령을 고치겠다고 하는 상황이다. 결과가 어떻게 될지는 지켜봐야겠지만, 중앙정부에서 예산을 내려보내지 않고 예산이 부족한 시·도 교육청에게 무조건 내라는 것은 불공정하다는 해석이 많다. 프랑스 독일 등 일부 유럽 국가에서는 중앙정부가 지방정부에 사무를 이양할 때, 예산을 함께 주도록 헌법으로 못 박아두는 경우가 있다.[10] 그만큼 지방정부의 판단을 존중하고, 국가 주도형 사업은 자제한다는 뜻이다. 아직까지 대한민국에서 교육자치의 실행은 갈 길이 멀어 보인다.

누리과정이 문제인가, 학생을 볼모로 잡은 정치게임인가

누리과정 예산은 내막의 중앙정부와 시·도 교육청의 정치적인 파워게임의 양산을 띤다. 무엇이 옳고 그르냐가 아니라, 학생을 볼모로 둔 정치게임이라는 인상을 지울 수 없다. 어떤 이들은 무상급식이나 혁신학교 지원 예산으로 누리과정을 지원하면 될 것을 교육청에서 방만하게 예산을 운영해서 문제가 된 것이 아니냐고 말하기도 한다. 실제 예산을 분석해보면 작년 경기도교육청을 기준으로 무상급식 비용은 1000억 원가량 드는 데 비해(경기도와 경기도교육청 포함, 기초생활수급자를 뺀 순수 지원금), 내년도 누리과정에 드는 경기도 예산만 1조 원이 넘는다. 10분의 1의 금액이라 비교할 수 없는 수치인 셈이다. 혁신학교 지원 예산도 기존 교육부가 연구·시범학교나 특별교부금 명목으로 지원하는 예산과 비교할 수 없는 몇십억 원에 해당하는 금액임에도(학교당 최대 5000만 원), 엄청난 특혜를 받고 있는 것으로 침소봉대하고 있다.

과거 교육부가 했던 사업인 전자칠판 설치, 원어민 강사 예산, 인조잔디 보급 등에 사용된 예산은 천문학적인 액수였고, 그 결과가 학생들에게 긍정적이지 않았다. 언론이 문제를 제기했음에도, 교육부나 중앙정부는 별다른 움직임이 없었다. 이후 언론에서도 이에 대해 크게 문제 제기를 하지 않았다. 아직도 연구학교나 특교금 예산으로 전국적으로 지원하는 사업의 액수는 무상급식이나 혁신학교 사업과는 비교가 되지 않는 큰 금액이다. 무상급식이나 혁신학교가 무조건 옳다는 뜻이 아니다. 비교할 수치를 가지고 합당한 범위 내에서 비교해야 하는데, 너무 정치적인 의도를 가지고 움직이고 있고, 그것이 마치 진실인 것처럼 만들어버린다. 학부모나 국민들이 그런 왜곡된 사실을 믿게 만들고, 결국 그렇게 믿는다.

학부모가 놓치고 있는 것은 무엇인가?

학부모들에게 물어보면 누리과정 시작 이후 학부모들이 체감하는 비용 절감이 이루어졌다고 말하는 이들은 드물다. 유치원이나 어린이집에서 특별활동비, 체험학습비, 차량운행비, 재료비, 간식비 등의 명목으로 지원금 외에 추가적으로 받기 때문이다. 국공립 유치원이 턱없이 부족해 어쩔 수 없이 사립유치원에 보내는 부모들은 월평균 11만 4000원의 추가 비용을 지출해 가계 부담이 여전히 적지 않다는 연구결과도 있다.[11] 보건복지부는 2009년 '특별활동 적정관리방안' 지침을 만들었고, 2011년에는 영유아보육법을 개정해 지자체별로 특별활동비 상한액을 정하도록 했다. 2013년에는 특별활동 참여 시 보호자에게 반드시 동의서를 받도록 영유아보육법 시행규칙을 개정했다. 하지만 현실은 여전히 '반半강제' 참여다. 특별활동에 참여하지 않는 아이가 소외될까 불안하기 때문이다. 복지부 지침은 특별활동을 하지 않는 영유아들을 위해 별도 프로그램을 운영하도록 하고 있지만, 보육교사는 대부분 특별활동 참여 아동을 돌보기에 급급하다.

육아정책연구소가 어린이집을 이용하는 아동 2125명을 조사한 '어린이집 특별활동 및 유치원 방과후과정 특성화 프로그램 이용 실태 및 개선 방안'(2015년) 보고서에 따르면, 학부모들이 아이를 특별활동에 참여시키는 이유로 '다른 아이들이 모두 참여해서'(44.8%), '참여하지 않으면 아이 혼자 있어야 해서'(15.2%)를 꼽았다. 학부모 10명 중 6명이 자신의 뜻과 무관하게 특별활동을 시키는 것으로 볼 수 있다.[12] 10만 원 이상 되는 추가 비용은 누군가에게는 적지 않은 금액일 수 있다. 누리과정이 무상보육이라 말하지만, 현실에서는 국가 지원금 이외에 국민들이 내야 할 별도의 비용이 들어가고 있는 것이다. 이러한 상황으로 볼 때 국가가 아이를 책임진다는 말은 구호에 불과한 것이다. 결국에 체감할 수 있는 국가 지원 비용은 과거에 비해 많다고 볼 수 없다.

모두 그런 것은 아니지만 어린이집이나 유치원은 주로 영세한 개인 사업자이다. 이들이 국가에서 지원하는 돈만으로 기관을 운영하기란 어렵다. 그래서 학부모들에게 더 많은 돈을 요구하게 된다. 간혹 일부이긴 하지만 비리가 발생하고, 학생에게 체벌을 가하는 경우도 생긴다. 특히 과도한 체벌이나 학대 동영상이 공개되어서 전 국민들 분노하게 하는 사건이 거의 해마다 발생하고 있다. 근본적인 원인은 시·도지사나 시·도 교육청이 어린이집과 유치원의 질적 관리를 제대로 할 수 없고, 하더라도 대부분 개인 사업자이기 때문에 고발을 통해 법적으로 해결해야 한다는 것이다. 법원을 통해서는 오랜 기간이 걸리고, 개인의 문제로 처벌을 할 수밖에 없어, 당장 기관 운영에 큰 차질을 주지는 않는다. 문제가 생겼다고 해서 바로 기관 폐쇄를 할 수 없기 때문이다. 어떤 경우 심각한 문제로 학원을 폐쇄하려고 해도, 다른 학부모들이 거칠게 항의하는 경우가 있다. 그 학원이 폐쇄되면 아이를 보낼 곳이 없어지기 때문이다. 매년 단속에 들어가는 행정비용도 엄청나고, 그것을 고발하고 처리하는 국가적인 비용도 크게 증가하고 있다.

또한 유치원, 어린이집에서 사용하는 교육용 보조 교재, 교구 납품 과정에서 업체와 어린이집 사이에서 뒷돈이 오갔다는 사실이 포착돼 경찰이 수사에 나서기도 했다. 부산경찰에서 업체의 리베이트 장부를 확보했는데, 50개의 어린이집 이름이 쭉 적혀 있었다고 한다. 수사 결과를 지켜봐야 하겠지만, 언론과의 인터뷰에서 총 경력 17년 정도의 보육 교사는 이것이 사실일 가능성이 높다고 하였다.[13] 분명 일부의 문제라 볼 수 있겠지만, 감독을 할 권한이 없는 곳이 있다는 것과 비리를 발각해도 개선할 방안이 마땅하지 않은 것은 심각한 문제다.

누리과정 문제는 언젠가는 해결될 것이다. 결국에는 여론에 밀려 어느 한쪽이 승기를 잡을 것이다. 학부모의 선택이 여론을 만들고 해결할 수 있는 힘이 되었으면 한다. 그런데 여기서 학부모가 놓치고 있는 것은 무엇인가? 어린이집과 유치원에 들어가는 돈이 어디서 나오는지가 중요한 것인가? 아니면 세금으로 지원되는 어린이집에서 학부모에게 추가 비용을 받는다는 것이 중요한 것인가? 둘 다 정답이라 볼 수 없다. 가장 중요하게 짚고 넘어가야 할 것은 왜 학부모에게 직접 지급하지 않고, 유치원이나 어린이집에 지급하느냐는 것이다.

학부모에게 보육료를 직접 지원하는 것은 불가능할까?

위에서 제시한 문제의 해결책은 어렵지 않다. 그냥 간단히 학부모들에게 국가가 비용을 지불하고, 학부모들이 선택하면 된다. 가정에서 아이와 함께할 것인지, 기관에 맡길 것인지를 학부모 본인에게 묻는 것이다. 이렇게 된다면, 기관에서는 학원의 질을 높여 원생들을 유치해야 한다. 그리고 현재와 같은 높은 경쟁률로 인해 기관에 가지 못하는 아이들의 문제도 해결할 수 있다. 소정의 금액이더라도 지원금을 본인이 받아 직접 양육하기를 희망하는 경우도 있을 것이기 때문이다. 현재는 가정보육을 할 경우 어린이집이나 유치원에 보내는 것보다 지원금이 매우 적거나 없기 때문에, 보내는 것이 유리하다고 생각하는 사람들이 많다. 그래서 입소 경쟁률이 높아져 추첨 방식이 불가피하고, 정작 기관 보육이 꼭 필요한 맞벌이 부부들이 보낼 곳을 찾지 못해 발을 동동 구르는 현상이 발생한다.

상황으로 볼 때 현재 '슈퍼 갑'은 학부모가 아닌 기관(어린이집, 유치원)이다. 원생들의 숫자대로 묻지도 따지지도 않고 국가에서 돈을 주기 때문이다. 서울이나 경기, 광역시 등 대도심 주변은 경쟁률이 매우 높고 추첨일에는 환호와 울음이 뒤섞인 광경을 쉽게 볼 수 있다. 그러나 높은 경쟁률에 비해 일부 기관의 낮은 질은 학부모들을 불안하게 한다. 학부모들은 '학대하거나 폭언하지만 않는 선생님'이면 된다고 말하기도 한다.' 어쩌면 가장 낮은 수준의 바람일 것이다. 그런 불안에도 불구하고 불가피하게 기관 보육을 선택하는 것이 맞벌이 부모의 현실이다. 이러한 현실이 뻔히 눈에 보이는데도 중앙정부에서는 방식을 바꾸려 하지 않는다. 지원금을 개인에게 주면 도덕적 해이가 발생할 수 있다는 것이다. 그렇다면 노인들에게 직접 주는 기초노령연금 사용에 도덕적 해이가 발생하는 것은 어떻게 막을 것인가? 노인층이 기초노령연금으로 건강을 해치는 술 담배를 즐긴다든가, 도박이라도 한다면 도덕적 해이이니 지급을 중단해야 할까? 개인의 선택은 어쩔 수 없는 것이다. 국가가 번거로운 일을 만들지 않기 위한 변명에 불과하다. 왜 보육료를 가정이 아닌 기관에 지급하게 되었는지를 정확하게 밝힌 자료는 없지만 정치적인 이유가 있지 않았을까 하는 추측을 해본다. 학부모들이 뜻을 모아 움직이면 바뀔 수 있다고 본다.

또 한 가지 제안을 해보자면 사설 어린이집이나 유치원도 공립화하는 것이다. 이를 통해 각 기관의 질을 높일 수 있다. 초기 비용은 들겠지만 장기적으로 보면 결국 비용이 절감되고, 질 관리도 잘 이루어질 수 있다. 문제가 되는 것은 현재 민간 어린이집의 교사들이다. 국가자격시험을 보지 않은 상태이기 때문에 기관이 국가에 흡수된다면, 많은 수의 교사가 그대로 남을 가능성이 크다. 이에 대한 대책이 별도로 있어야 할 것이다.

고교 무상교육, 또 하나의 누리과정이다

고교 무상교육은 입학금과 수업료, 학교운영지원비, 교과서비 등 4가지 항목을 지원해 현재 초·중학교와 마찬가지로 고교 과정도 무상으로 다닐 수 있게 하는 내용이다. 지금도 저소득층 대상 교육 급여 지원과 초중고 교육비 지원 사업, 특성화고 장학 사업, 농산어촌 학생 지원 사업 등으로 전체 고교생의 30%가 무상교육 혜택을 받고 있다. 현 정부가 추진하는 고교 무상교육은 가계 소득과 관계없이 지원 대상을 모든 학생으로 확대하는 것이다. 지난해 예산의 2420억 원, 올해 예산의 2461억 원의 국고 편성을 기획재정부에 요청했지만 세수 부족 등의 이유로 번번이 무산되었다. 교육부는 내년도 예산안을 제출할 때도 역시 학생 수 등 고교 무상교육에 필요한 단가를 계산해 예산 요청을 한다는 계획이지만 최근 누리예산 파동으로 보편적 복지에 대한 논란이 다시 일어 예산 편성 가능성은 거의 없는 상황이다. 이는 현 대통령의 핵심 교육 공약이었다.[14]

누리과정에 이어 현 정부가 국민과 학부모에게 약속한 큰 사업이 하나 더 있다. 고교 무상교육이다. 현재는 중학교까지 무상·의무교육이 시행되고 있는데 고등학교 과정은 저소득층이나 특수한 경우를 제외하고는 입학금, 수업료, 학교운영지원비, 교과서비 등의 항목을 학부모들이 내고 있다. 이 부담을 없애주겠다는 것이다. 그런데 이 약속은 예산을 핑계로 차일피일 미루면서 사실상 무산되었다고 알려졌다. 각종 비효율적이고 불필요한 정책에 엄청난 교육예산이 낭비되고 있는데 연 3000억 원도 안 되는 비용으로 가능한 고교 무상교육이 정책의 우선순위에서 늘 밀리고 있는 것이다. 건설 경기 부양을 위한 몇천억 원대 투자는 지속적으로 벌이는데, 교육에 대한 투자는 참 인색하다. 언론에서도 특별히 언급하지 않는다. 학부모들 역시 이 사안에 대해 잘 모르거나, 알면서도 별다른 언급을 하지 않는 것은 더 큰 문제라 볼 수 있다. 고교 무상교육과 같은 사안을 이대로 없던 일로 덮고 넘어간다면 앞으로도 누리과정, 고교 무상교육 문제와 유사한 일들이 지속적으로 발생할 것이다. 학부모들도 공교육의 발전은 예산의 확충과 관심으로부터 비롯된다는 것을 알고 주의 깊게 지켜봤으면 한다.

소규모 학교 통폐합 사태를 바라보며

교육부는 작년 말 전국 17개 시·도 교육청에 '소규모 학교 통폐합 권고 기준'을 통보했다. 학생 수가 줄어든 소규모 학교를 통폐합해 재정 낭비를 줄이고 교육 수준도 끌어올리겠다는 것이다. 이 권고안에 따르면 읍 지역은 학생 수가 120명 이하인 초등학교와 180명 이하의 중·고교, 도시 지역은 240명 이하 초등학교와 300명 이하 중·고교가 통폐합 대상이다. 면이나 도서·벽지 지역은 초·중·고 모두 60명 이하 학교가 대상이다. 기존 안(읍 이하 단위 60명, 도시 200명)에 비해 강화된 기준이다. 교육부는 권고를 따르는 지자체에 학교당 최대 110억 원(분교는 최대 40억 원)의 재정 인센티브를 제공하기로 했다.

(중략)

한국교총에 따르면 교육부가 제시한 새 기준을 적용하면 전국 1만 1000여 개 학교 중 10%가 넘는 1750개 학교가 폐교 대상이 된다.

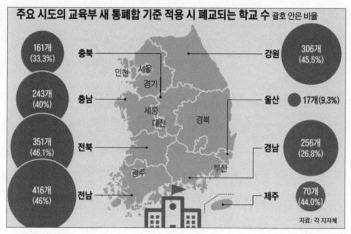

주요 시도의 교육부 새 통폐합 기준 적용 시 폐교되는 학교 수 괄호 안은 비율

161개
(33.3%) 충북

243개
(40%) 충남

351개
(46.1%) 전북

416개
(46%) 전남

강원 306개
(45.5%)

울산 17개(9.3%)

경남 256개
(26,8%)

제주 70개
(44.0%)

자료: 각 지자체

출처_『조선일보』기사[15]

위 기사를 보고 많은 국민들이 놀랐을 것으로 생각한다. 언젠가 시행될 것으로 예상했지만, 중앙정부가 생각보다는 빠르게 움직이고 있다. 경제 논리로 교육에 손을 댄다는 것은, 그만큼 경제 상황이 좋지 않다는 것을 반증하며 인구가 급감하고 있다는 것을 의미한다. 내용을 보면 정말 놀라운 수치이다. 강원도와 전북, 전남, 제주는 거의 절반에 가까운 비율을 줄인다는 것이다. 이렇게 될 때까지 중앙정부는 도대체 무얼 했나 하는 생각과 함께 방식의 폭력성을 문제 삼고 싶다. 전국의 학교를 1000개나 더 줄이겠다는 계획을 그냥 하루아침에 발표하는 경우라니. 그것도 대부분의 학부모가 잘 알지 못하게 단순히 17개 시·도 교육청에 공문으로만 보내 계획을 마련하라는 것이 이해하기 힘들다.

교육부는 '적정 규모 학교 사업'이라는 명칭의 구조조정 방안을 마련하고 초·중·고교의 통폐합을 유도하고 있다. 각 시·도 교육청이 두 개 이상의 학교를 하나로 통폐합하면 교육부는 학교를 하나 없앨 때마다 60억 원 또는 100억 원을 특별교부금으로 지원한다. 100억 원의 이 기준대로라면 전국 1만 1809개 초·중·고교의 얼추 4분의 1(23.3%)에 해당하는 2747개교가 구조조정 대상이 된다는 분석도 있다.[16] 특히 경북 46.6%(997개교 중 465개교)를 비롯해 전남(46.3%), 전북(46.0%), 강원(45.5%) 등은 통폐합 대상이 거의 절반에 육박한다. 적정 규모의 학교는 필요하다. 너무 작은 규모의 학교에서는 경쟁도 되지 않고, 한 아이에게 과도한 교육 지원이 될 수도 있어 좋지 않은 영향이 있을 수 있다. 그러나 근본적인 원인 해결이 먼저라 생각한다.

인구절벽, 필요한 것은 구체적인 대안이다

미국의 재정·경제 예측 전문가인 해리 덴트는 우리나라에 2018년에 인구절벽이 올 것이라고 말하였다. 생산·노동 가능 인구가 급감하며, 베이비부머 세대가 은퇴하고, 경제성장률이 둔화된다는 뜻이다. 이미 시작되었다고 예측하는 사람도 있다. 여기에 지금 가임여성이 아이를 낳는 수치인 출산율도 인구절벽이 왔다는 것을 증명하고 있다. 현재 출산율은 자료마다 약간씩 차이가 있지만 1.21가량으로 2015년 일본의 출산율인 1.42보다 낮은 수치다.[17] 교육부에 따르면 전국 고교 입학생 수는 2016년 총 59만 6066명(지난해 4월 1일 현재 중3 학생 수 기준)에서 내년 52만 6895명으로 약 7만 명 가까이 줄어드는 것으로 나타났다. 또 2018년에는 고교 입학생 수가 46만 2990명으로 역시 전년 대비 6만 3900여 명 감소하는 것으로 집계됐다. 앞으로 2년 동안 고교 입학생 총 13만 3000여 명이나 줄어든다.[18] 인구절벽이 눈앞에 온 것이다.

통계청 기준으로 2015년 서울은 이미 출산율이 1이라는 통계가 나왔다. 일본은 세계 유일의 초고령화 국가[19]임에도 한국보다 수치가 높다. 일본은 작년 4년제 사립대학의 40% 이상이 정원을 채우지 못했다. 일본은 아베 신조安倍晋三 총리가 3년간 추진해온 '아베노믹스'로도 경제가 살아나지 않자 출산율을 1.42(2014년 기준)에서 1.8로 높여 50년 뒤에도 1억 명을 유지하겠다는 인구 대책을 지난해 10월 내놓았다. 부문별 실행계획을 포함한 종합적인 인구 대책이 지난해 처음 수립된 것이다. 일본 닛세이ニッセイ기초연구소의 야지마 야스히데矢嶋康次 이코노미스트는 『경향신문』과의 인터뷰에서 "일본이 저출산·고령화 문제에 대해 안이한 인식을 가진 데다 정치권도 리더십을 갖고 대처하지 못했다"면서 "한국은 이런 전철을 밟아서는 안 된다"라고 말했다. 또한 "한국도 지금 당장 인구 감소를 막을 대책을 세우라"고 여러 차례 강조했다. 일본의 인구 감소가 일본 경제에 "수요 감소는 물론 생산성조차 후퇴한다. 인구 감소와 고령화가 동시에 겹치니 인구구조가 생산성 향상을 저해하는 형태가 된 것이다. 미래에 대한 비관론도 커질 뿐 아니라 의사결정이 느려지고 기득권에 집착하는 분위기가 조성된다. 개혁도 어려워지고 청년층이 희망을 잃게 된다"라고 인터뷰하였다.[20]

이와 닮은꼴인 한국은 이미 10년 이상 초저출산국을 유지하고 있으며, 이 수치는 현재 초등학교 1학년 입학생 수치와 비교하면 쉽게 이해할 수 있다. 2016년 우리나라 초등학교 신입생 수는 39만 명이며, 수능시험을 치른 고등학교 3학년 학생 수는 60만 명이다. 20여 년 전에는 82만 명이 넘는 학생이 수능시험을 치렀다. 이처럼 인구 감소는 우리 눈앞에 와 있고, 심각한 문제를 야기할 상황이다. 여기에 더해 우리나라에서 청소년 사망 원인 1위가 자살인 것도 인구 감소와 함께 마주하는 비극적인 대한민국의 현실이다.[21] 현 상황을 체감할 수 있는 수치로 잘 나타낸 자료가 있다. 『국민일보』에서는 한국의 인구 감소의 심각한 상황을 분석하기 위해 「한국의 '지방 소멸'에 관한 7가지 분석」 보고서를 쓴 이상호 한국고용정보원 부연구위원의 분석 방법을 이용했다. 65세 이상 노인 인구와 20~39세 여성 인구를 비교해 젊은 여성 인구가 노인 인구의 절반에 미달할 경우 '소멸 위험 지역'으로 분류하는 방식이다. 이 부연구위원은 이 분석 방법에 대해 "젊은 여성 인구가 노인 인구에 비해 절반이 안 된다면 사실상 출산율이 크게 늘더라도 인구가 지속적으로 감소할 것으로 볼 수 있다"라고 설명했다. 분석 결과 전국 265개 지자체 중 80곳(30.1%)이 소멸 위험 지역으로 분류됐다. 전 국토의 30% 지자체가 소멸 예정이라는 충격적인 결과이다.[22] 수도권과 광역시를 제외한 많은 곳은 몇십 년 내로 소멸된다는 얘기다.

아이를 키울 수 있는 환경이 먼저

출산율 감소를 가져오는 근본적인 문제는 아이를 낳아도 키울 만한 환경이 아닌 것이다. 아이를 키울 수 있는 조건이 되지 않는다면 아이를 낳을 수 없다. 직장에서는 여성이 육아휴직을 하면 아예 사직하라고 강권한다. 사실상 퇴출이다. 한국노동연구원에 따르면 「기혼여성의 경제적 상태 변화」 보고서를 통해 OECD 27개국의 '자녀를 둔 기혼여성 고용률'을 분석한 결과, 자녀 연령이 만 2세 미만일 경우 우리나라의 여성 고용률은 32.4%를 기록했다. 27개국 가운데 우리나라보다 해당 구간의 여성 고용률이 낮은 국가는 헝가리(11.7%), 체코(20.0%) 등 2개국에 그쳤다. 이는 덴마크(75.6%), 네덜란드(74.7%), 포르투갈 (70.0%), 캐나다(67.4%), 오스트리아(67.1%)의 절반 수준이다. 프랑스 (61.2%), 영국(58.4%), 미국(56.5%) 대비로도 훨씬 낮았다. 또 우리나라 는 자녀 연령이 만 3~5세인 구간에서도 비교 국가 가운데 꼴찌(35.8%) 를 기록했다. 27개국 중 고용률 30%대는 우리나라가 유일했다.[23]

한 언론과의 인터뷰에서 김연명 중앙대 사회복지학과 교수는 "핀란 드·노르웨이는 육아휴직 기간이 1년이 넘고 일본·덴마크·캐나다 등 은 육아휴직 사용 비율이 80%를 넘는데, 우리나라는 기간도 1년이고 사용 비율도 20% 남짓에 불과하다"며 "육아휴직 기간을 늘리고 의무 규정도 신설해 부모들이 사정에 따라 맞춤형으로 사용할 수 있게 해 야 한다"라고 말했다.[24]

정부(고용노동부)는 아이를 낳기 위해 3개월 출산휴가를 신청하면 자동으로 육아휴직(1년)도 신청되는 '자동육아휴직제'를 공공기관, 대 기업 등에 권고했다고 2016년 3월 밝혔다. 그러나 권고 사항만으로 대 기업이 지킬 리가 없고, 휴직은커녕 출산휴가도 마음 놓고 쓰지 못하 는 것이 현실이다. 일과 육아를 병행한다 해도 잦은 야근 문화 때문 에 제대로 된 육아를 하는 것은 너무나 힘들다. 대한상공회의소가 우 리나라 큰 기업 100곳의 기업문화를 조사했는데, 거의 80%가 글로벌 기업들 문화보다 못하고 경쟁력이 떨어진다는 분석을 했다. 임원들은 100점 만점에 76점이라고 스스로를 평가했지만, 직원들은 53점을 주 었다. 기업문화 중 가장 문제가 되는 것은 야근이라고 답했는데, 야근 이 없다고 한 곳은 12%고 1주일에 평균 2.3일 야근에 사흘 이상 야근

한다는 대답도 40%가 넘었다.[25] 우리나라 기업의 야근문화가 바뀌고 육아휴직제가 의무화된다면 출산율은 증가할 것이다.

상황이 이렇다 보니 부모의 퇴근 시간까지 아이를 맡아줄 곳을 찾기 위해 학원을 여러 곳 보내게 된다. 교육이 아니라 보육에 가깝다. 사교육비도 만만치 않게 든다. 만약 사정이 생겨 다니는 학원 중 하나라도 차질이 생기면, 그 시간 동안 학생을 맡길 곳이 없어 방치되는 사례가 비일비재하다. 이러한 상황은 학생들의 스마트폰 중독이나 게임 중독 증가에도 일조한다. 집에서 혼자 시간을 보내다 스마트폰이나 게임을 하게 되는 것이다. 상황의 심각성을 알면서도 맞벌이 부부는 다른 선택을 할 수가 없다.

초등학교는 의무교육이기 때문에 그나마 낫다. 선택 사항인 어린이집이나 유치원은 들어가는 것도 어렵고, 들어가서도 부담해야 할 비용이 많다. 낳기만 하면 국가가 키워준다더니 이건 현실과는 동떨어진 얘기다. 중·고등학교로 갈수록 사교육비는 증가한다. 맞벌이 가정에서 부모 중 1명 월급을 고스란히 사교육 시장에 지불하는 현상이 심화되고 있다. 요즘과 같이 경제 상황이 어려운 시기에는 전업주부였던 사람도 일자리를 찾아 나선다. 어떤 학부모는 야간이나 주말에 아르바이트까지 해가면서 아이 사교육비를 대고 있다고 한다. 학부모가 주5일제 직장만 다니는 것은 아니다. 직장이 주5일제가 아니거나, 주5일제이지만 주말에도 일해야 하는 상황에서는 학생의 주5일 등교나 재량휴업일, 그리고 방학이 반갑지만은 않다. 아이를 돌봐줄 곳을 별도로 찾아야 하기 때문이다. 앞서 언급한 초등학교 돌봄교실이나 방과후학교는 큰 도움이 되지 않는다. 지역아동센터는 거리도 멀고, 숫자도 적고, 프로그램도 믿을 수 없는 곳이라 생각해 잘 보내지 못한다. 이런 이유에서 학부모들은 대개, 수요자 중심의 교육정책은 존재하지 않는다고 여기고, 공교육에 대해 관행 중심의 행정 편의적인 발상만 한다고 여긴다.

이러한 문제가 있기 때문에 합계 출산율이 1.2 내외에 머물고 있는 것이고, 이마저도 앞으로 더 떨어질 것이다. 서울에서 출산율 1을 유지하는 것도 어려워 보인다. 지금 출산율은 30대 이상의 산모들이 간신히 유지하는 것인데, 경제 상황이 악화될수록 아이를 낳지 않고 부부만의 행복을 누리려는 딩크족DINK[26]이 증가하기 때문이다. 위에서 말한 이런 어려운 현실 속에서 아이를 낳고 키울 용기를 내기란 쉽지 않다. 현재 출산율이 지속된다고 가정하면 국내 인구는 2050년 4247만 명, 2100년 1859만 명, 2200년 322만 명으로 급감한다는 통계 결과가 나온다. 결국 대한민국이란 국가가 사라지는 것이다. 합계 출산율이 2명 이상(2.3)은 돼야 적절한 균형 인구를 유지할 수 있다. 다들 둘째 낳기 어렵다고 하는데 셋째에만 집중된 출산 정책은 무슨 의미인지 모르겠다.[27]

교육 수요자 중심의 정책을 위해 학부모의 역할이 필요한 때

그럼에도 중앙정부에서는 낙관적으로 생각하는지 대응이 미흡해 보인다. 왜일까? 예산이 부족해서는 아니다. 최근 담배 요금 인상이나 주류세 인상은 교육세 증가를 가져왔다. 인상분이 상상을 뛰어넘는 큰 수치다. 담배세로 인한 세금만 4조 원이었으니 말이다. 결국 돈이 어디에 쓰이는지 적합성을 봐야 하고, 예산이 낭비되는 측면이 없는지도 검토해야 한다. 국민들이 상식선에서 어떻게 생각하고 있는지, 적극적인 모니터링 후 정책에 반영할 필요가 있는데, 현 정부는 이렇게 하지 않고 있는 실정이다. 이는 정부 당국의 의지 문제로 볼 수 있다. 학부모 개개인은 별 힘이 없지만, 모여서 목소리를 낸다면 법을 개정할 수도 있고, 중앙정부를 압박하여 좋은 정책을 만들어내게 할 수도 있다. 예를 들어, 스웨덴에서는 남편도 두 달간 의무적으로 육아휴직을 써야 하는 등 북유럽에서는 육아휴직 의무제를 하고 있다. 이처럼 직장에서 육아휴직을 의무적으로 실시하고, 육아휴직자에게 불이익을 주면 고용주를 처벌하는 법안을 만들면 육아휴직을 쓰는 것이 당연한 문화로 자리 잡을 것이다.

지금도 우리나라에서는 육아휴직이 제도화되어 있지만, 거의 사용하지 않는다. 가장 큰 이유는 육아휴직을 하면 불이익을 당하기 때문이다. 남자나 여자나 육아휴직을 하면 승진에서 제외가 된다.[28] 승진 제외뿐 아니라 사직을 강요당하기도 한다. 수치를 보면 이러한 현실을 느낄 수 있다. 육아를 위해 휴직을 택한 남편들은 1년 전 3420여 명에서 지난해 4870여 명으로, 1년 사이 42% 늘었다. 언뜻 보면 급증한 것처럼 보이지만 전체 육아휴직자의 5.6%에 불과하다.[29]

보육을 국가가 책임진다는 것이 불가능한 것은 아니다. 다만 학부모들이 정책에 대한 관심을 갖고, 여론을 조성하는 등 한목소리를 내는 노력을 해야 한다. 이를 위해서 학부모들의 문제의식을 담을 창구가 필요하며, 거기서 발생한 아이디어를 정책으로 승화시킬 방안을 고민해야 한다. 학부모가 힘들겠지만, 아이들의 미래를 위해서 다 같이 고민하고 해결해야 한다. 교육 수요자 중심의 정책을 펼칠 수 있도록 중앙정부를 압박하고, 견제할 필요성이 있다는 뜻이다.

소규모 학교 통폐합 문제, 미래를 향한 디딤돌로 삼아 해결해야

아무리 작은 학교라도 시설 운영비, 인건비 등을 포함하여 기본적인 운영비가 억 단위로 들어간다. 중앙정부나 교육부의 논리는 학생이 없는 작은 학교를 통폐합하면 장기적으로 비용을 아낄 수 있다는 얘기다. 딱히 틀린 논리라고 볼 수는 없다. 그러나 학생 수를 늘릴 의지는 없어 보이는 정책이다. 만약 앞으로 상황이 좋아져 학생 수가 늘어나더라도, 이미 학교들이 없어지고 통폐합이 된 후라면 집 근처에 학교가 없어 스쿨버스를 타고 1시간 통학해야 하는 상황이 만들어질 수 있다. 소규모 학교 통폐합은 인구를 늘리는 것이 쉽지 않다는 사실을 정책에 반영한 결과이다.

인구를 늘리는 데 성공한 프랑스의 사례를 보더라도 최소 10~20년가량 걸린다. 즉, 담당자가 바뀌어도 수십 번은 더 바뀌고 중앙정부의 체제가 바뀌어도 서너 번은 더 바뀌는 시간이 걸리는 것이다. 정책을 만드는 이들이 임기응변식으로 대응하는 이유다. 이러한 심각한 상황 속에서 믿을 것은 중립적인 시각으로 목소리를 낼 수 있는 학부모밖에 없다는 생각이 든다. 비단 지방만의 이야기가 아니다. 이미 천만 수도 서울은 조만간 깨질 예정이고, 경기도의 인구 유입도 한계가 있다. 인구가 가장 많이 집중되어 있는 경기도도 곧 이와 같은 현상이 발생할 것이다.

중앙정부는 근본적인 문제 해결보다는 경제 논리에 의한 정책, 미봉책들로 대응하고 있다. 돈 문제를 가장 신경 쓰며, 경제 논리에 의한 교육을 한다. 소규모 학교 통폐합 같은 정책들이 계속 만들어지면 비슷한 기조에 의해서 더욱 심각한 상황이 발생할 수도 있다.

교사들에게도 경제 논리를 적용할 가능성이 커지는 것이다. 경기도 교육청 기준으로 10만 교원 중 기간제 교사가 1만 5000가량 된다. 여기에 전국적으로 특수교사 정원의 대부분은 정규 교사가 아니라 기간제 교사다. 이런 식으로 정규직 TO를 주지 않는 것도 결국 예산의 문제라고 볼 수 있으며, 이로 인해 교육의 질이 낮아진다. 경제 논리를 따지느라 교육의 질에는 관심을 두지 않는 것이다.

앞으로 소규모 학교를 통폐합하게 된다면 어떤 현상이 벌어질까. 학교 수가 줄고, 학생 수도 지속적으로 줄어 한동안은 신규 교사를 뽑지 않는 상황이 올 것이다. 대략 10년가량 신규 교사를 뽑지 않으면, 현재 교사만으로도 자연 감소되는 인원이 있으므로 통폐합이 마무리된다. 교사 1인당 학생 수는 처음에는 약간 늘 수 있겠지만, 학생도 자연 감소분이 있을 테니 큰 무리 없이 10년간은 교사의 정원을 유지할 것이다. 다만 기존에 있는 교사들은 놔둔 채 신규 교사를 뽑지 않으니, 교·사대 학생들의 취업이 문제가 될 것이고, 이를 빌미로 교·사대의 통폐합을 가속화할 것이다. 현 상황이 나아지지 않고 계속된다는 가정하에 10년 후에는 급격하게 학생 수가 감소하기 때문에, 기존 교사들도 정리해고를 해야 하는 상황이 올 것이다. 결국 앞으로 교사들은 승진 문제가 아니라, 살아남기 위해서 발버둥 쳐야 할 시기가 올지 모른다.

이런 일이 발생하면 일단 규모가 큰 경기도에서, 타 시·도의 기존 경력 교사들을 흡수할 것이다. 각 지방의 교사들이 대거 경기도로 올라온다는 것이다. 과거에도 몇 차례 일방전출을 했기 때문에 비슷한 방식을 쓰면 된다. 우선적으로 흡수(일방전출)하겠지만, 국가직 공무원이기 때문에 교사들의 정리해고는 쉽지 않다. 공무원은 한 번 채용되면 쉽게 자를 수 있는 근거가 없기 때문이다. 법률을 바꿔야 하는데, 그 방식은 지방직 공무원화를 하는 것을 추측해볼 수 있다. 지방직 공무원화하게 되면, 지자체나 시·도 교육청 판단에 맡겨 자체 감축하거나, 계약직으로 전환하는 체제를 예상해볼 수 있다. 지방직 공무원이 되면, 지자체 장(교육감)이 판단하여 정원을 관리할 수 있기 때문이다. 상황에 따라 구조조정의 근거가 되는 조례를 만들기만 하면 된다. 여러 정황상 최종 정착지는 '계약직 전환'이 유력하다고 본다. 처음에는 방학을 없앤다는 명목으로 무노동 무임금 원칙을 적용한다는 편법을 쓰면서, 방학 때 월급을 주지 않는 체제로 가고, 그 뒤 자연스럽게 외국처럼 계약직으로 전환하게 될 것이다. 중간중간에 무능한 교사들을 퇴출시킨다면서 언론에 대대적으로 홍보하고, 무능한 교사들에 대한 안 좋은 감정이 있는 학부모들은 찬성 일색일 것이다.

이러한 상황을 억측이라고 보는 시각이 있을 수 있지만, 최근에 중앙정부가 이미 법을 바꾼 사례가 있기 때문에 충분히 예상 가능한 시나리오다. 시간제 공무원을 만들면서 겸직two job을 허용했기 때문이다. 기존 공무원들은 업무에 지장을 준다는 이유로, 법적으로 겸직이 허용되지 않았다. 이 시나리오는 철저히 경제 논리와 신자유주의 정책에 의한 중앙정부 논리이다. 이로 인한 부작용이 엄청나겠지만, 효율성이란 관점에서만 바라보는 이들은 이 정책을 밀어붙이게 될 가능성이 높다. 강원도나 전라도를 비롯한 외곽 지역이 황폐화되는 것은 시간문제일 것이다. 현 상황대로라면 교사의 우울한 미래는 지금부터 시작이다. 중앙정부나 교육부의 논리를 바탕으로 하는, 그리고 곧 가시화될 수 있는 무서운 전략인 것이다. 계약직 교사에 의한 학생 교육은 누구도 원하지 않겠지만, 10년 내에 가능한 현실이 될 수도 있다는 것이다.

시간선택제 공무원, 공무원 연금 개혁

교사집단을 포함 공무원들은 무사안일, 철밥통 소리를 들으며 질시의 대상이 되곤 한다. 그러나 중소기업이나 중견 기업 이상에서 공무원의 급여 수준이나 노동 조건 등을 기준으로 삼는다는 점에서, 공무원들 일자리의 질 후퇴는 국민들에게도 좋은 것만은 아니다. 마치 현재 공무원 연금 개혁을 한 후, 임금피크제, 시간선택제 공무원 도입이나 노동개혁으로 일반 국민들의 일자리마저 흔들고 있는 것과 같다. 국회예산정책처는 임금피크제가 청년고용 확대를 위한 방안 가운데 하나이지만 정부의 재정 지원, 청년고용 의무제 연장 등 다른 정책들이 뒷받침돼야 활성화될 수 있다고 밝혔다.[30] 현재 법으로도 희망퇴직이라는 명목으로 2년 차 직장인을 해고하는 상황[31]이다. 임금피크제 등으로 청년실업을 해결할 수 있다는 논리를 바탕으로 한 노동개혁이 해고가 쉬워지게 할 수 있다는 우려가 제기될 충분한 여지가 있는 것이다. 지금도 은행권에서 임금피크제를 도입했지만, 결국 고경력자의 희망퇴직으로 이어지는 사례를 쉽게 찾아볼 수 있다.[32] 과거에는 50대 이상만 대상이라고 생각했던 명예퇴직이 이제는 우리 주변에 20대, 30대도 받아들여야 하는 상황으로 오지 않았는가?

공무원 연금 문제만 봐도 그렇다. 공무원 연금 문제의 본질은 연금의 부실 운영이다. 공무원연금관리공단의 투자 방식이나 국가 주도형의 사업 방식은 연금의 큰 손실을 가져왔다. 흑자가 지속됐다면 공무원 연금의 문제가 발생하지 않았을 것이며 현재의 공무원들에게 더 많이 내라고 할 필요도 없었을 것이다. 매번 문제가 지적되지만, 정부는 끄떡도 하지 않으며, 바꾸려는 의지도 없다. 중앙정부는 공무원 연금을 개혁하기 위해서 일반 국민들을 상대로 여론전을 펼쳤다. 국민연금과의 기여금 차이, 퇴직금이 없는 현실 등을 외면한 채 철밥통을 부순다는 논리만으로 칼을 들이대며 홍보하기 바빴다. 이 방식은 일부 국민들에게 지지를 받았다. 그런데 공무원 연금에 대한 공격이 아닌, 국민연금을 공무원 연금처럼 좋은 제도로 만드는 것에 관심을 두어야 할 일이다.

30년 후 공무원은 연금을 받을 수 있을까 하는 의문도 생긴다. 연금을 받을 시점에는 연금이 고갈될 것이 확실하기 때문이다. 연금을 위해 지금 내는 돈은 거의 세금과 다름없게 될 수도 있다. 지금과 같은 출산율과 경제 상황이라면 2040년에는 노인 인구 2명을 청년 인구 1명이 부양해야 하는 상황이 온다. 그러나 그 시점에 청년층을 위한 양질의 일자리는 존재하지 않을 것이고, 그 결과 청년들이 내는 세금으로 연금을 받을 노년층은 연금을 받을 길이 없어지는 것이다. 지금부터 출산율을 엄청나게 늘리고, 연금이나 복지정책을 전면 개편하지 않는 이상은 연금 받을 생각을 안 하는 게 마음 편하다. 그게 국민연금이든, 공무원 연금이든 말이다. 연금이 설계될 때에는 당시 국가 성장률과 세금을 납부하게 될 인적 자원을 계산해서 만들었다. 연금에서 가장 중요한 것은 소득대체율[33]이다. 현재 국민연금도 소득대체율이 50% 이하로 떨어졌다. 이런 제도의 변화 때문에 앞으로 20, 30세대가 퇴직한 이후에는 연금이 고갈되어, 거의 받지 못한다고 통계학적으로 예상되고 있다. 독일도 소득대체율을 처음 만든 시점보다 지속적으로 내리고 있다. 노인인구가 그만큼 예상보다 급증하고 있기 때문이다. 지금처럼 노인인구가 급격히 팽창하고, 청년실업과 경제성장이 둔화될 것을 예측하지 못했던 것이다. 현재 노인층을 위한 복지도 중요하지만, 앞으로 살아갈 청년들의 미래를 위해 세금 부담과 연금문제에 대한 재설계가 절실히 필요하다. 전 국민의 하향 평준화와 경제 논리의 강화는 모두에게 피해를 끼친다. 근본적인 원인을 파악하고 상황 대처를 해야 할 시점이다.

임금피크제 문제를 살펴보자. 중앙정부에서는 임금피크제와 같은 사안이 청년실업 문제를 해결할 수 있다고 말하지만, 경제학자들은 임금피크제가 청년실업과 관련성이 있다는 분석을 하지 않는다. 시간선택제 공무원 또한 플러스알파의 개념이 아니라, 기존 정원을 시간선택제로 바꾸는 형태라 외국과는 차이가 크다. 고용 창출에 있어서 청년실업 문제를 해결하지 못하고, 양질의 일자리를 없애는 변형된 형태일 뿐이다. 중앙정부가 착각하고 있는 비슷한 예로 대기업의 낙수효과라는 것을 들고 있는데, 2015 OECD 보고서에서는 대기업 위주의 수출정책과 이를 통한 '낙수Trickle Down 효과'에 대해서도 '이제 한계에 도달했다'고 냉정하게 지적했다.[34] 즉 대기업이 돈을 벌더라도 국민들에게 직접적으로 영향을 미치는 시대는 끝났다는 것이다. 교육에 있어서 경제 논리를 적용하거나, 전 국민의 일자리를 하향 평준화한다는 것은 장기적으로 봤을 때 결코 바람직하지 않다.

지난 2009년 이명박 정부는 '일자리 나누기 정책'을 추진하기 위해 공공기관의 대졸 초임을 20% 삭감했다. 김주섭 노동연구원 선임연구위원은 "2009년에 대졸 초임을 깎는 정책이 시행된 적 있었지만 그다지 성공적이지 못했다"며 "기존 취지대로 하면 초임 삭감으로 마련된 재원이 새로운 고용 창출로 이어졌어야 하는데 그렇지 못했다는 평가가 지배적이다"라고 말했다. 그는 "초임을 삭감하게 되면 개별 기업들의 인사관리가 상당히 까다로워진다"며 "신입 직원들에겐 완전히 새로운 임금 테이블을 적용해야 하고 이후 인금 인상이나 평가에 대한 부분도 기존 직원들과는 다르게 적용해야 한다"라고 설명했다.[35]

학부모나 교사들이 표면에 보이는 모습이 아닌, 수면 아래 진실과 마주친다면 교육에 있어서만큼이라도 하향 평준화가 아니라 상향 평준화를 유도할 수 있지 않을까 하는 바람이다. 이와 관련된 학생에게 투입하는 예산, 그들에게 주어지는 교육 기회 균등은 지속되어야 한다. 그리고 현재 공교육의 많은 문제들을 해결하는 공교육 개혁이야말로 대한민국에서 유일하게 계층 이동을 통해 평범한 흙수저[36]들을 구제할 수 있는 희망일 수 있다.

교육예산의 낭비와 무상급식·무상교복 문제

경기도 지자체별 교육 투자 현황(2012년)

순위	지자체명	교육 투자액 (단위: 천 원)	보조 비율 (단위: %)	학생 1명 지원액 (단위: 원)
1	부천시	38,104,378	4.16	331,253
2	군포시	14,392,189	4.0	360,318
3	오산시	10,957,826	3.87	374,013
4	과천시	9,790,338	3.79	820,649
5	시흥시	19,773,385	3.47	315,305
6	수원시	44,876,482	3.25	262,305
7	안양시	23,174,479	3.23	258,045
8	의왕시	7,936,712	3.17	461,276
9	안산시	29,583,141	3.17	261,257
10	고양시	36,540,989	2.92	252,951
11	화성시	30,096,690	2.89	393,962
12	광명시	12,833,651	2.84	275,714
13	성남시	37,250,643	2.79	285,930
14	안성시	12,283,635	2.78	515,967
15	파주시	16,459,366	2.42	323,360
16	의정부시	13,179,959	2.2	212,388
17	구리시	6,048,064	2.01	211,811
18	평택시	15,533,223	1.89	241,076
19	하남시	6,429,577	1.81	372,578

20	김포시	8,337,766	1.71	218,759
21	양주시	7,808,635	1.68	299,859
22	광주시	7,977,052	1.62	245,289
23	남양주시	12,566,128	1.58	151,851
24	용인시	27,191,996	1.47	204,445
25	가평군	3,898,252	1.27	549,282
26	동두천시	3,221,909	1.17	252,659
27	이천시	5,540,217	1.08	182,106
28	포천시	5,070,942	1.03	253,319
29	여주시	3,728,155	1.01	263,213
30	연천군	2,954,639	0.87	603,357
31	양평군	2,951,216	0.81	258,448

출처_『경기일보』[37]

각 지방자치단체(이하 지자체)에는 교육예산이 있다. 보통 시·도 교육청에서 유·초·중·고 교육을 담당하고, 지자체에서는 평생교육이라고 하여 보육(어린이집)과 성인 교육 프로그램을 담당한다. 동사무소에서 하고 있는 성인 교육 프로그램은 이런 지자체 교육예산이라고 보면 된다. 누리과정 사업도 관할이 누구냐에 따라 정치적으로 다르게 해석하고 있다.

경기도 31개 시·군의 교육예산 규모는 엄청난 액수다. 경기도청을 제외하고 각 지자체에서도 2012년 예산 규모가 위 표와 같은 정도다. 2016년 예산은 훨씬 더 많이 증가했을 것이다. 보통 지자체의 교육예산은 학교나 교육청으로 지원하는 교육 경비로, 학교의 급식시설, 교육 정보화, 교육 시설 개선 및 환경 개선, 교육과정 운영 지원 등 학교 교육 여건 개선 사업에 사용된다고 보면 된다. 그런데 지금까지 지자체의 교육예산과 관련하여 학부모가 기억하는 것들이 있는지 생각해보면, 쉽게 기억나는 것이 없다. 지금까지는 대개 인조잔디 사업, 학교 시설(강당, 체육관, 급식시설, 컴퓨터실, 화장실, 리모델링), 원어민 교사 도입 등에 주로 쓰였다. 이러한 시설 투자 및 원어민 교사 확장은 교육에 어떤 영향을 미쳤을까? 아마 학부모라면 한 번쯤 들어본 적 있는 사업이겠지만, 이것이 가져온 결과에 대해서 잘 아는 이는 드물 것이다.

잔디 깔린 운동장의 환상

인조잔디 사업은 2000년대 초반부터 중반까지 선풍적인 인기 사업이었다. 많은 학교들이 인조잔디를 앞다투어 설치하였다. 넓고 푸른 인조잔디가 깔리자, 학부모들은 꿈에 그리던 학교라면서 환호성을 지르고 완공 축하 파티를 열었다. 미래 축구 꿈나무들도 인조잔디에서 축구를 하면서 제2의 박지성을 꿈꾸었다. 인조잔디는 예산의 주체가 여러 곳이었다. 교육부가 직접 시범 사업을 실행하기도 하였고, 교육부-시·도 교육청 대응 투자 사업, 여기에 힘입어 지자체-교육청 대응 투자 사업을 하였다. 수요가 많아지고, 학교에서 학부모와 학생들의 희망자가 많아지자 예산이 많은 지자체는 단독으로 투자해주었다.

인조잔디 운동장은 2004년부터 본격 조성됐다. 서울시의회 문상모 의원(민주통합당)이 16일 공개한 교육부의 '학교 운동장 인조잔디 설치 현황'을 보면, 지난해 말까지 인조잔디가 깔린 학교는 전국에 1580여 곳이다. 이 가운데 200여 곳(12.7%)은 사용 연한이 다 됐거나 지났다. 사용한 지 5년이 넘어 노후한 곳도 613곳(38.8%)이다. 서울의 경우 인조잔디가 깔린 160개 학교 가운데 34곳(21.3%)이 조성된 지 5년이 지났다. 내구연한이 가까워지면서 앞으로 관리와 교체비용 마련에 어려움을 겪는 학교는 급속도로 늘어날 수밖에 없다. 수명이 다한 인조잔디를 교체하는 데 드는 2억 원대의 비용은 일선학교가 감당하기에 부담스럽다.[38] 문화체육관광부는 지난 7월부터 11월 말까지 학교 인조잔디 운동장의 유해성 점검을 실시했다고 30일 밝혔다. 문체부는 교육부와 함께 납 등 중금속이 일부 운동장에서 기준치를 초과해 검출됨에 따라 유해물질이 기준치를 초과해 검출된 인조잔디 운동장 개보수를 지원할 계획이다.

문체부의 인조잔디 운동장 유해성 점검은 학교 인조잔디 운동장 기술표준이 제정된 2010년도 이전에 조성된 운동장 1037개소 전체에 대해 실시됐다. 문체부는 유해성 점검을 통해 인조잔디 충진재는 물론, 파일(잎)에 대해서도 중금속 4종, 휘발성유기화합물 4종, 다환방향족탄화수소 8종의 유해물질이 기준치 이상 검출되는지를 조사했다.

점검 결과 총 174개교 운동장 인조잔디 파일 및 충진재에서 유해물질이 기준치를 초과해 검출됐다. 유해물질별 기준 초과 현황은 중금속 중 납이 12.8%(133개교), 6가 크롬이 1.4%(15개교), 카드뮴이 0.2%(2개교), 다환방향족탄화수소는 4.3%(45개교)이며, 초·중·고별 기준 초과 현황은 초등학교 13.7%(71개교), 중학교 18.0%(51개교), 고등학교 22.0%(52개교)로 나타났다.[39]

그런데 인조잔디 사업은 사업 시작부터, 심각한 문제가 예상된다고 알려졌었다. 전교조를 포함한 교원단체에서는 반대를 분명히 하였다.

설치비용만 보더라도 규모에 따라 다르지만 5억에서 10억 원가량이어서 적지 않은 돈이었다. 또한 심각한 환경오염과 학생들의 건강문제를 야기했다. 폐타이어를 갈아 뿌린 고무에서 발암물질이 나오는데, 그 위에서 뛰고 구르는 학생들이 이로부터 안전할까? 발암물질을 학생의 온몸에 바른다고 해도 과언이 아니다. 관리비를 아끼기 위해서 부실 공사를 하는 경우가 많았고, 완공된 후 몇 개월이 지나자 땅이 푹푹 꺼지는 현상이 비일비재하였다. 여름철에는 인조잔디가 50℃ 이상 올라가 화상을 입는 일도 빈번하게 일어났다. 인조잔디는 아주 깨끗하게 사용하더라도, 2~3년가량이 지난 후에는 콘크리트 바닥처럼 딱딱해져서 학생들의 체육활동 공간으로 적합하지 않게 되는 것도 문제였다. 인조잔디를 설치하면 운동장에 못을 박지도 못하고, 라인을 그릴 수도 없어 축구 이외의 체육활동을 하기에는 활용도가 낮았다. 또한 지자체 예산을 이용하여 인조잔디를 설치한 학교는 의무적으로 야간 개방을 해야 했는데 몰지각한 일부 주민이 고기를 구워 먹거나 담배를 피우다 화재가 나기도 하였다. 각종 사고로 인해 인조잔디가 훼손되면 부분 수리비용만도 크게 들기 때문에 관리비용도 만만치 않았다.

사실 인조잔디는 설치비용보다 관리비용이 더 크다. 학교 예산으로는 감당할 수 없기 때문에, 수리가 필요해도 수리를 하지 못하는 상황이 빈번하게 발생하였다. 참다못해 수리비를 교육청에 청구하거나 지자체에 요청하였지만, 학교 자체 예산으로 해결하라는 답만 돌아왔다. 전임 교장이 설치한 인조잔디를 후임 교장이 맡아서, 학부모들로부터 원망의 소리를 들어야 하는 경우도 생겨났다. 결정적으로 조기축구회, 지역사회 체육인들이 인조잔디를 이용하겠다고 앞다투어 학교에 찾아오는 바람에, 정규 수업 시간 이외에는 학생들이 학교 운동장을 전혀 이용하지 못하였다. 교사들이 항의해도 교장선생님은 지역유지, 정치인들의 압력에 어쩔 수 없다는 입장만 되풀이하였다. 학교의 주인인 학생들은 학교 운동장을 벗어나, 동네 놀이터에서 공을 차는 황당한 사태도 벌어졌다. 학부모들은 이러한 상황을 알지 못했고, 인조잔디로 교육 환경이 좋아진 것이라 생각했다. 운영위원장이 힘 있는 지역사회 인물이면 모두가 인조잔디를 유치하였고, 이들이 상황을 어느 정도 파악할 때쯤에는 자녀가 학교를 졸업할 즈음이 되어 손쓸 수가 없었다.

애물단지가 된 인조잔디는 철거비용만 수억에 달해 철거하지도 못하고 유지비용을 마련할 길도 없어, 운동장을 사실상 쓰지 못하게 되었다. 교원단체, 시민단체, 학부모단체에서 지자체나 교육부, 문화관광부에 환경오염과 수업의 질 문제로 철거비용을 마련해달라고 수차례 요구하여도 예산 문제를 이유로 지속적으로 거부하고 있는 상황이다. 시작할 때는 홍보에 열을 올리더니 지금은 모두 은폐하기에 급급하다. 이것이 우리나라 공교육의 현실이고, 대표적인 교육 실패 사업이다. 전국에 1000여 개가 넘는 인조잔디가 설치되었으니 단순 계산으로도 1조 원이 넘는 예산이 낭비되었다고 본다. 인조잔디가 설치될 당시 근무했던 학교 교사들은 유치과정에서 항의도 하고 반대도 해봤는데 소용없었다. 학부모들이 학생들을 위한다는 일념으로 막무가내였기 때문이다. 이 좋은 시설을 당연히 학생을 위해서 해야지, 교사들의 행정편의주의에 놀아날 수 없다는 논리였다. 지금 그 학부모들은 모두 어디 갔을까?

2010년 이후로 인조잔디 사업은 각종 부작용으로 뭇매를 맞아 자취를 감추었다. 학교 대상 신규 사업이 거의 없다시피 하였고, 뒤늦게나마 환경오염 문제를 이유로 지자체나 문화관광부에서도 조금씩이나마 철거비용을 마련하고 있는 상황이다. 비싼 수업료를 낸 셈이다. 교육예산은 이렇게 의미 없이 쓰였다. 시설을 설치한 업자들, 전시행정을 일삼은 관료들이나 정치인만 인조잔디 유치로 일부 이득을 봤을 것이다. 학부모들이 조금만 더 교육에 관심이 있었더라면 이런 황당한 결말을 초래하지 않았을 텐데 하는 아쉬움이 남는 대목이다. 학생들에게 남는 것은 무엇이며, 교육계에 가져다준 영향은 무엇이고, 왜 책임지는 사람은 없는가? 그리고 이 사실을 학부모들에게 알리지도 않았으며, 알려고 하는 학부모들도 없다. 그렇기 때문에 앞으로도 유사한 일이 지속적으로 반복될 것 같다.

한국어를 하지 못하는 원어민 교사 열풍

다음으로 예산 관련해서 짚고 넘어갈 부분은 원어민 교사 예산이다. 인조잔디와 원어민 교사는 거의 시작 시기가 비슷하다. 한때 전국적으로 학교마다 원어민 교사가 배치되었다. 대략 2000년대 중반쯤이다. 학교 영어교육이 영어 실력 향상에 도움이 되지 못하고 있다고 판단한 중앙정부에서는 원어민 교사라는 카드를 꺼내 들었다. 학교마다 원어민 교사를 한 명씩 배치해주고, 시·도 교육청 예산으로 외국에서 직접 데려왔다. 비행기 표 값, 집 월세, 냉장고·에어컨·침대 등의 집기류까지 월 300~400만 원의 예산을 들였다. 그들이 쓴 공과금도 세금으로 내주는 기현상이 발생하였다. 1년에 들어가는 비용만 억대에 가까웠다. 학교에서는 학부모들이 선호하는, 백인이면서 영·미권 국가의 원어민을 데려오기 위한 경쟁을 벌였다. 대놓고 인종차별을 하였고, 유색인종 엘리트보다 고졸 출신 백인이 더 우대받는 우스운 일도 벌어졌다. 금발의 푸른 눈을 가진 백인은 한국말을 못해도 고졸이어도 환영받았다. 그뿐 아니라 학교 밖에서는 영어마을이 생겨나서 원어민들과 함께 하는 캠프가 여기저기 우후죽순처럼 생겨났다. 어떤 곳은 각 학교가 의무적으로 이 시설을 이용하게 하였다. 이들 원어민에게는 월급을 줄 때 참고하는 등급표(외모나 성별이 아닌 이들의 학력 수준이나 자격증을 고려해 등급으로 구분하여 월급을 주었다)가 있었는데, 이 사업 시작 초기에는 나름 외국 엘리트들이 들어온 것으로 기억한다. 그러나 수요가 늘고 인력 공급이 부족해지자 자격이 검증되지 않은 외국인들이 들어오기 시작했다. 그들은 대한민국에서 아이들을 가르치면서 한국어를 못해도 상관이 없었다. 영어만 할 줄 알면 대우받는 것이다. 이들 중 일부는 한국어학당을 다니면서 한국에 남으려고 하는 경우도 있었으나, 한국을 이해하고 배운다기보다는 돈벌이 수단으로만 생각하는 경향이 짙었다. 또 자질 검증이 충분히 이루어지지 않은 상태에서 받아들인 이들 중 도덕적으로 문제 있는 행동을 하는 경우도 있었다.

대략 2000년대 후반부터 원어민 교사의 낮은 질이 문제가 되기 시작하여서 교육청, 지자체에서 원어민 교사 예산을 줄여나가기 시작하더니 현재는 거의 사라진 상태다. 아직까지 원어민 교사를 희망하는 지역에서는 지자체만의 예산으로 원어민 교사를 채용하고 있다. 지금은 그나마 과거처럼 전세금에 비행기 표, 집기류까지 사주지는 않을 것이다. 현재는 학원가에서도 원어민 교사들이 많은 호응을 받고 있지 않다고 한다. 중·고등학교에서는 실체가 드러났지만, 요즘은 또 영어유치원이 열풍이다. 경제가 어렵기는 마찬가지인 미국에서 한국은 해외 취업하기 좋은 나라 1위로 꼽혔다고 한다. 특히 '백인'에게는 한국은 꿈과 희망의 나라일 것이다.

원어민 교사 열풍, 무엇을 남겼을까?

당시의 열풍을 직접 경험한 고등학생이나 학부모들에게 원어민 교사에 대한 기억을 물으니, 처음에는 호기심도 있었고 기대가 컸다고 한다. 강남 유명한 학원가에나 가야 볼 수 있었던 외국인이 우리 학교에 있다는 사실만으로, 그리고 외국인하고 얘기한다는 것만으로도 자부심이 있었다고 한다. 그런데 그들의 존재와 학생들의 영어 실력이 느는 것과는 상관이 없었다고 한다. 원어민 교사가 영어교육을 전공하지도 않았고, 한국 문화나 학교에 대한 이해가 부족했던 것도 하나의 요인으로 작용했을 것이다. 원어민 교사가 수업에 들어오면 영어 실력 향상에 도움이 되리라는 것은 막연한 환상에 불과했으며, 국가가 나서서 쏟아부은 막대한 교육예산은 인조잔디와 마찬가지로 아무것도 남기지 않고 신기루처럼 사라져버렸다. 이 액수도 정확한 통계가 나오지 않았지만 앞서 언급한 것처럼 한 명의 원어민당 5000만 원에서 1억 원으로 잡는다면 경기도 2300여 개 학교만 하더라도, 대략 5년간 1조 원의 돈이 나오는 셈이다. 전국적으로 따지면 2~3조 원 이상으로 추정된다. 이들이 썼던 냉장고, 에어컨, 침대, 소파 등 비싼 비용을 들여 구입한 집기류는 지금까지도 학교 안 창고에 방치되어 있다. 공용물품이

기 때문에 함부로 쓸 수도, 폐기 연한 이전에 버릴 수도 없다. 버릴 때도 폐기물 처리 비용을 치르고 버려야 한다. 이런 비용까지 합한다면, 원어민 사업으로 전국적으로 얼마나 많은 예산이 낭비되었을지 상상하기 힘들다.

인조잔디와 원어민 사업 외에도 보여주기식의 전시행정, 거대한 예산 사업은 많았다. 학부모들은 알 수 있는 길이 없고, 교사들도 관심 있게 지켜보지 않으면 모르는 사업들이 많다. 오직 학교에서만 볼 수 있었던 프로젝션 TV, 전자칠판이라는 장비, 기초학습부진아를 구제한다면서 몇백억 이상을 투자한 사이버 가정학습, 지금까지도 학교당 오백만 원에서 몇천만 원씩 나눠주고 있는 연구시범학교 예산, 각종 정보화 기자재 사업, 냉난방 시설 현대화 사업, 엘리베이터 공사, 학교를 임대형 민자사업BTL으로 짓는 등 특정 업체에 집중되거나 특정 사업에 집중된 예산들이 수없이 많다. 어쩌면 교육예산이라는 명목으로 몇조 원이 아닌 몇십조 원, 몇십 년이 누적된다면 많게는 몇백조 원이 될지 모르는 예산이 낭비되었을 수도 있다. 정확한 자료는 공개가 안 되기 때문에 추측만 할 뿐이다. 공개되지도 않지만 공개되어도 담당자가 수없이 많이 바뀌었기 때문에 누가 시행했는지조차 알기 어렵다. 국회의원 정도 되어야 자료를 요청할 수 있는 권한이 있는데, 그 자료 또한 이것저것 데이터가 합쳐져 희석되어 있다. 정확하게 분석하기 위한 로데이터[40]를 구분할 수가 없다고 한다. 당시에 낭비된 예산에 대해서는 아무도 책임지지 않고, 학생에게 정말 교육적인 효과가 있었는지에 대해서 대답해주지도 않는다. 그 당시 실험 대상이었던 학생들은 지금 모두 성인이 되었다. 그들은 공교육에 대해 부정적인 생각을 가지고, 여론을 형성하고 있을 것이다. 지금 이 글을 읽고 있는 학부모나 교사도 이와 유사한 경험을 했던 피해자들일 것이다.

지금까지도 마치 대단한 교육적 효과가 있는 것처럼 포장해서 분기별로 새로운 정책이 계속 나오고 있다. 전자 교과서, 원어민과의 화상 채팅같이 예산이 많이 필요하고 교육 효과는 의심스러운 것들이 매번 튀어나온다. 그리고 학부모들은 반복적으로 현혹되고, 학생들은 실험 대상이 되어 멍들어간다. 이러한 사태의 재발을 막으려면 어떻게 해야 할까. 오늘도 언론에서는 데자뷰[41] 현상이 계속된다. 몇 년 전에 나왔던 교육 분야 정부 발표 안들을 몇 문장만 수정해서 발표한다. 교육 분야에만 통용되는 것은 아닐 테지만, 학생과 학부모를 농락하는 것 같아 더 마음이 아프다.

너무 덥고 너무 추워서 가기 싫은 학교

여름철이나 겨울철이 되면 학생들이나 교사들 모두 학교 가기가 싫어진다. 너무 덥거나 너무 춥기 때문이다. 한여름의 교실은 숨이 턱턱 막힌다. 한겨울의 교실은 손이 시리고 코가 시리다. 냉난방 시설이 되어 있지만 전력량 피크제에 걸리기 때문에, 행정실에서 전력량을 확인하면서 일정 사용량을 넘길 것 같으면 전부 중단한다. 여기에 대해서 많은 학부모들이 의구심을 갖는다. '그 많은 세금은 다 어디에 쓰고, 냉난방을 해주지 않는 거야. 학생 시설 지원은 안 하고 무상급식이나 혁신학교 지원금으로 다 쓰니까 이런 현상이 발생하는 거지' 등의 반응을 보이는 학부모도 있다. 냉난방 비용의 핵심이 무엇인지 알면 그렇게 얘기하지 않을 것이다.

냉난방 비용의 가장 중요한 핵심은 실내 냉온풍기라고 볼 수 있다. 천장에 달려 있는 모델인데, 이것은 에어컨과 온풍기를 동시에 쓸 수 있는 형태이다. 전기로 작동되기 때문에 장점이 많아, 전국적으로 대부분의 학교에 설치되었다. 그런데 특정 몇몇 회사 제품이 많다. 여기에 대해서 의구심을 제기하는 사람도 있다. 과거에 여름철에는 선풍기, 겨울철에는 나무나 석탄을 때는 난로가 있었던 1970~1980년대를 거쳐서 기름난로, 전열기를 사용하다 현재의 형태로 자리 잡았다. 바닥에 설치되어 온풍기와 에어컨을 겸하는 형태도 잠깐 썼었다. 이 제품들은 먼지가 많이 발생한다고 하여 전부 천장형으로 교체되었다. 현재와 같은 형태를 전부 설치하고 나서 학생들은 모두 여름에는 에어컨을, 겨울에는 온풍기를 마음 놓고 쓸 줄 알았다. 그러나 이것은 착각이었다.

전기로만 작동한다는 사실을 간과한 것이다. 큰 학교에서는 여름철이 되면 전기료가 2000만 원에서 3000만 원 이상 나오기도 하였다. 겨울철에도 크게 차이는 없었다. 교육청마다 정해놓은 온도에 따라 그 온도 이하, 또는 그 이상이 되면 냉난방을 해주는데, 이것을 측정하는 곳이 학교 행정실 중앙통제 시스템이다. 보통 학교 건물이 단열이 잘 되지 않는다. 학교 행정실에서 재는 온도와 교실의 온도는 차이가 매우 크게 난다. 그리고 교실에 온도계가 있는 천장과 바닥의 온도는 2~5도 가까이 차이가 난다. 더 심하게는 10도 이상 차이가 나기도 한다. 상황이 이러하니 학생들은 알아서 더위나 추위를 견뎌야 하고, 여름철에는 비싼 에어컨 대신 선풍기를 애용하고 있다. 천장 냉난방기는 장식으로 달았다고 해도 과언이 아닐 것이다. 1년에 트는 횟수가 손꼽는 곳이 더 많다. 1년 동안 한 번도 틀지 않은 인색한 교장도 있다고 한다. 교장만 탓할 수는 없는 구조다. 학교 운영비가 한정되어 있고, 그 예산을 쪼개서 써야 하기 때문이다. 30학급 규모이면 1년 전기료만 6000만 원 내외가 나온다. 많게는 1억 원 가까이 나오는 것이다.

여기서 핵심은 전기료이다. 한전은 언론을 통해 2013년 교육용 전기가 산업용보다 싸다는 주장을 하였다. 여기에 대해 한국교원단체총연합회는 한전의 이 같은 주장은 계절별로 '사용 시간대와 관계없이' kwh당 정액 요금(여름: 96.60원)을 내는 교육용 전기의 특성을 감안하지 않고, '시간대별로 차등 요금'(여름: 경부하 시간 59.10원, 중간부하 시간 112.20원, 최대부하 시간 192.50원)을 적용하는 산업용 요금체계에 학교의 시간대별 전기 사용량을 억지로 대입해 산출한 결과일 뿐이라고 반박했다. 또 교육용 전기료는 최근 5년간 34.1%나 인상됐고, 기업엔 값싼 경부하 요금(59.10원)에 연 4000억 원 절전 지원금 혜택까지 준 사실을 들어 감사원, 대기업 전기료 인상 필요성을 지적했다.[42] 결론적으로 교육용 전기료는 싸지도 않을뿐더러 최근에 급등한 가격을 학교가 감당하기 힘들다는 얘기다. 그 피해는 학생들이 고스란히 받고 있다. 그러나 법을 바꿔야 할 국회나, 정치권에서는 이에 대한 대책이 전혀 없다. 학생들이 피해를 받는 것에는 관심이 없는지, 올해도 그대로일 것 같다. 인조잔디는 없어도 견딜 수 있지만, 추위나 더위는 견디기 힘들다. 법과 제도를 바꿔 학생들이 안정적으로 공부할 수 있는 상황을 만드는 것이 먼저가 아닐까?

성남시 무상교복 논쟁,
기초노령연금은 되고 무상교복은 안 된다는 생각의 꼬임을 풀어야

앞서 언급했다시피 우리나라의 복지제도는 OECD 국가 중 최하위다. 부의 재분배도 되지 않고 있고, 흔히 우리가 아는 5대 재벌그룹은 콩나물, 두부 시장까지 진출하지 않은 곳이 없다. 그런데 복지정책을 반대하는 이들 중에는 먹고살기 빠듯한 사람들이 상당수다. 언론에 의해 세뇌된 것일까. 복지정책이 강화되면 자신들이 더 많은 혜택을 받게 됨을 전혀 모르는 것이다. 일반 국민들이 한정되고 제한된, 때로는 조작된 정보로 보편적 복지를 반대하는 것을 볼 때면 안타깝다. 핀란드와 같은 북유럽 국가에서는 복지에 투입한 예산이 결국 국가 GDP를 끌어올리고 있다는 사실을 간과해서는 안 된다. 시장조사 전문 기업 마크로밀엠브레인의 트렌드모니터가 전국 만 19~59세 성인남녀 1000명을 대상으로 복지정책에 대한 설문조사를 실시한 결과, 전체 응답자의 76.7%가 복지정책의 확대 시행이 필요하다는 데 공감하는 것으로 조사됐다.[43]

(재)경기도교육연구원에서 경기도교육청과 성남시(성남형교육지원단-센터)와 교육 협력 사업을 진행하였고, 그 과정에서 무상교복에 관한 연구[44]를 진행하게 되었다. 개인적으로 무상이란 단어를 별로 좋아하는 편은 아니다. 세금이 들어가는 사업을 무상이라고 표현하는 것은 약간의 정치적인 의도가 있지 않나 생각이 들어서이다. 그러나 국민들에게 도움이 되고, 널리 확산할 수 있다면 명칭에 대한 생각은 개인차가 있을 수 있으니 이해할 수 있다고 본다. 형식보다는 내용이 먼저이기 때문이다. 무상교복은 2016년 올해, 성남시가 25억 원을 들여 만든

사업이다. 성남시 관내에 주소를 둔 중학교 1학년 학생 8900여 명에게 현금 15만 원씩을 지원해주는 방식이다. 사실 연구진은 사회적 협동조합에서 생산한 현물 교복 지급 등 다른 방식을 고민하긴 했지만, 결과적으로 성남시는 현금 지원 방식을 최종적으로 선택하게 되었다. 연구 결과물을 반영하여, 추후 성남 관내에 있는 사회적 협동조합에서 교복 생산을 하는 방안을 마련한다고 한다.

성남시에서 거두어들이는 예산은 천문학적이다. 그런 예산이 있었음에도 전임 성남 시장은 재정 파탄 직전까지 몰고 갔고, 호화 청사를 짓고 비리로 인해 구속되었다.[45] 근처 다른 지자체는 당시 경전철 건설로 거의 파산 직전까지 갔었다. 그 시기, 지자체의 전시행정과 재정 낭비가 심했다. 그렇게 경전철, 호화 청사, 대규모 시설을 짓고 건설 비리가 꼬리에 꼬리를 물어도, 사람들은 건설 경기가 호황이고 지역 경제가 활성화된다며 좋아했다. 교육이라고 크게 다르지는 않았다. 과거 학교나 교육청도 커미션을 노린 공사를 자주 했었고, 그를 통해 많은 비리가 양산되었다. 현재는 많이 투명해졌다고 하나, 당시에는 매년 많은 교장들이 비리로 징계를 받기도 하였다. 대규모 공사는 예산을 부풀려 어느 정도의 금액을 남길 수 있기 때문이다.

현재 성남시는 예산을 아껴서 빚을 다 갚고, 남는 금액으로 3대 복지 사업을 실시하고 있다. 무상교복, 청년배당정책, 무상산후조리까지 3대 무상 복지사업이라고 통칭한다. 재정 자립도가 국내 지자체에서 3위라고 하니, 그만큼 예산을 아끼는 노력을 했다고 본다. 언론에서는 이러한 과정은 말하지 않고, 성남시에 대해 무상 복지사업만 언급하고 있다. 주로 나쁜 쪽으로만 유도하여 포퓰리즘이다, 대국민 사기극이다, 전시행정이다 등 험담들이 나오고 있다. 생각해보면 교육계에도 비슷한 인물이 있었다. 김상곤 전 경기도교육감이 그랬다. 그 당시 무상급식[46]이라는 말과 함께 연일 언론에 나왔다. 무상급식이 전국에 확대되고 이슈화되더니 결국에는, 전 서울시장과 전 서울시교육감이 방송에서 무상급식에 대해 찬반 토론을 했고 전 국민이 관심을 가졌을 정도였다. 그 결과 현재 무상급식은 전 국민이 선택한, 보편적 복지 중 하나로 당연한 것으로 받아들여지고 있다. 체벌 금지가 자연스레 정착된 것처럼 말이다. 새로운 무언가가 시행되면 처음에는 익숙하지 않기에 반발이 크다. 복지 정책도 마찬가지다.

성남시는 부정부패·예산낭비·세금탈루를 없애 공공성을 확대하여 2013년 말까지 총 4572억 원(연평균 약 1,300억 원)의 부채를 청산하고 모라토리엄을 졸업한 데 이어, 확보된 가용 예산으로 노인복지, 보육복지, 교육복지, 장애인복지 등에 연 400억 원 이상을 투자했다. 2016년부터 194억 원을 무상교복, 청년배당, 무상산후조리 지원 등 3대 무상복지를 시작하였다.[47] 여기에 초등생 치과 주치의제도 시행한다고 2016년 3월 밝혔다. 보건복지부는 청년수당, 무상교복, 공공산후조리 등 이른바 '성남시 3대 무상복지' 정책에 대해서는 '불수용'했으나 이번 치과주치의제는 수용했다.[48] 복지정책은 보건복지부와 상의해야 하는 정책이기 때문에 지자체에서는 의무적으로 허가를 받아야 한다는 뜻이다. 이에 성남시는 불합리하다며 강행하고 있는 상황이다.

그런데 포퓰리즘이라고 비판하던 정부가 총선이라는 선거 시즌이 되니 이상하게 정책 방향을 틀었다. 정부가 취업 지원 프로그램(취업성공 패키지)에 지원하는 모든 청년(18~34세)에게 최소 월 40만 원의 구직수당(최대 6개월)과 함께 면접 경비(월 5만 원씩 5회)를 주기로 한 것이다. 또 우수 중소기업 1만 개를 선정해 해당 기업에 1년 이상 근무하는 청년에게 1인당 600만 원(월 50만 원)의 고용보조금을 직접 지급하는 방안도 추진한다고 한다. 정부세종청사에서 근무하는 한 공무원은 "정부의 취업 프로그램에 들어와야 지원금을 주는 것이라지만 구직계획서를 내고 구직활동을 증명하면 월 50만 원을 준다는 서울시 청년수당과 큰 차이점을 모르겠다"며 "선거철이 되니 20~30대 표를 의식해 정책을 내놓은 게 아니겠느냐"라고 말하기도 했다.[49] 무상복지를 비판했던 정부가 갑자기 유사한 정책을 꺼내 든 것이다. 해외에서도 성남시의 청년수당 정책과 유사한 정책을 펼친 사례가 있다. 일본 정부도 과거에 소비 진작 차원에서 어린이수당, 노인수당 등을 현금으로 지급한 적이 있고, 최근 일본 정부는 실질소득이 떨어지는 젊은 층의 소비 위축이 심각한 상황으로 나타남에 따라 젊은 층의 소비 진작을 위해 상품권 지급 방안을 검토하고 있다.[50] 좋은 정책은 정치적인 성향에 따라 비판받는 것이 아니라, 성과와 결과에 따라서 평가받아야 하는데 아직까지 의식 수준이 부족한 것 같다.

정치적 논쟁보다는 정책의 효과에 주목해야

무상교복의 총 예산은 25억 원이다. 250억 원도 아니고, 25억 원이다. 한 해 동안 드는 총 비용이다. 지금도 한겨울 살을 에는 추위 속에서 버스비가 아까워서 걸어 다니는 학생이 있다. 버스비가 얼마인지조차 모르는 사람도 있겠지만, 누군가에게는 절박한 현실이다. 인터뷰할 때 말을 참 야무지게 해서 기특하다고 생각했던 친구였다. 이런 학생에게 15만 원은 큰돈이다. 이 학생이 열악한 상황 속에 위험을 무릅쓰고 걸어 다니는 학교까지 150차례 버스를 이용할 수 있는 버스비에 해당되는 액수이다. 3년 내내 입는 한 벌의 교복을 살 수 있는 15만 원을 지급한다는 것은, 이들에게는 환영할 만한 일이다.

모든 노인층에게 주는 기초노령연금은 비판하지 않으면서, 왜 학생들에게 주는 복지 혜택은 비판하는 것일까. 혜택을 받는 학생 중에는 형편이 매우 여유로운 학생도 있고, 교통비가 없어서 스무 정거장을 걸어 다니는 학생도 있다. 이들 모두 대한민국 학생들이다. 누군가에게는 절박한 돈이라 꼭 필요할 수도 있다고 생각하면 기초노령연금처럼 지급하는 것이 맞다. 우리가 외면하고 있는 진실은 많다. 복지 혜택이 필요한 대상임에도 정치 쟁점이 되지 않는다고 너무 많은 학생들이 희생당하고 있다. 예를 들어 저소득층 급식카드 문제[51]는 아직도 매년 언론에 보도되지만 해결되지 않고 있다. 어떤 이에게는 이 일이 관심 대상이 아닐 수 있지만 이 학생들에게는 생존의 절박함이 달린 일일 수 있다. 가치 없이 사라진 몇조 원의 예산, 인조잔디나 원어민 사업처럼 허황된 돈을 공중에 날리는 것에 대해서는 아무 말도 하지 않으면서 25억으로 가난한 학생을 포함해 많은 이들에게 무상교복과 같은 보편적 복지정책을 하겠다는 것을 탓하고 있다. 그것도 비리를 없애고, 시설 투자와 같은 비용을 깨끗하게 하여 재정 건전성 확보를 통해 만들어진 돈인데 말이다.

언론을 통해 보편적 복지와 무상급식을 비판하던 여유 있는 이들이 자주 했던 말이 있다. 이건희[52] 손자에게도 무상급식을 해주어야 하나? 이 말은 참 상징하는 바가 크다. 돈 많은 사람들에게는 보편적 복지가 필요 없다는 뜻이다. 이들의 논리대로라면 초등학교, 중학교 의무교육도 필요 없고 비싼 수업료를 받아도 되는, 미국처럼 귀족 사립

학교가 주를 이루는 사회가 되길 바라는 것인지 모르겠다. 또 한 가지 예를 들어보겠다. 건강보험은 우리나라 전 국민이 혜택을 받고 있다. 미국 대통령 오바마가 부러워하는 시스템이다. 미국은 이러한 제도가 없기 때문에 사랑니를 빼거나 맹장 수술을 해도 경우에 따라 500만 원에 가까운 비용이 든다. 좀 더 여유 있는 사람 입장에서는 보다 나은 서비스를 받지 못하는 게 아쉬워서 의료 민영화를 주장하기도 한다. 우리나라 사람들이 당연하다고 생각하는 건강보험이 바로 무상급식과 같은 복지인 것이다. 형편이 어려운 수많은 한 사람 한 사람이 혜택을 받을 수 있는 교육복지 제도를 이건희 손자 같은 부자가 함께 누리는 것이 억울한가? 선별적 복지가 왜 나쁘냐고 묻는 사람들이 있다. 무상급식 이전에 선별적 복지를 위해 형편이 어려운 학생에게만 나누어주고 부모님 사인을 받아오게 했던 급식 지원서로 인해 얼마나 많은 학생들이 상처를 받았는지 생각도 못했을 것이다. 차라리 굶는 한이 있더라도 가난하다고 스스로 증명하고 싶지 않은 것이 학생이나 부모의 마음일 것이다.

특정 지자체에서는 넷째 아이를 낳으면 천만 원을 준다, 셋째를 낳으면 몇백만 원을 준다고 광고를 한다. 그런 혜택을 받기 위해 셋째, 넷째를 낳는 사람이 얼마나 되는가? 거의 없다. 무상교복, 무상급식처럼 많은 사람이 혜택을 받으면서도 긍정적인 평가를 받는 정책이야말로 훌륭한 정책이 아닐까 싶다. 교육에 투자하는 비용, 시설 투자가 아닌 학생에게 직접적으로 도움을 주는 교육복지는 엄청난 효과를 가져올 것이다. 효과가 즉시 나타나지는 않지만 결국에는 우리 사회의 양질의 구성원으로 자리 잡아 국가 세수에도 도움이 된다. 대한민국 공교육의 앞날을 위해서 학부모의 제대로 된 의식이 필요한 시점이다.

학생에게 투입한 비용은 학생들의 성장을 가져오고, 우리나라 대한민국의 미래를 바꿀 수 있을 것이다.

무상교복 정책은 투입 대비 만족도와 효과성이 정말 크다고 본다. 잘한 정책은 누가 만들어도 잘했다고 칭찬해주고, 환영해주었으면 좋겠다. 좋은 정책이 정치적인 논쟁으로 변질되어서 비판받는 것이 아쉬울 따름이다. 좁은 우리나라에서 지역색, 정치색으로 매번 시끄럽게 싸우는 모습에 참 속이 상한다.

논쟁 이전에 교복 값이 비싼 이유를 파악해야 한다

어쩌면 성남시의 무상교복 논쟁보다 더 중요한 것은, 교복 값 자체가 30만 원에 가깝다는 사실이다. 성인 정장보다 좋지도 않은 품질이 그보다 비싼 가격이라는 것이 놀랍기만 하다. 더군다나 체육복은 담합이라도 하였는지, 매년 가격은 올라가고 품질은 그대로이거나 더 낮아지기도 한다. 학부모들은 여기에 큰 관심을 보이지 않거나, 하나 된 목소리를 내고 있지 않다. 성남시 무상교복 정책 연구에서 연구진이 사회적 기업을 통한 생산을 말한 것도 이런 이유다. 소수의 대기업에서 유명 아이돌 그룹을 모델로 썼다는 이유로 교복 값을 지속적으로 올리고 있다. 이는 그 교복을 입지 않으면 학생들이 위축되는 심리를 잘 이용하고 있는 것이다.

학부모가 교육정책에 지속적으로 관심을 가지고 있을 때 이러한 현상을 방지할 수 있을 것이다. 학부모가 여론을 주도하기 때문에 한목소리를 낸다면 대기업도 바뀔 수밖에 없다. 더 나아가서는 대기업 중심의 사회경제구조를 변화시켜야 할 것이라고 생각된다. 소상공인이 정당한 가격으로 정직하게 사업할 수 있는 환경이 만들어져야 하는 것이다.

혁신교육지구 사업
-지역사회와 혁신교육이 만나다

예산 부족 학교에 단비처럼 찾아온 혁신교육지구 사업

지금까지 지자체에서 쓰는 교육예산은 교육적인 관점보다 전시성, 홍보성, 눈에 보이기 위한 가시성 위주로 쓰였다. 이러한 문제 속에 김상곤 전 경기도교육감 이후 혁신교육지구를 추진하면서 방향이 약간씩 달라지기 시작하였다. 혁신교육지구는 지자체와 시·도 교육청이 교육예산을 어떻게 쓸 것인지를 공동 기획하는 것이라고 보면 이해하기 쉽다. 2009년부터 혁신학교의 확대에 성공한 경기도교육청은 보다 많은 학교가 혜택을 받게 하기 위해서 지역(지구) 내 다수의 학교가 혁신교육지구를 동시에 시작해서 혁신적인 교육 프로그램을 시작하는 것을 기획하였고, 의지가 있었던 6개 지자체와 함께 진행하였다. 6개 지자체는 광명, 구리, 시흥, 안양, 오산, 의정부다. 경기도교육청은 2011년부터 2015년까지 6개 지자체와 협약을 체결하고, '지역사회 협력과 혁신교육 일반화를 위한 혁신교육지구 사업'을 전개했다.

이 사업은 지난 5년간 혁신교육에 대한 공감대를 확산하고 지역과 연계한 학교 발전 모델을 제시했다는 평가를 받았다. 2015년 협약 기간이 만료된 이후 혁신교육지구 사업 성과를 계승 발전하는 새로운 교육 협력 사업으로 '혁신교육지구 시즌 2'가 계획되었는데, 여기에는 광명·구리·안양·오산·의정부·시흥·화성·안산·부천·군포 등 10개 지자체가 참여했다. 경기교육청은 이들 10개 지자체와 2월 업무협약MOU을 체결했다. 혁신교육지구 사업이 지자체 장들에게 매력적인 것은 학부모(유권자)들을 자유롭게 만날 수 있고, 그들의 의견을 들을 수 있는 자리가 자주 생기기 때문이다. 실제로 2014년 지자체 선거에서 6개 혁신교육지구에서 안양을 제외한 모든 지자체 장이 재선에 성공하였다. 안양에서도 근소한 접전 끝에 낙선했다고 하니, 혁신교육지

혁신교육지구 사업 현황(예산 포함)[53]

지구명	대상	학교 수	2012년				2013년			
			세부 사업 수	예산액(MOU 기준)			세부 사업 수	예산액(MOU 기준)		
				계	지자체	교육청		계	지자체	교육청
광명	시 전체	46	14	4,994	3,479 (69.7%)	1,515 (30.3%)	10	3,713	2,744 (73.9%)	969 (26.1%)
구리	시 전체	28	15	4,742	3,246.5 (68.5%)	1,495.5 (31.5%)	11	3,279	2,266.5 (69.1%)	1,012.5 (30.9%)
시흥	일부	23	16	6,000	4,800 (80.0%)	1,200 (20.0%)	15	6,000	4,800 (80.0%)	1,200 (20.0%)
안양	일부	11	12	5,649	3,945 (69.8%)	1,704 (30.2%)	12	5,077	3,572 (70.4%)	1,505 (29.6%)
오산	시 전체	37	12	4,733	3,353 (70.8%)	1,380 (29.2%)	16	4,446	3,082 (69.3%)	1,364 (30.7%)
의정부	시 전체	64	13	4,310	2,990 (69.4%)	1,320 (30.6%)	9	4,795	3,276 (68.3%)	1,519 (31.7%)
계		209	82	30,428	21,813.5 (71.7%)	8,614.5 (28.3%)	73	27,310	19,740.5 (72.3%)	7,569.5 (27.7%)

구 사업이 다른 지자체 장들에게도 매력적인 사업이라고 생각될 만하다. 혁신교육지구에 동참하지는 않았지만, 자체적인 교육 프로그램으로 고양과 성남이 백억 단위 이상의 예산을 교육예산에 투자하고 있고, 지역 교육지원청과 함께 혁신교육지구 사업과 유사한 교육 사업을 하고 있다. 성남의 경우는 현 시장의 역점 사업으로 성남형 교육지원단(교육지원센터)을 만들어서 200억 원 이상 되는 교육예산을 본격적으로 투입하여, 현재 재정 압박에 시달리는 학교들에게 가뭄의 단비와 같은 효과를 내고 있다고 한다.

교육지원청과 지방자치단체가 만들어낸 교육 협력 모델[54]

혁신교육지구 사업은 새로운 교육 협력 모델을 창출하기 위하여 조직문화가 다른 양 기관(교육지원청-지자체) 간에 이해 증진을 할 수 있도록 적극적으로 도운 최초의 사례라고 볼 수 있다. 기존의 교육예산은 지자체가 일방적으로 쓰거나, 형식적인 협의회 정도만을 가졌을 뿐이다. 그러나 혁신교육지구 사업은 예산을 가진 지자체와 교육청의 기획력이 만나 빛나는 결과를 연출했다고 본다. 지자체에서도 더 이상 전시행정으로는 교육적인 효과가 나지 않는다는 것을 인지하고, 학교 교육 프로그램의 개발에 적극적인 자세를 보이고 있다. 그 결과, 그들이 가지고 있는 평생교육(성인교육)의 노하우와 공교육이 만나 시너지 효과를 내고 있다.

그동안 지역사회 공교육의 내실화를 위한 협력적 거버넌스(민·관 협력 사업) 체제가 부재했던 것이 사실이다. 교육청, 지자체, 지역사회가 서로 분절적이고 독립적으로 역할을 해왔었던 반면 서로 논의하고 협조하는 모습은 보여주지 못했다. 하지만 혁신교육지구 사업은 이러한 협력적 거버넌스 체제가 가능한 모델임을 시사한다. 예를 들자면, 그동안 지자체가 학교에 예산을 지원할 때 주로 강당이나 체육관 건립과 같은 시설에 국한된 측면이 있었다. 학교교육의 질을 결정하는 데 좋은 시설은 필요한 요소이기는 하지만 핵심적 요소라고 할 수는 없다. 혁신교육지구 사업에서 추진하는 협력적 거버넌스 체제 구축은 이러한 예산 지원 방식을 지양하고 좀 더 실질적이고 실효성 있는 방식으로 개선하기 위한 토대를 만드는 것이다. 이를 위하여 학교의 교육과정, 수업과 평가, 생활지도, 학급 운영 등 직접적인 교육 활동에 예산이 투입되는 방향으로 패러다임을 전환하고 있다. 학교는 지역 주민들의 세금으로 운영되지만 지역과 분리되는 경향이 있었다. 지자체와 학교의 거리는 그만큼 멀어질 수밖에 없었다. 혁신교육지구 사업은 지역과 학교, 지자체와 학교의 간극과 거리를 좁히는 데 기여한다. 상호 교류를 촉진하고, 지역의 특성에 맞는 사업 모델을 개발하는 과정 자체는 상호 이해와 존중을 필요로 한다. 초창기 혁신교육지구 사업은 지자체와 단위 학교, 교육청의 이해관계가 서로 달랐고, 이 과정에서 시행착오를 경험했으나 시간이 지나면서 상호 이해와 교류의 정도가 점점 커지고 있다.

경기도의 경우 지역별로 교육 양상과 과제가 확연하게 드러난다. 같은 도시에 속한 학교라고 해도 구도시와 신도시 간 교육 격차 문제는 계속 발생하고 있다. 이런 맥락에서 지역의 주체와 단위 학교의 주체들이 현황 분석을 통해 학생들의 필요를 채울 수 있는 교육 모델을 찾아야 한다. 학생들에게 전체적으로 결핍되어 있는 요소가 무엇이고 누가 그것을 채울 수 있고, 어떤 전략이 필요한가 등은 지역 인사와 단위 학교교육 주체들이 함께 풀어야 한다. 지자체는 인적·물적 자원을 공급하고 다양한 기획에 함께 관여함으로써 지역의 인재들의 성장에 기여할 수 있다. 지금까지 교육과정은 국가 단위에서 결정되었고 이로 인해 교육청이나 학교에서는 자율성과 융통성을 발휘할 수 있는 여지가 크지 않았다. 그러나 창체 활동은 물론 선택 교과 운영에 관한 단위 학교의 기획력을 요구하는 흐름이 강하게 나타나고 있다. 이는 곧 지역 단위 수준에서 적용할 수 있는 교육과정이 부각됨을 의미한다. 교육과정의 기본은 학생이 속한 지역의 외부 환경 분석과 학생들의 내적 특성을 파악하는 데서 출발한다. 국가 수준에서 지역 수준으로 교육과정을 내실화할 때 단위 학교의 특성화·다양화가 이루어질 수 있다.

혁신교육지구 사업은 지역 특성화 교육과정 혹은 학교 발전 모델을 제시하는 데 유용하다. 좋은 시설은 학교교육의 질을 결정하는 데 필요하지만 핵심은 아니다. 학부모들은 교육과정과 수업, 평가, 생활지도가 내실 있게 이루어지고 학급 운영이 잘되는 학교를 원한다. 이런 점에서 혁신교육지구는 단위 학교의 교육력 제고에 많은 관심을 기울인다. 이는 재정 운영의 철학이 하드웨어보다는 소프트웨어에 보다 강조점을 두고 있음을 보여준다. 혁신교육지구 사업은 지역사회의 명문 학교 만들기와는 질적으로 성격이 다르다. 학교의 개별화 사업이 아닌 학교와 학교 간 연대와 협력을 중시한다. 이는 성적 서열화를 바탕으로 학교 간 경쟁을 강조하는 방식과는 전혀 다른 접근을 요구한다. 지역사회를 거대한 교육과정으로 놓고, 지역사회의 단체와 사람, 기관을 최대한 활용하면서 학교 간 공동 사업을 추진한다. 이는 곧 협력과 공유, 개방의 가치를 중시함을 의미한다. 이를 바탕으로 개별 학교에서 추진하기 어려운 다양한 사업들을 진행함으로써 학생들에게 질 높은 교육 프로그램을 제공할 수 있다. 동시에, 지역 내에 혁신학교 등 모델링할 수 있는 학교가 존재한다면 이 학교는 인근의 학교에 영향력을 발휘함으로써 좋은 가치와 프로그램, 노하우 등을 확산할 것이다.

'혁신교육지구사업 시즌 2'는 경기도교육청이 추진하는 마을교육공동체와도 자연스럽게 연결되고 있다. 마을교육공동체는 마을공동체와 교육의 만남이라고 보면 되는데, 지자체가 기존에 추진하던 지역 활성화(네트워크) 사업과 학교혁신(혁신학교, 혁신교육지구)이 결합하여 학부모의 역할 강화에 크게 기여하고 있다. 이 혁신교육지구 사업은 서울, 인천을 포함한 다른 시도로 널리 확산되고 있어 교육예산의 새로운 지평을 열었다는 평가를 받고 있다. 간략한 세부 사업 소개는 아래와 같다.

혁신교육지구 사업, 이렇게 진행되고 있다

1. 수업 보조 교사
   - 6개 혁신교육지구가 공통적으로 진행하고 있는 사업.
   - 학생, 교사, 학부모 등 교육 주체의 만족도가 가장 높은 프로그램.
   - 정교사와 수업 보조 교사 역량 강화 연수.
2. 전문 상담사 지원
   - 6개 혁신교육지구가 공통적으로 진행하고 있는 사업.

- 상담사를 지원받은 학교에서 부적응 학생 감소 및 학교 구성원의 학교생활 만족도가 높음.
- 시흥시의 경우는 이 성과를 바탕으로 혁신교육지구 지정 이외의 모든 학교에도 상담사를 배치.

3. 인권 친화적 학교문화 조성
- 지역별로 다른 형태의 인권 친화적 학교 만들기 프로그램을 진행하고 있음.
- 지역과 학교의 관심과 역량에 따라 차이가 있음.
- 지역사회와 연계하여 프로그램을 지원할 필요가 있음.

4. 창의적 교육과정 공모 사업
- 교육과정 특성화를 위해 지역별로 공모 형식으로 사업을 지원하고 있음.
- 의정부에서는 고교 다양화 에듀클러스터 사업으로 특성화된 교육과정 운영을 지원.
- 의정부의 고교 에듀클러스터 사업을 벤치마킹하여 구리, 오산에서도 실시.

5. 교육과정 내 문화예술 교육
- 광명의 경우 찾아가는 음악회를 실시하여 클래식 음악회를 열었고, '교실에서 만나는 우리 음악' 프로그램을 마련하여 우리 국악을 접할 수 있는 기회를 마련하여 운영하고 있음.
- 오산의 경우는 지역 문화예술 교육 프로그램과 예술 강사 인력 풀을 조사하고 공모하여 학교별로 문화예술 교육을 운영하도록 지원하였음.

6. 학생 동아리 활동 지원

- 지역별로 학생 동아리 활동을 지원하고 있음.

- 구리, 광명, 오산, 의정부 지역에서는 청소년지도사를 통해 동아리를 지원하고 있음.

- 동아리 발표회를 지역별로 실시.

7. 학부모 참여 및 연수

- 학부모 연수는 교양강좌의 내용으로 일회적인 연수를 진행하는 단계.

- 오산의 경우는 지자체가 중심이 되어 시민참여학교, 학부모 스터디 등 관련 사업을 추진하여, 학부모의 자발적인 사업을 진행.

지속가능하면서 안정적인 마을공동체 모델로 전환해야[55]

혁신교육지구 사업 담당자들은 혁신교육지구 사업이 초창기에 비해서 발전하고 있고 나름의 시행착오를 거쳐 일정한 성과를 내고 있다고 말한다. 이러한 긍정적인 성과가 있음에도 불구하고 혁신교육지구 사업 설계에 대한 근본적인 변화가 필요한데 그러한 시스템 변화가 이루어지지 않고 있다는 점을 답답해했다. 아울러, 몇몇 문제는 초창기부터 지적되었음에도 불구하고 개선이 되지 않은 상태에서 그대로 반복되고 있다고 말했다.

혁신교육지구 사업의 지속을 위해서는 기존의 문제점을 바탕으로 새로운 형태로 재설계해야 한다. 거기에 학부모의 역할을 좀 더 강화하는 방식이 되어야 한다. 혁신교육지구 사업의 문제점 중 하나는 준비가 되지 않은 학교, 전문 인력이 없는 학교에 지나치게 많은 예산을 투입하고 있다는 것이다. 사업에 대한 특별한 의지가 없는 상태임에도 불구하고 지정을 받았다는 이유로 많은 예산이 확보되면 형식적으로 사업을 운영할 가능성이 대단히 높다. 전체 학교를 대상으로 할 것인가 아니면 일부 학교를 대상으로 할 것인가의 고민이 남아 있지만 본질은 단위 학교의 의지이다. 단위 학교에서 사업의 취지와 목적을 분명히 이행하고 이를 시행하고자 하는 욕구가 있어야 한다. 혁신교육지구 사업을 보면 운영의 양상에서 학교별 편차가 심하게 나타난다. 이런 점에서 사업 지정 과정에 대한 전면적인 검토가 필요하다.

두 번째로는 혁신교육지구 사업의 방향과 비전에 대한 단위 학교 구성원들의 공유가 여전히 취약하다. 혁신교육지구 사업을 위한 단위 학교 연수가 부실하기도 하고, 구성원 간에 혁신교육지구 사업에 대한 밑그림을 그리는 작업이 거의 없다. 특히 교사들이 학부모를 교육 파트너로 인식하는 것이 부족해 아쉽다. 이런 상황에서는 혁신교육지구 사업의 양적 확대는 일부 가능할 수 있으나, 질적 내면화 과정에서 상당한 한계에 봉착할 가능성이 크다. 혁신교육지구 사업은 의사소통의 공동체, 학습공동체, 지역 네트워크 공동체라는 세 축이 구성되어야 한다. 그런데 의사소통이 원활하지 않은 상태에서는 학습공동체는 물론 지역 네트워크 공동체가 유의미하게 결합되기 어렵다. 이런 점에서 학교의 의사소통 구조를 변화시키고, 자연스럽게 단위 학교의 학습을 촉진하기 위한 흐름이 핵심인데 이러한 모습이 혁신교육지구 내에서는 취약한 것으로 보인다.

세 번째로는 단위 학교에 대한 지원 시스템이 없는 상태에서 대부분 단위 학교를 사업의 실행 주체로 상정하고 있는 점이다. 이는 단위 학교에 상당한 부담을 줄 수 있다. 물론 교육과정과 사업을 연계하면 그 부담을 최소화할 수 있지만 사업과 교육과정 연계의 흐름은 미미하게 나타나고 있다. 또한 단위 학교에 지원 인력을 배치하고는 있지만 비정규직 양산 문제라든지 사업 종료 후 나타날 인력 금단 현상 혹은 예산 금단 현상을 어떻게 해결해야 할지는 분명한 답이 없는 상태이다. 자생적인 학부모 모임이나, 지역사회와의 결합만이 이러한 문제를 해결할 수 있다고 본다. 단위 학교에서 필수적으로 집행할 수 있는 예산 사업을 축소하고, 절감된 예산을 가지고 혁신교육지구지원센터를 바탕으로 학교의 필요와 요구에 답할 수 있는 지원 시스템을 가동해야 한다.

마지막으로는 비정규직의 양산의 문제를 들 수 있다. 혁신교육지구에서는 수업 보조 교사, 행정실무사, 방과 후 교사 등의 계약직원을 뽑고 있다. 이러한 지원 인력을 통해 혁신교육지구는 상당한 교육적 효과를 보고 있다. 그러나 이 사업은 빛과 그림자가 동시에 존재한다. 혁신교육지구가 비정규직을 양산하고 있다는 비판으로부터 자유롭지 못하다. 사업 종료와 함께 이들의 거취 문제는 뜨거운 감자가 될 것이다. 그리고 이들이 받는 임금 또한 낮은 수준이라 질 좋은 일자리라고 말할 수 없다. 방과 후 교사, 수업 보조 교사, 상담 교사를 어떻게 활용하는가는 학교별·지역별로 질적인 편차가 너무나 큰 편이다. 무엇보다 좋은 자원을 확보하는 일이 쉽지 않다. 그나마 인력 충원을 위해 각급 학교에서 공고를 내는 등 다양한 노력을 하였으나, 학교에서 이를 감당해낼 수 있는 충분한 여건이 마련되지 않았다. 인력풀 문제가 해결되지 않은 상태에서 효율적인 시스템을 마련하기란 쉽지 않기 때문이다.

현재의 방식은 지속가능성의 차원에서 볼 때 한계가 명확해 보인다.

이를 위해서는 지속가능하면서 안정적인 마을공동체의 모델로 전환해야 한다. 핵심 내용은 다음과 같다.

혁신교육지구 마을지원센터 모델(학부모 상주)의 주요 내용

	혁신교육지구 마을지원센터의 모델(학부모 상주)					
인적구성	학부모(상주 인력), 일반 학부모	지역 주민	교사 개인 또는 교원단체	학생	지역을 거점으로 둔 단체 등	교육기관(국공립, 사립기관 포함)
결합요소	교사동아리(교사 네트워크)	학생 동아리(인권 신장 동아리, 독서토론 등)	재능 기부(교육 기부), 은퇴한 교사 활용도 고려	교육청의 제도 개편과 의지	지자체의 예산과 의지	학부모를 포함한 지역 주민의 의지
역할	학생, 학부모, 교사가 결합한 연수 모델 개발	학생 상담(진로 상담, 성 상담, 개인 상담, 부진아 지도, 학생 자매결연을 통한 학교폭력 예방	수익 모델에 대한 고민(협동조합 등)	마을 공동체 연수(지역 주민 대상)	예산 집행과 프로그램 개발	아버지회, 지역 주민회 등 인적 네트워크 교류와 개발
제도적 구비 사항	초창기 세팅 시 중요 요소 고려	방학이나 주말 등 시기적 운영 방안 논의	방과 후 학생안전보험56 신설	협동조합 건립(매점, 교복, 혁신교육지구 내 카페 운영, 친환경 농산물 사업, 수익 사업 등 창출)	예산의 안정적 집행을 위한 협의	학교 지역별 격차를 고려한 제도적 요소 고려
교육청 정책과 연계	학교 교원의 역량 활용(장학사, 교사 파견)	혁신교육청의 신설	학교 등 장소 대여의 원활한 협조를 위한 제도 신설	각종 센터의 결합이나 통합(위센터, 학습클리닉센터, 진로진학센터 등)	교과교육 연구회 제도적 결합 고려	학부모회와 연계
모델	지속 가능한 교육수요자 중심 마을공동체의 형태					
창출 효과	1. 마을 공동체에서 학생을 키운다는 인식을 하게 함 2. 협동조합 건립으로 수익 사업과 일자리 창출, 학교의 부담을 줄이면서 행정적인 역할은 학부모가 수행 3. 지자체에서도 예산 지원을 통해서 주민 만족도의 극대화를 노릴 수 있음 4. 최종적으로 수업과 교육과정의 변화 5. 학생과 학부모, 교사가 서로에 대한 이해를 하는 공동체 마련 6. 혁신교육지구 사업의 미래의 방향이자, 각종 제도적·인적 네트워크의 연계를 통해 사람을 키울 수 있는 공교육의 새로운 모델을 만들 수 있음					

학부모가 중심 역할을 할 수 있는
혁신교육지구 마을지원센터(가칭)가 있어야 한다

혁신교육지구 사업을 각 학교에서 하다 보니 일부 부작용이 생기고 있다. 이미 앞에서 언급한 교장 중심의 예산 집행 결정, 사업성 예산, 수요자를 고려하지 않는 측면, 행정업무의 가중 등 여러 문제점은 각급 학교에서 모든 행정업무를 처리하면서 나타난 현상이다. 이러한 문제점을 일시에 해결하기 위해서는 지역 단위 내 혁신교육지구센터를 신설해야 한다. 이는 지자체에서 알아서 하기보다 운영 주체에 대한 고민이 선행되어야 한다.

운영 주체는 학부모를 세우고, 일부 교원이 결합하는 구조가 적합하다. 또한 센터에는 지원 인력을 별도로 채용해야 한다. 지역 학부모들이 돌아가면서 관여할 수 있는 구조를 만들어야 한다. 기존의 계약직 형태로는 안정적인 업무 유지가 힘들 수 있다. 이들에게 어떻게 수당을 지급할지는 지역에 따라 다르게 책정할 수 있다. 방과 후 운영이나, 주말, 방학 기간 운영을 해야 하므로 교대근무와 순환근무를 원칙으로 한다. 이 혁신교육지구센터에서 모든 혁신교육지구 업무를 수행할 수 있다. 혁신교육지구센터는 행정 처리 등 업무 수행뿐 아니라 교원·학부모·학생·지역 주민 등 인적 네트워크의 중심이 되며, 프로그램 개발의 허브 역할을 한다. 구체적인 역할을 정한다면 아래와 같다.

• 학생·학부모·교사 간의 유기적인 결합을 통해 서로에 대한 이해를 증진하고, 공교육의 변화를 위해서 수업과 교육과정 변화에 대

한 논의의 장 마련.

- 학부모·교사·지역 주민들이 재능 기부를 통해서 학습부진학생 지도, 학교폭력 피해자와 가해자를 위한 상담, 개인 상담(성 상담, 고충 상담), 학생 동아리 지도 등의 역할 수행.
- 매점, 교복, 친환경 사업 등 수익 모델에 대한 논의를 통해 협동조합 형태로의 전환.
- 지역 발전을 위한 마을 공동 네트워크 형성으로 지역 주민들의 마을에 대한 애착감 형성. 이를 위해 친목 도모를 위한 각종 연수 실시.
- 안정적인 예산 확보를 위해서 지자체 관계자와 협의회 구성.
- 지역의 상황에 맞는 교육 프로그램 개발을 위한 위원회 구성.
- 아버지회 등을 구성하여 친목단체의 역할로 시작, 학교폭력 예방 사업의 확대.
- 혁신교육지구센터가 마을 공동체 중심의 하나의 공동체로서의 역할을 수행할 수 있도록 열린 장이 될 수 있도록 함.

지역과 함께 하는 혁신교육지구센터 운영을 위한 제도적인 보완이 필요

혁신교육지구센터가 안정적으로 정착되기 위해서는 초창기에 많은 준비가 필요하다. 초창기 혼란을 겪을 가능성이 크므로 제도적인 구비 사항을 미리 만들어 매뉴얼화해야 한다. 혁신교육지구센터가 1년 365일 운영되고, 학교 방과 후와 주말 프로그램 운영 등에서 효율적

으로 지원이 이뤄져야 한다. 이런 과정에서 학부모의 자발적 참여가
필요하다.

1. 방과 후 보험 신설-학교 장소 운영의 협조가 이루어지려면 안전공
   제회와 같은 보험이 있어야 한다. 현재까지 수업 중 학교 내의 사
   고에 대해서는 학교안전공제회가 있기 때문에, 안정적인 교육과정
   이 운영되고 있다. 방과 후나 주말에 일어난 사고는 보장 내역에서
   제외되기 때문에 학교 측에서 방어적으로 나오고 있다. 경기도교
   육청에서 이를 감안해서 새로운 보험 형태를 만들고 전 학교를 의
   무 가입하도록 할 수 있다. 이 보험의 기금은 지자체에서 일정 부
   분 내는 것으로 하고, 계약의 주체는 경기도교육청이 된다.
2. 인적·물적 자원에 대한 논의-혁신교육지구센터가 방과 후나 주말
   등에 어떻게 운영될지에 대한 예산 측면, 인적 활용에 대한 측면,
   교직원과 학부모 학생을 아우를 수 있는 각종 연수 운영에 대한
   측면과 관련한 논의가 필요하다. 24시간 운영 형태로 되어야 하지
   만, 운영상에 어려움이 있다면 지역 상황에 맞게 운영 시간을 조
   정할 수 있다. 학부모에게 희망을 받아서 순환직 근무 등도 고려
   할 수 있다.
3. 상시 회의 공간의 확보-공간의 제공이 원활하게 이루어져야 한다.
   혁신교육지구센터를 새로 만들 것인지 기존의 학교 공간, 교육청
   공간, 지자체 공간을 활용할 것인지에 대한 고민이 필요하다. 기존
   공간을 최대한 활용하는 것이 효과적이다. 하지만 협의회실, 강당,
   세미나실 등의 많은 공간이 필요하므로 장기적으로는 건립하는
   것이 효과적일 수 있다. 그것이 아니라면 몇 개의 유휴 공간을 벨

트화하여 묶어서 운영할 수 있다.

4. 지역 은퇴 자원의 활용-교사자격증을 가지고 있는 은퇴자와 혁신교육지구센터에서 협력할 수 있다. 현재는 은퇴 자원에 대한 조사나 활용이 거의 이루어지지 않고 있다. 가령, 학교 숙직기사나 배움터 지킴이를 이들에게 위탁하는 것도 고려해볼 수 있다. 현재 학교의 숙직기사는 업체에 위탁을 하고 있다. 업체에서 인력을 보내주는 시스템이기 때문에 월급의 30~40%를 수수료로 떼고 있다. 결국 실 수령액은 한 달에 70만 원 내외이다. 이를 업체에 위탁하는 것이 아니라, 지역에 있는 교원 은퇴 자원에 대한 연합체를 구성하여 활용할 수 있다. 잘만 활용된다면 이들에게 방과 후 돌봄교실 등을 개방할 수도 있을 것이다. 교육 기부에 대한 열의가 있는 자원들도 많으므로, 초창기 인력풀 활용에 대한 측면만 고민하면 될 것이다.

5. 학부모 협동조합의 운영-학부모조례로 인해, 학부모들의 참여가 늘어날 것으로 예상된다. 학부모 협동조합을 만들어서 관내 많은 부분에서 학부모들의 의견을 반영해야 한다. 교복, 매점, 문구류, 급식, 체육물품, 우유, 방과후학교, 돌봄교실, 육아공동체까지 포함될 수 있다. 공동 육아 형태로 특정 학교에서 공간만 대여하는 형태도 호응이 좋을 것이다. 이 역시 재능 기부(교육 기부)와 같은 형태로 결합하여 운영할 수 있다.

1. 『노컷뉴스』 2016. 1. 29. 중립적이기 위해 기사 내용에서 특정인의 이름은 삭제하여 발췌하였음.
2. 『한국일보』 2016. 2. 4.
3. 학교마다 다르나, 100만 원 이상 되는 여력이 있는 곳은 많지 않다. 때문에 질 높은 강사 구하기가 힘들다.
4. 『연합뉴스』 2016. 3. 29.
5. 『경향신문』 2016. 2. 10.
6. YTN, 2016. 3. 18.
7. 『노컷뉴스』 2015. 12. 24.
8. 『노컷뉴스』 2015. 12. 24.
9. 『경향신문』 2016. 2. 10.
10. 『파이낸셜 뉴스』 2016. 2. 11.
11. 국무총리 산하 육아정책연구소의 『육아정책 연구』(9권)에 실린 「무상교육·보육정책으로서의 누리과정 현황과 개선 방안」(육아정책연구소 이윤진, 이규림, 조아라).
12. 『한국일보』 2016. 3. 4.
13. 『노컷뉴스』 2016. 3. 17.
14. 2016. 2. 7. SBS 부분 발췌.
15. "농어촌 학교 절반 통폐합… 강원·호남 반발", 『조선일보』 2016. 1. 27.
16. 『서울신문』 2016. 2. 22.
17. CIA 월드 팩트북(THE WORLD FACTBOOK) 추정치. 일부 한국의 통계 자료에는 1.2가 무너졌다는 결과도 있다.
18. 교육부 보도자료, 2016년 3월.
19. 65세 이상의 노령인구가 전 국민의 20% 이상인 국가. 일본은 현재 전 국민의 22%가 65세 이상 노인이다.
20. 『경향비즈』 2016. 3. 6.
21. 『뉴스1』 2015. 10. 11.
22. 『국민일보』 2016. 3. 17.
23. 한국노동연구원(2016, 「기혼여성의 경제적 상태 변화 보고서」).
24. 『서울신문』 2016. 3. 8.
25. SBS, 2016. 3. 16.
26. 결혼해서 정상적인 부부생활을 하는 맞벌이 부부로, 수입은 두 배(Double Income)지만 아이는 갖지 않는다(No Kids)고 주장하는 새로운 가족 형태. Double Income No Kids의 앞글자 DINK를 땄다.
27. 『중앙일보』 2016. 2. 26.
28. 『헤럴드경제』 2016. 2. 13.
29. JTBC, 2016. 3. 1.
30. 『한겨레』 2016. 2. 1.
31. '사람이 미래다'란 슬로건으로 유명해진 D기업의 2년 차 직장인의 희망퇴직 사태가 2015년 연말 대한민국에서 큰 이슈가 되었다.
32. 『이데일리』 2016. 2. 12.
33. 소득대체율이란 재직 기간 평균 소득을 기준으로, 퇴직 후 연금을 얼마나 받을 수 있는지를 나타내는 비율이다. 소득대체율이 50%라면, 평균 소득이 200만 원인 사람은 퇴직 후 100만 원의 연금을 받는다. 노후 소득보장의 적절성을 판단하는 기준이 된다.
34. 『국민일보』 2015. 12. 8.
35. 『뉴시스』 2016. 3. 6.

36. 흙수저, 금수저 논쟁이 현재 대한민국에서 회자되고 있다. 중산층이 못 되는 평범한 사람들은 흙수저를 물고 태어났다고 하여, 스스로를 비하하는 용어로 통칭되고 있다.

37. 『경기일보』 2013. 10. 17(국회 미래창조과학방송통신위원회 소속 민주당 이상민 의원이 6일 교육부로부터 제출받은 '지난해 지자체 교육 투자 현황' 중).

38. 『한겨레』 2013. 4. 17.

39. 『파이낸셜 뉴스』 2014. 12. 30.

40. 실험이나 조사가 진행되는 동안 수집한 원래의 자료로 원자료[raw data]라고 볼 수 있다.

41. deja vu[기시감旣視感], 처음 해보는 일이나 처음 보는 대상, 장소 따위가 낯설게 느껴지지 않는 현상.

42. 교총 보도자료 발췌 인용, 2013. 7. 18.

43. 『세계일보』 2016. 4. 9.

44. 중학생 신입생 무상교복 지급 방안 연구(성남시-경기도교육연구원: 박주희, 주수원, 홍석노, 이병곤, 홍섭근, 2015)

45. 전임 이○엽 성남시장. 개인 비리 혐의로 구속 수감되었음.

46. 경기도교육청에서 최초로 시작한 학생 무료 급식 사업. 그전까지는 기초생활수급자나 담임 추천을 받은 차상위 계층만 급식 지원을 받았음.

47. 성남시 보도자료(2016. 2. 1).

48. 『뉴시스』 2016. 3. 6.

49. 『한국경제』 2016. 3. 8.

50. 『연합뉴스』 2016. 3. 24.

51. 저소득층에게 급식카드를 주고 있으나, 주변에 눈치가 보여 쓰지 않거나, 받아주는 곳이 많지 않아 20%에 가까운 비용이 소멸되어서 사용되고 있지 않다. 가장 큰 이유는 현금 지급을 하지 않고, 어른들의 기준으로만 생각하여 급식카드를 제공하기 때문이다.

52. 삼성그룹 명예회장.

53. 「지구별 공통사업 운영 현황 및 논의 과제」, 경기도교육청, 2013.

54. 「혁신교육지구 종합평가」, 경기도교육청, 2012.

55. 본 글은 혁신교육지구 연구 차원에서 필자가 참여한 연구에 있던 글을 각색한 것임. 2013(「혁신교육지구 발전 방안 연구」, 2013, 경기도교육청).

56. 방과 후에 일어나는 모든 구성원(학부모, 학생, 관계자)의 안전사고에 대해서 지자체가 들어주는 종합보험을 뜻함.

IV

정치 논리에 의한 교육
-그 피로감을 극복해야 한다

국정 교과서와 교학사 교과서
-다양성의 소멸을 바라보며

　교육부는 그동안 초등학교 일부 교과서를 국정으로 하고 있으며 대부분은 검·인정 체제로 유지해왔다. 검·인정 체제는 자유발행제와는 달리 국가(교육부)에서 최종 승인권을 가지고 있다. 만약 문제가 되는 내용이 있으면 수정을 요구하고, 그래도 되지 않는다면 최종적으로 발행하지 못하게 만들 수도 있다. 2015년 이후 교육부는 역사 교과서 국정화 문제를 들고 나와 전국을 혼란스럽게 하고 있다. 현 정부의 주장은 그동안 검·인정 교과서 체제가 문제가 많았고, 집필진 대부분이 좌파 세력이었기 때문에 문제가 많았다는 것이다. 정부의 발표와 언론의 발표를 보면, 그동안 검·인정 체제에서 좌파 세력들이 학생들에게 주체사상을 옹호하는 내용을 가르쳤다는 것이다. 만약 그 말이 사실이라면, 검·인정 체제를 유지하고 있는 교육부는 큰 잘못을 한 것이며, 직원들 모두 징계를 받아야 하는 사안이다. 그러나 지금까지 어떤 검·인정 교과서도 주체사상[1]을 옹호하는 내용을 담고 있다고 밝혀진 바가 없다. 교육부와 국사편찬위가 직접 선정한 검정심의회는 최근 논란이 된 '좌편향 사례'에 대해 어떠한 수정 지시도 내리지 않았다.[2] 논란 이전까지 문제 된 적이 없었다는 얘기다. 거의 모든 검·인정 교과서가 북한에 주체사상이 있다는 사실만을 말하고 있을 뿐이다. 이러한 논리대로라면 지금 이 책에서 주체사상이라는 단어를 쓰는 것조차 문제가 되는 것이다. 우리나라에서 벌어지는 사건을 객관적으로 설명하고 있음에도, 이것을 주체사상을 옹호하고 있다고 말하는 것이다. 지금 우리나라에 이런 일이 벌어지고 있다는 것이 너무나 안타깝다.

정치 논리로 교과서를 수단화해서는 안 된다

과거 정권에서는 중앙정부의 입맛에 따라 집필진을 구성하고 하나의 역사를 가르쳤다. 1979년 발행된 고등학교 국사 교과서(국정 교과서)는 5·16군사정변에 대해 "박정희 장군을 중심으로 하여 일어난 혁명군이 대한민국을 공산주의자들의 침략 위협으로부터 구출하고, 국민을 부정부패와 불안에서 해방시켜 올바른 민주주의 국가를 건설하기 위해 시행된 것"이라고 설명했다. 심지어 군사정변 당시 국가재건최고회의가 내건 '혁명공약'의 일부 항목은 수정된 채 교과서에 담긴 것으로 드러났다.[3]

국정 교과서 체제를 유지하고 있는 나라는 OECD 국가 중 한국이 거의 유일하다. 또한 국정 교과서 체제는 현재 일부 공산주의 국가가 쓰고 있으며, 과거 군국주의 국가(전범국가 나치 독일, 북한)가 사용했다고 알려져 있다. 이미 국정 교과서로 정해진 초등학교 6학년 역사 교과서에도 문제 있는 내용이 실려 있다. 임시정부의 정통성을 배제하는 뉴라이트 계열의 역사관이 그대로 담겨 있는 것이다. 내부 검토본에까지 있었던 "유신헌법이 국민의 자유를 제한했다"라는 내용은 최종본에서 빠졌다. 대신 "경제성장을 위해 유신을 선포했다"라고 설명한다. 박정희 정부에 대해선 '독재'가 아닌 '장기 집권'이라고 표현했다. 교과서를 분석한 역사교육연대회의는 근현대사의 편향이 심각한 수준이라고 밝히기도 했다.[4] 박혜자 국회의원에 따르면 6학년 교과서에서 5·18 계엄군이라는 용어마저 빠졌다.[5]

서울대를 비롯한 많은 역사 교수들도 시국선언을 통해 국정 교과서를 비판하였고, 지난해 8월 전국역사교사모임이 전국 중·고교 역사 교사 및 초등학교 교사 858명에게 실시한 설문조사에선 97%가 국정화에 반대하는 것으로 나타났다. 한국교총 소속 교사들도 포함돼 있는 중도 성향 한국교육정책교사연대가 지난 8월 전·현직 교사와 일반 시민 544명을 상대로 조사한 국정화 설문조사에서도 74.8%(407명)가 반대했다. 서울대 역사 전공 교수 34명의 국정화 반대 선언 후 한 달여 동안 실명을 걸고 반대한 교수·교사·학부모·예비 교사 등만 해도 5만 5000여 명에 이른다.[6] 이처럼 많은 반대에도 불구하고 교육부는 교과서 국정화를 강행하고 있다.

국정 교과서의 내용이 옳은지, 그른지는 차치하고서라도, 근현대사를 부정하는 일들이 자꾸 벌어지고 허용된다면 정권을 잡은 사람들마다 용비어천가[7]를 부르며 집권당을 위한 교과서를 만들려고 할 것이다. 조선시대에 폭정을 일삼던 왕들도 실록을 기록하는 사관을 건드리지는 않았다. 학생들에게 올바른 교육을 하려면 진실을 말해야 하며, 그 진실을 말하기 위해서는 다양한 관점이 존재해야 한다. 많은 국민들이 반대를 하고, 전국 역사학회, 교수진들이 반대 성명을 냈다. 개인의 신념은 잘못될 수 있지만 과반이 넘는 다수가 반대한다는 것은 재고해볼 만한 사안인데, 정치 논리로 교육을 획일화하고 하나의 교과서를 만들려 하고 있다. 2016년 1월 현재 국정 교과서 집필진이 공개되지 않는 것도 기존에 교육부가 보여줬던 방식과는 무척 달라 정치적인 힘이 작용하였을 것이란 추측이 난무하고 있다.

사실 교과서 국정화 문제 이전에 한 교과서가 전국적으로 문제가 되었던 사례가 있었다. 바로 교학사 교과서 문제이다. 교학사 역사 교과서는 2013년 현 정권에서 검·인정을 통과한 뉴라이트 계열의 교과서이다. 그 과정에서 교과서 내용에 대한 친일 논란이 있었다. 결국 전국적으로 채택률이 0%에 가까웠는데, 아직도 이를 두고 말들이 많다.

뉴라이트든 친일이든 친미든 다원화된 민주주의 국가에서는 다양성을 열어두어야 한다. 국민들이 판단한 결과 결국 채택률은 0%였다. 여기에 대해 특정 세력이 선동했기 때문이라는 말은 필요하지 않다. 국민이 선택하면 그것은 국민의 뜻이고, 따라야 한다.

학교 자율화의 허상
-학교는 교육부나 교육청에 종속된 기관이 아니다

교과서를 국가가 정해주는 것도 이상하지만, 세세한 교육과정에 국가가 모두 관여하는 시스템도 이상하다. 매 차시마다 학생이 배워야 하는 목표를 국가가 정해준다. 이런 방식은 다양한 사고를 제한하고, 국가 중심의 한 가지 사고를 가르치는 방식이라고 봐야 한다. 다양성을 존중하지 않는 사회는 역사적으로 볼 때 모두 도태되었고, 위기에 빠지기도 한다. 독일의 나치즘이나 일본의 군국주의의 비참한 말로는 모두가 알고 있지 않은가? 중앙정부와 교육부에서는 다원화의 흐름을 부정한 채 분단이라는 특수한 상황을 강조하며, 애국심을 투철하게 외치고 있다. 일부에서는 사상검증을 한다고까지 말하며 실제 일부 기업 면접 시험에서 국정 교과서에 대한 의견을 묻기도 하였다. 2016년 1월 28일 JTBC 〈뉴스룸〉에서 손석희 앵커는 "국민교육헌장, 애국가 완창, 태극기 게양 이런 게 아니라… 그저 말없이… 헌법이 정한 국민의 4대 의무(국방의 의무, 납세의 의무, 교육의 의무, 근로의 의무)를 다하는 것 아니었던가. 군대에 가고, 세금 꼬박꼬박 내고, 교육을 받고, 지금 이 시간에도 열심히 일하는 우리들이야말로 진정한 애국자가 아니던가"라고 반문했다.[8]

애국심은 국민들 마음에서 우러나오는 것이다. 교육을 통해 애국심을 기르겠다는 생각이 이상하다. 학교 교실마다 붙어 있는 태극기와, 행사 때마다 하는 국기에 대한 경례는 일제강점기 때 학교 상황과 크게 다르지 않다. 모 교육청에서는 장학사가 국기에 대한 경례를 시간 관계상 생략했다고 종북으로 몰렸다는 웃지 못할 일도 있었다. 흑백논리와 이분법적인 사고는 극단적인 선택을 가져온다. 비정상을 비정상이라고 말하지 않고, 무비판적으로 수용하는 교육 환경이 우려스럽고, 거기에 영향을 받을 학생들 또한 우려된다.

중세시대 마녀사냥이 그랬다. 마을 사람 중 누군가가 마녀라고 지목하면 그 사람은 마녀가 되었고 화형에 처해졌다. 더욱 변질되어 어느 순간부터 재산이 많은 사람, 미모가 뛰어난 여자들은 마을 사람들의 시기심의 대상이 되어서 마녀로 몰리고 이유도 모른 채 처형되었다. 14세기부터 불어닥친 유럽의 '마녀사냥'은 17세기까지 대략 20~50만 명의 사람들을 처형대에 올렸다. 마녀가 실제로 존재하지 않았지만, 많은 사람들의 불안감을 조성하여 그 불안감을 기회로 노리는 이들이 존재하였던 역사적인 사실이다. 유럽 중세시대와 요즈음의 대한민국 현실은 크게 다르지 않아 보인다. 일본에서 극우주의가 확대되는 것을 비판하면서도 우리나라 또한 일본과 크게 다르지 않다는 것을 눈치채지 못한다. 국기에 대한 경례나 운동회 때 하는 만세삼창, 학교 운동장이 군대 연병장과 같은 구조[9]로 지어지는 사실 등은 모두 일제의 잔재 내지 군사정권의 잔재이다.

교육이 정치적 논리로 인해 수단화되는 것을 경계해야 한다. 학생에게 애국을 강조하고, 국정 교과서로 통일하여 국가 중심의 사고를 강조하는 사회가 참 비정상적이지 않은가.

학교 구성원에게 선택권을 주어야 한다

학교 자율화를 위해 모든 학생과 학부모, 교사에게는 선택권이 있어야 한다. 각 학교마다 학교장이 있고, 학교운영위원회가 있다. 교육자치를 위해 교육감도 국민의 뜻에 따라 선출한다. 그러나 실상은 교육자치와는 거리가 먼 완전히 중앙집권적 체제이다. 교육과정이나 교과서의 모든 내용 하나하나에 관여하는 국가는 전 세계에서 유례를 찾아보기 힘들다. 교사들에게 주어진 재량권은 거의 없다. 교육부나 교육청에서 걸핏하면 감사와 징계를 운운하기 때문에 더욱 재량권은 없고, 상부 지시만을 기다리는 것이다. 학교자치가 제대로 이루어지지 않는 이유도 이렇듯 중앙집권적인 시스템의 영향이 크다. 이 같은 현실을 잘 모르는 학부모들은 주로 학교 탓을 한다. 이런 현실에서는 책임 문제를 따질 때에도 교사를 탓하는 것이 아니라 시스템을 탓하는 것이 옳다.

현재 국정 교과서 문제는 국민의 관심사에서 벗어나서 안정적으로 추진되고 있다. 이런 논란이 발생할 때마다, 한때의 이슈로 그치는 것이 안타깝다. 교육의 중립적인 가치를 지키려는 국민적인 여론을 수렴하는 시스템이 필요하다. 최근 교육부가 너무 정치적으로 변했다는 위기의식 속에 한 방편으로, 핀란드식 국가교육위원회를 만들어야 한다는 연구가 활발히 진행되고 있다. 경기도교육청에서는 2012년에 핀란드식 국가교육위원회[10]를 만들자는 내용의 정책 연구를 하였다. 이러한 논의의 중심에는 현 교육부의 막강한 권한에 대한 불만이 자리 잡고 있다. 유·초·중·고·대학교까지 모든 권한을 다 가지고 있으며, 1년 예산이 63조[11]나 되는 거대한 기관이기 때문이다. 사실 단일 기관이 이렇게 많은 권한을 가지고 있는 경우는 우리나라 안에서도 드물다. 더군다나 교육자치를 하고 있는 시·도 교육청과 충돌하는 측면이 매우 많다. 장관의 임기는 대통령이 결정하는 임명직이다. 이명박 대통령 재임 시절 이주호 전 교육부 장관을 제외하고는 임기를 거의 제대로 보장받지 못했다. 장관이 움직이는 것이 아니라 관료화된 시스템으로 돌아간다는 뜻이다. 사실 장관이 임기를 제대로 보장받더라도, 교육부는 현장의 문제를 제대로 해결할 수 없을 정도의 거대하고 둔하고 무능한 기관이 되어버렸다. 기관의 안위보다 교육 문제의 근본이 어디냐를 고민해야 한다.

학부모들이 교육에 적극적인 관심을 가짐으로써 해결해나가야 할 일들이 많다. 올바른 자녀교육을 위해서 교육의 본질에 관심을 가져야 한다. 단순히 눈앞의 불만을 해결하는 것은 즉흥적인 도움은 될지 모르지만 그 수준으로 그치는 것이 아니라, 학부모의 힘이 교육을 바꿀 동력이 되어야 한다.

진보와 보수는 과연 존재하는가
-전교조 법외노조 사태를 바라보며

"한국 정부는 결사의 자유나 단체교섭 등의 기본권을 포함하여 현재의 노사관계 관련 법령을 국제적인 기준(internationally accepted standards)에 부합할 수 있도록 개정할 것을 확약합니다."

OECD 가입 결정 이틀 전인 1996년 10월 9일 한국 외무부 장관이 OECD 사무총장에게 보낸 서한의 일부 내용이다. 이런 요구를 받은 한국 정부는 막바지 고비에서 1996년 10월 9일 결국 아래와 같은 외무부 장관 명의의 약속 서한을 OECD 사무총장에게 보냈다.

"본인은 한국의 '경제협력개발기구(OECD)' 회원국의 의무 수락에 관한 성명서를 전하게 된 것을 기쁘게 생각합니다. (중략) 한국 정부는 결사의 자유나 단체교섭 등의 기본권을 포함하여 현재의 노사관계 관련 법령을 국제적인 기준에 부합할 수 있도록 개정할 것을 확약합니다. (중략) 본인의 확약을 받아들여주시기 바랍니다."

이 서한을 받은 OECD는 이틀 뒤인 1996년 10월 11일 이사회를 열고 다음처럼 조건을 달아 한국의 OECD 가입을 최종 승인한다.

"OECD 이사회는 한국 외무부 장관의 서한에 주목하며 결사의 자유와 단체교섭권 등 노사관계 법률을 국제적 기준에 부합토록 개정할 것을 확약한다는 한국 정부의 약속을 환영하며, 그러한 한국 정부의 약속에 따라 ELSA가 한국 노동법의 진전 상황을 면밀하게 감시(모니터링)해줄 것을 지시한다."

"한국을 노동 감시국으로 재지정할 것 요구."

이에 따라 한국은 OECD 역사상 처음으로 노동 감시 대상국이 되어 2007년까지 11년 동안 감시를 받았다. 이 과정에서 전교조는 1999년에 합법화됐다. 대법원도 "해고자도 초기업 단위 노조에 가입할 수 있다"라고 판결(2004년 2월 27일)했다.[12]

전교조의 합법화가 OECD 가입 조건이라는 것을 아는 사람은 많지 않다. 법외조노는 불법노조를 의미하는 것은 아니다. 다만 법적인 보호를 받지 못하기 때문에 사실상 무력화되는 것과 다름없다. 이것의 시작은 대다수의 국민들이 알고 있는 것처럼 전교조가 불법적인 행동을 해서가 아니다. 전교조 해직 교사 아홉 명을 노조에 가입시켰다는 이유로 시작된 것이다. 국제노동기구ILO를 비롯한 국제사회는 조합원 가입 기준에 있어 '해딩 노조가 스스로 결정한다'는 입장을 변함없이 고수하고 있는데 이를 '조합원 자격 자결주의'라고 한다. 하지만 대한 민국만 이를 인정하지 않고 있어 전교조의 행동이 문제가 된 것이다. 최종적으로 법외노조라는 판결은 나지 않았지만 현 상황에서 결론은 이미 정해진 것 같다.

한국을 방문한 마이나 키아이(UN특보) 유엔 평화적 집회와 결사의 자유 특별보고관은 기자회견을 열고 "한국은 해고자가 노조원으로 가입되었다는 이유만으로 법외노조가 선언된 첫 번째 사례로 알고 있다"며 "이는 국제적 인권법에는 반한다고 생각한다"라고 밝혔다. 평화적 집회와 결사의 자유 특별보고관은 유엔 인권이사회가 파견하는 독립적 전문가다. 보고관은 이어 "국제인권법은 노조의 해산은 최후의 수단으로 극단적으로 심각한 경우에만 이루어짐을 분명히 정하고 있다"며 "전교조 해산의 경우 이러한 엄격한 기준을 충족했다고 보지 않는다"라고 말했다.[13]

교육계에서만큼이라도 나와 다른 생각을 가진 사람을 수용하고, 담아낼 수 있는 가치를 가진 사람을 키워갔으면 한다. 아래는 인터넷에서도 널리 회자되고 있는 내용이라 잠깐 담아보았다.

신동아 1989년 7월에 수록된 〈1989년 문교부 일선 교육청 공문 '전교조 식별법'〉을 보면 전교조 교사의 특징을 다음과 같이 나열하고 있다.

1. 촌지를 받지 않는 교사
2. 학급문집이나 학급신문을 내는 교사
3. 형편이 어려운 학생들과 상담을 많이 하는 교사
4. 신문반, 민속반 등 특활반을 이끄는 교사
5. 지나치게 열심히 가르치려는 교사
6. 반 학생들에게 자율성, 창의성을 높이려 하는 교사
7. 탈춤, 민요, 노래, 연극을 가르치는 교사
8. 생활한복을 입고 풍물패를 조직하는 교사
9. 직원회의에서 원리 원칙을 따지며 발언하는 교사
10. 아이들에게 인기 많은 교사
11. 자기 자리 청소 잘하는 교사

12. 사고 친 학생의 정학이나 퇴학 등 징계를 반대하는 교사

13. 『한겨레』나 『경향신문』을 보는 교사

위 내용이 어떠한가? 전교조 교사에 대해 색안경을 끼고 있지는 않았는지 생각하는 사람도 있을 것이다. 전교조 교사라고 모두 옳다는 것을 전제로 하는 것은 아니다. 그들 중에도 그렇지 않은 사람은 분명 존재한다. 그러나 이는 어느 집단이고 마찬가지다. 전교조 교사라는 이유로 매도하는 분위기는 이성적이지 못하다. 전교조의 옳고 그름을 따지자는 것이 아니다. 정상과 비정상이 너무 혼재되어 있고, 학부모나 일반 국민들, 심지어 같은 교사끼리도 정보의 왜곡에서 모두가 자유롭지 않다.

교육과 정치는 분리되어야 한다, 그리고 노동은 신성한 것이다!

교육과 정치는 분리되어야 한다고 생각한다. 전교조 이야기를 하면 왠지 정치적인 얘기를 하는 것 같다. 사회적인 인식이 그렇다. 학부모들도 담임교사가 전교조 교사인 것을 아는 순간 아이들이 좌파 사상으로 물들까 봐 걱정을 한다. 현재 전교조 교사를 바라보는 분위기이다. 언론이나 뉴스에 나오는 전교조 교사는 머리에 띠를 두르고 주먹을 아래위로 흔드는 모습이 대부분이다. 전교조가 종북이라는 논리를 펼쳤던 한 학부모단체는 대법원으로부터 4천 500여만 원을 배상하라는 최종 판결을 받았다.[14] 즉, 법원의 판단도 그 말이 사실이 아님을 증명한다. 그러나 이 말을 하고 다니는 사람이 아직까지 주변에 많다.

교사 중에는 교총, 전교조, 좋은교사운동 등 교원단체에 가입한 사람도 있고 아무 단체에도 속하지 않은 무소속 교원도 많다. 정작 교사들은 서로의 가입 단체에 대해 그리 신경 쓰지 않는다. 근무 기간 내내 어떤 단체 소속인지 모르는 경우도 있다. 그냥 같은 학생들을 지도하는 동료일 뿐이다. 정치적인 성향을 띠는 사람은 거의 없다. 그런데 언론은 전교조 교사가 좌파 세력인 것처럼 묘사한다. 전국교직원노동조합이라는 말이 부정적이라는 이들도 있다. '교사가 노동자인가?'라는 질문은 정말 황당하다. 많은 사람들이 노동자고 교사도 노동자 중의 하나인데 말이다. 노동자는 노동을 하는 대가로 급여를 수령하는 사람을 의미한다. 우리나라에서는 노동자라고 하면 육체노동만을 생각하는 경향이 있고, 노동의 가치를 쉽게 인정하지 않는다. 조선시대부터 이어져온 뿌리 깊은 유교적인 인식이 아직까지 이어지는 것이다. 블루칼라보다는 화이트칼라가, 직접 몸을 움직여야 하는 노동보다는 전문적인 지식을 가진 이들이 좀 더 수준 있게 느껴지고 남들에게 자랑할 수 있는 사회인 것이다.

심지어 교사들 사이에서도 몇몇은 전교조 교사는 학생들에게 특정 성향의 이념과 사상을 가르친다고 믿고 있다. 어떤 사람들은 교사는 학생을 가르치는 사람이므로 중립을 지켜야 한다는 황당한 발언을 하며 비판한다. 전교조 교사들이 특정 정치 이념을 가르치는 경우는 거의 없다고 봐야 한다. 설사 있다고 하더라도 극소수에 불과한 것을 일반화해서는 안 된다. 그 극소수는 전교조가 아닌 교사 중에도 있을 수 있는 것이다. 많은 사람들이 국립대학교 교수들은 합법적으로 대놓고 정치에 참여하는 것을 잘 모른다. 참정권이 있는 대학생들을 가르치는 교수들의 정치 참여는 합법인데, 참정권이 없는 학생들을 가르치는 교사가 정치에 참여하는 것은 불법이다. 참 아이러니하다. 또, 대학에도 교수노조가 존재하는데 그것에 대해서는 별 언급을 하지 않는다. 한 가지 더 국민들이 잘 모르는 사실 중 하나는 미국[15]을 비롯한 유럽 선진국에서는 교사노조가 모두 합법이고 대부분이 교사노조에 가입한다는 것이다.

평범한 사람들은 모두 노동자이다

선진국에서는 시위문화가 폭력적이지 않다. 노동자가 폭력시위를 하는 대신, 준법정신을 가지고 자신들의 권리를 주장한다. 폭력은 어떤 경우에도 정당화될 수 없다. 하지만 우리나라 노동자의 입장에서 생각해보면 폭력시위를 해야만 주목받는 상황이 생길 정도로 환경이 열악하다는 것을 인식해야 한다. 매년 대한민국의 많은 노동자들은 열악한 환경과 노조 탄압으로 자살을 하는 등 극단적인 선택을 하기도 한다. 1970년대 노동인권운동가 전태일[16]이 주장했던 것을 살펴보자.

> 1일 14시간의 작업 시간을 10~12시간으로 단축하십시오
> 1개월 휴일 2일을 일요일마다 휴일로 쉬기를 희망합니다.
> 건강진단을 정확하게 하여주십시오.
> 시다공의 수당 현 70원 내지 100원을 50% 이상 인상하십시오.
> 절대로 무리한 요구가 아님을 맹세합니다.
> 인간으로서의 최소한의 요구입니다.
> 기업주 측에서도 충분히 지킬 수 있는 사항입니다

위 사항을 주장하며 받아들여지지 않자, 전태일은 분신자살이라는 극단적인 선택을 했다. 자살은 어떤 이유에서도 정당화될 수 없지만, 주목받지 못하는 한 노동자의 입장에서는 그것이 자신의 의지를 표현할 수 있는 최후의 수단이었을지 모른다. 전태일처럼 노동운동을 한 사람들이 있었기에, 노동자 권리를 보호하는 법규들이 생겨났다. 지금은 너무나도 당연하다고 생각되는 것들 이면에는 누군가의 희생이 있었다. 우리나라는 노동자가 대부분이면서도 노동자라는 말을 하는 순간 좌파로 인식된다. 아직까지도 노동조합을 만들면 사표를 쓰게 하거나, 탄압을 하여서 사직을 하게 만드는 경우가 흔하다.

미국의 오바마 대통령은 노동조합은 꼭 필요하다며 인정을 했는데, 우리나라 정치권의 일부 국회의원은 노동조합은 종북 세력이며 폭동이라고 공개적으로 언급하기도 한다. 북한 근처에도 가본 적 없는 자신의 권리를 주장하는 평범한 국민을 왜 자꾸 종북 세력이라고 하는 걸까. 캐나다와 같은 선진국에서는, 우리나라에서는 거의 노예계약에 가까운 처우를 받는 대학원 조교까지도 노동조합을 만들어 그들 스스로의 권리를 주장한다. 그러므로 그들은 합리적인 대우를 받고 있다. 반면 우리나라에서는 쌍용자동차[17] 사태에서 보듯이 노동조합을 만들어서 투쟁하면 그 끝이 좋지 않다. 좌파 종북 세력이라는 주변의 시선, 귀족노조라는 언론의 선동, 불법시위라는 경찰의 발표, 그리고 폭력 진압 등이 자연스럽게 이어지는 패턴이다. 권리 주장을 위해 노동조합을 만들고 기득권에게 권리를 내세우며 저항하는 것을 이상하게 본다. 더 이상한 것은 '노동조합은 빨갱이나 종북'이라는 인식을 기득권들이 가지고 있는 것이 아니라 가진 것 없고 힘없는 이들이 더욱 그렇다는 것이다. 보호받아야 할 사람들이 보호가 필요 없다며, 권리

증진을 외치는 사람들을 비판하는 모습이라니 아이러니할 뿐이다.

진보 교육감은 어떤 기준으로 만든 것일까?

전교조 교사와 같이 흑백논리로 대하는 것이 또 있다. 언론에서 자주 볼 수 있는 진보 교육감 문제다. 마치 많은 잘못을 하고 있는 것 같은 그들은 어떤 기준에 의해서 '진보'라고 구분되었을까? 간단하다. 무상급식 정책을 찬성하느냐 반대하느냐의 기준이다. 그것에 맞춰서 언론이 만들어낸 말이다. 13개 시·도 교육청에 진보 교육감이 있는데, 문제가 많다고 말하고 있다. 그 문제란 것이 포퓰리즘 정책인 무상급식을 하고 있다는 것이다. 무상급식을 하면 친전교조 교육감이고, 좌파 교육감이라고 한다. 이건 또 무슨 흑백논리인지 모르겠다. 이 진보 교육감들이 문제가 많다면서, 직선제를 폐지해야 한다는 주장도 한다.

그런데 이렇게 당선된 교육감들은 모두 국민들이 뽑은 교육감이다. 특히 무상급식에 대해서는 국민적인 선호도 자체가 긍정적이라는 평가가 지속적으로 나오고 있다. 처음에는 간선제 교육감이 문제가 많다면서, 교육자치를 이유로 2009년부터 직선제를 만들더니, 진보 교육감이 많이 생겼다면서 이제 국민이 직접 뽑는 직선제를 폐지하거나 러닝메이트제[18]를 해야 한다고 목소리를 높이고 있다. 몇몇 교육감들이 재판을 받고 있는 것을 근거로 든다. 간선제 때 얼마나 많은 낙하산 인사들이 들어와서 각종 전시행정을 벌이고 인사 개입으로 부정한 일들이 저질러졌는지 기억하는 이들이 많다. 그때로 다시 돌아가라고 하는 것은 교사와 학부모를 우롱하는 처사라고 생각한다. 이러한 폐단을 막고자 어떻게 얻은 교육자치인데, 성향이 다른 이들이 선출되었다고 손바닥 뒤집듯이 없앤다는 것인가. 지금 시행하고 있는 직선제는 보수적이라 평가받는 모 교원단체에서 앞장서 주도하였다. 이 단체는 최근 방향을 바꿔 좌파 교육감이 난립하고 있으니 다시 간선제로 바꾸어야 한다고 헌법소원을 냈다. 최근에 헌법재판소에서 이 사안을 기각하였다.[19]

진보 교육감들이 검찰로부터 기소된 내용을 자세히 살펴보면 진보 교육감 제도의 문제라고 볼 수는 없다. 2009년부터 김상곤 전 경기도 교육감은 장학금 지급, 직무유기 등으로 지속적으로 검찰과 교육부로부터 고발을 당했는데 모두 무죄 판결을 받았다.[20] 반대로 과거 보수 교육감이라 불렸던 공○○ 서울 교육감, 김○○ 충남 교육감은 인사 비리 문제로 유죄 판결 후 구속 수감되었다. 상황이 이러한데, 이를 놓고 교육감이 문제를 저질렀으니, 직선제를 폐지해야 한다는 주장은 일부 국회의원들이 범죄를 계속 저지르니 국회의원제를 폐지하고 임명직으로 바꿔야 한다는 논리와 같다. 정말 아전인수 격의 해석이 아닐 수 없다. 특정 개인의 문제는 개인의 문제로만 바라봐야 한다.

진보와 보수는 실체가 없다. 어떤 식으로든 자신에게 유리하게 해석하기 위해 만들어놓은 정치의 산물일 뿐이다. 학부모는 학생에게 어떤 교육이 맞는지 이성적으로 판단할 수 있는 능력이 있어야 한다. 정치적인 논리에 선동되면 안 된다.

1. 북한의 통치사상.
2. 『노컷뉴스』 2015. 10. 15.
3. 『노컷뉴스』 2015. 9. 9.
4. JTBC 뉴스, 2016. 2. 29.
5. 『연합뉴스』 2016. 2. 24.
6. 『경향신문』 2015. 10. 7.
7. 1445(세종 27)년에 정인지(鄭麟趾), 안지(安止), 권제(權踶) 등이 왕명을 받들어 지은 악장. 10 권 5책 125장(章)으로, 조선 창업을 주로 중국 고사에 비유하여 찬송한 글. 현 정권에 충성을 다하는 모습을 빗대는 말로도 쓰이고 있음.
8. JTBC 〈뉴스룸〉, 2016. 1. 28.
9. 운동회 때 하는 '만세, 만세, 만세'의 세 번 외침은 2차 세계대전 때 일왕(일본에서는 천황)에 게 하던 반자이 만세삼창에서 유래되었다. 그리고 학교의 운동장은 예외 없이 모두 군 연병장 과 같은 구조이다. 일제강점기 시절 지어진 학교들은 군대식 교육을 이유로 연병장과 같은 구 조를 택했다. 거기에서 조선인들에게 집체교육과 사상교육을 하였다.
10. 정권, 이념과는 상관없이 교육정책을 일관성 있게 추진해나가는 기구를 의미함. 현재 국정 교과서 논란을 빚고 있는 교육부의 대안으로 2012년 이후 지속적으로 정책 연구되고 있는 내용임.
11. 국회예산정책처(2016년도 예산안 부처별 분석_교육문화체육관광위원회).
12. 『오마이뉴스』 2014. 6. 23.
13. 유엔 보고관, "전교조 법외노조화, 국제 기준 어긋나", 2016. 1. 29, EBS.
14. 『경향신문』 2015. 9. 10.
15. 미국교사연합(AFT)는 미국의 교육노조 전국 조직. 미국 최대의 노조 조직인 전국노동 총연맹 산업별 조합회의(AFL-CIO: American Federation of Labor and Congress of the Industrial Organization)에 속해 있으며 전미교육협회(NEA: National Education Association)와 함께 교원노조 양대 조직으로 활동. 회원 숫자 규모 면에서는 300만 명을 넘 는 전미교육협회에 이어 미국에서 두 번째로 큼.
16. 전태일(全泰壹, 1948년 8월 26일~1970년 11월 13일)은 대한민국의 봉제 노동자이자 노동운 동가, 인권운동가이다. 1960년대 평화시장 봉제공장의 재봉사, 재단사로 일하며 노동자의 권리 를 주장하였다.
17. 2009년 4월 8일 사측이 전체 근로자의 36%인 2646명 인력 감축 계획을 발표하면서 시작. 단일 직장 사상 최대 해직, 사상 최악의 농성 진압, 사상 최다 해직 노동자의 죽음, 사상 최장 기 동조 집회. 해고자 28명이 자살하거나 지병 등으로 세상을 떠났다. 남아 있는 해고자들도 심각한 정신적 · 신체적 질병에 시달리고 있다. 현 대통령은 2012년 대선을 앞두고 쌍용자동차 국정조사를 약속했으나 현재까지 아무런 언급이 없다. 『주간경향』(2016. 2. 16. 1163호).
18. 시 · 도지사와 교육감을 함께 같은 후보군으로 묶어 투표하게 하는 제도. 결국 교육감이 정당 에 있어야 한다는 뜻이 되므로 교육자치와는 무관하게 된다.
19. 2015년 11월 26일 교육감 선거 직선제를 규정한 지방교육자치에 관한 법률 제43조에 대한 한국교총의 위헌 청구에 대해 모두 각하 결정. 헌법재판소(헌재)가 교육감 직선제를 규정한 법 률 조항에 대한 위헌 청구(2014헌마662)는 '부적법하다'고 만장일치로 '각하' 결정. 교육감 직 선제는 "학부모 평등권, 교육전문가 공무담임권 침해 없다" 판단.
20. 일부는 대법 재판을 남기고 있음. 2016년 현재까지 모두 무죄 판결을 받았음.

V

학부모와 함께
성장하는 교육

학부모 연수,
왜 도움이 되지 않는가?

교육기관의 구조적인 문제와 컨트롤 타워 부재

경기도교육청을 기준으로 살펴보겠다. 다른 교육청도 크게 다르지 않다. 자세히 들여다보면 교육청 조직이 참 난해하다는 것을 알 수 있다. 유치원 업무는 유치원을 관할하는 유아교육과가 맡고 있고, 초·중등의 진로교육은 진로지원과에서 맡고 있다. 여기에 특수교육 쪽 학부모 업무는 특수교육과가 맡고 있다. 학부모 관련 업무를 총괄하는 부서는 없고 여러 부서에서 학부모 업무를 약간씩은 가지고 있다 보니 중복된 사업이나 성격이 비슷한 사업이 남발되고 있다. 교육부나 중앙부처, 교육청이 학부모 관련 각종 센터를 만들어도 전화상담원 한 명과 계약직 한 명 정도로 구성되는 경우가 대부분이다. 결국 책임 있게 정책을 만들어낼 수 있는 곳이 없는 것이다.

경기도교육청에만 이러한 센터가 200여 개 있는데, 이 센터의 역할이 무엇인지 제대로 알려지지 않고, 그런 곳이 있는지 학부모들이 인식조차 못하는 경우가 대부분이다. 또한 예산이 언제 끊길지 모르기 때문에 센터의 지속적 운영을 확신할 수 없다. 이런 현상은 지역 교육

지원청에서도 나타난다. 초등교수학습과, 중등교수학습과, 마을교육공동체 팀 등으로 업무가 쪼개져 내려오고 각 부서에서 하는 업무는 공유되지 않는다. 받은 예산으로 각자의 사업을 기획하는 방식이라 소통이 되지 않는 구조이다. 또한 학부모에 대한 이해가 부족한 담당자가 대부분이라 담당자의 인식 부족도 한몫을 한다고 볼 수 있다. 일반행정직은 학교 현장의 구조나 학부모의 성격을 제대로 알지 못하고, 교육전문직원(장학사, 장학관)도 학부모를 교육 주체로 바라보기보다는 연수를 해줘야 하는 수동적인 존재로 바라보는 경향이 강하다. 간혹 일부 악성 민원을 넣는 학부모로 인해 전화를 기피하기도 한다. 학부모 업무를 한 담당자가 지속적으로 맡지 않는데, 학부모 업무를 하게 되면 민원 전화가 많이 와 기피 업무로 여기기 때문이다. 때문에 한 담당자가 몇 년 이상 그 업무를 담당하기 힘들다. 담당자는 대개 6개월에서 1년 사이로 순환하며 교체된다.

단위 학교-지역 교육청-경기도교육청(남부, 북부 청사)-교육부가 학부모 정책을 각각 별개로 만들고 있는 것이다. 교육부의 지시에 의해서 하위 기관들이 움직이기도 하나, 정책적인 필요에 따라 각자의 사업을 만들기도 한다. 그러나 대부분 내용은 대규모 연수(강좌)로 이어지는 경우가 많아 사업 주체가 다르더라도 특색 있는 사업이라고 볼 수는 없다. 이러한 연수에 대한 학부모의 인식을 조사하면 시행 주체가 어디인지 모르고, 관심도 없는 경우가 많다. 이렇다 보니 학교장이 개최한 연수도 교육감이나 교육부 장관 탓을 하는 경우도 있고, 그 반대인 경우도 있다. 이러한 현상의 원인을 학부모의 무관심 때문이라고 보는 시각도 있을 수 있으나, 교육청에서 학부모 교육을 할 수 있는 제대로 된 시스템을 만들지 않아서 그렇다고 해석할 수도 있다.

학부모에 대한 이해 부족, 정책 마련에 걸림돌이 되고 있다

현재는 대개 평일에만 지속되는 참여 행사 및 연수를 실시하고 있다. 학부모 참여 사업은 초·중·고 급별로 다르지만 보통 학교의 일정에 따라 평일 2~5시 사이에 이루어지는 경우가 많다. 학부모 총회, 학부모 상담도 이 경우를 벗어나지 않는다. 직장을 가진 학부모들은 대부분 연가나 조퇴의 어려움 때문에 주기적인 참여가 쉽지 않다. 학부모를 민원이나 강제 동원의 대상으로만 여기는 현실과 교육 주체로 인정하지 않는 것도 문제다. 학부모는 울며 겨자 먹기로 동원되어 학교나 교육청 행사에 참여하는 경우가 많다. 가령 교실 청소(초등 저학년), 급식 검수, 교통지도, 시험감독, 청소년단체 후원회, 학부모회 등이 대표적인 경우다. 학부모들이 거론하는 학교에 대한 주된 불만은 이런 현실을 바탕으로 한다. 여성 학부모인 어머니 위주인 것도 수정되어야 할 부분이다. 학부모 참여 중 아버지가 참여할 수 있는 학교 정책이 많지 않다. 그나마 형식적으로라도 아버지회가 조직되지만, 실질적인 역할 부여보다는 상징적인 곳이 많다. 일부 의식 있는 교장들이 아버지회를 통해 학교폭력을 예방하고, 선도한 사례가 종종 나오고는 있지만 시스템이라기보다는 단위 학교 사례에 그치고 있어 아쉬움이 크다.

무언가를 하려면 공간이 확보되어야 하는데 그런 것도 없다. 학부모들이 모일 공간이 거의 존재하지 않는다. 학교 운영위원회실은 일부 특정 학부모만 출입이 가능하고 그마저도 자주 들락거릴 수 없다. 학교 도서관 등을 활용할 수 있으나 학생들이 자주 이용하여 출입에 제한이 따른다. 때문에 학교 인근 커피숍에서 소수만이 모여서 정보를 공유하는 정도다. 학교 빈 교실의 주말, 야간 개방 등을 요구하고는 있으나 학교에서 거부하는 사례가 종종 발생한다. 교육청이나 각종 센터도 유휴 공간이 적어 상황은 별반 다르지 않다. 지자체에서도 학교 개방에 대한 요구를 하고 있으나, 학교의 반응은 비슷하다고 볼 수 있다. 최근 경기도의회가 학교 개방에 대해 관심을 가지고 조례를 만들려고 하고 있으나, 실효성이 떨어질 가능성이 크다. 가장 큰 이유는 안전사고에 대한 책임 문제로 학교장들이 꺼려 하기 때문이다. 이를 해결하기 위해서는 인사·감사 시스템이 결부되어서 학교 개방을 할 수 있도록 배려해줘야 하는데, 사고가 터지면 학교장에게만 책임을 물으니 개방이 안 되고 있는 것이다.

학부모의 성장을 가로막는 획일화된 학부모 정책

대표적인 학부모 참여 행사 중 하나는 대규모 강의(연수)다. 교수, 교장, 유명 인사, 전문직 등 명망가가 하는 대규모 연수는 외부에 보이기도 좋고 일정한 참여율이 확보되기 때문에 가장 많이 이루어진다. 이런 대규모 강의를 듣는 학부모의 만족도는 높을 수 있으나, 지속성 측면에서는 아쉬움이 있으며 실질적인 학부모의 성장과는 괴리감이 있다. 쌍방향 소통이 아니라 일방향 소통이기 때문에 궁금한 점을 해소하기에도 힘들다. 대규모 강의를 권역별로 실시하더라도, 한 지역 교육지원청당 정해진 인원으로 배치된 연수이기 때문에 많은 학부모가 참여하기 힘든 단점도 존재한다. 이 외에 학부모가 교육정책에 참여할 수 있는 방안으로 단위 학교의 학생 상담, 학부모회, 학부모 노동력 필요 정책 참여 등이 있고 제한적으로 학교운영위원회나 학부모단체 간부의 경우 교육청 정책 자문으로 몇 명 정도 참여할 수 있다. 학교문화를 이해할 수 있는 자리가 없어, 학부모가 성장할 수 없는 현실도 문제라 볼 수 있다. 정책 담당자는 학부모가 학교문화를 이해하도록 도와주어야겠다는 관점을 가지지 않는다. 단지 학부모들이 학교문화에 대한 이해가 부족하다고만 생각한다. 이들은 학부모가 교육정책에 참여해야 한다는 생각이 없다.

학부모들이 학교문화를 이해할 기회가 없다. 이해하지 못하기 때문에 표면적인 것이나 형식적인 것으로만 어렴풋이 이해하고, 학교가 돌아가는 현실을 학생을 통해서 대략적으로 판단할 수밖에 없다. 그로 인해서 많은 오해가 발생하기도 한다. 학부모가 교육정책에 대한 정보를 얻는 매개체는 교육청이 아닌 학교다. 하지만 학교의 교직원들은 대개 학부모들을 기피하는 경향이 있다. 학부모가 움직이면 피곤해진다고 생각하기 때문에 되도록 멀리하거나 만나지 않으려 한다. 최근 들어 학부모 대상 촌지, 금품 수수 사안이 자주 발생한 것도 한몫을 하였다. 우리가 생각해봐야 할 것은 학부모가 촌지나 금품을 제공하면서까지 학교에 오는 이유이다. 학교에 대해서 잘 모르니 불안한 학부모들은 그렇게까지 해서라도 학생에 대한 정보를 얻고 싶어한다. 조금이나마 내 아이에게 긍정적이고 도움이 되는 정보를 얻기위해 학교를 찾는다. 현재 학교에서 받아주는 시스템이 없기 때문에, 많은 정보를 쉽게 얻으려면 학부모회나 학교운영위원회를 해야 한다. 대다수의 학부모들은 여건이 되지 않거나, 그들 사이에서도 부정적인 인식이 존재하기 때문에 꺼려 한다. 학부모들은 아직까지 학교라는 공간을 어려워하고 이는 학부모의 참여 활성화를 저해하는 요소가 된다.

학부모회와 일반 학부모의 소통 부족

학부모회 구성은 자발성이 있어야 하고, 그들에게 일정한 역할이 주어져야 하며 이 과정에서 논의된 사항이 일정 부분 교육정책에 반영되어야 한다. 학교운영위원회는 의결기구이므로 이것이 가능하나 학부모회는 후원기구의 성격으로 존재하는 경향이 짙다. 그러므로 금전적인 부담이 많아 기피하게 되고, 아무도 하려 하지 않으니 자녀가 정·부반장이 된 학부모가 어쩔 수 없이 울며 겨자 먹기로 참여하는 경우도 많다. 한편 이렇게 구성된 학부모회의 의견은 일반 학부모들과 공유될 기회가 많지 않다. 친분이 있는 사람들끼리 일부 정보를 공유할 뿐이며, 그 정보도 신뢰성을 바탕으로 하지 않는다. 일부에서는 학교나 교사에 대한 악의적인 소문이 돌기도 하는데, 이는 학교를 자주 출입하는 학부모들 사이에서 나오기도 한다. 이런 일을 겪은 교사들은 학부모회는 필요악이라고 생각하기도 한다. 없애버려야 한다고 극단적인 주장을 하는 교사들도 있다. 서로에 대한 오해와 간극이 큰 것이다.

과거에는 학부모회에 대한 예산 지원이 전혀 없었다. 지금은 일부 시·도 교육청에서 지원하고 있는 곳이 있다. 200~300만 원가량의 많지 않은 예산인데, 학부모 참여 정책 예산 부족도 활성화에 큰 제약이 된다. 학부모가 학교교육정책에 제대로 참여할 수 있도록 하려면 현실적인 예산이 있어야 한다. 결국 의지를 가지고 참여하려는 학부모들의 호주머니를 터는 경우까지 생긴다. 어렵게 참여하더라도 예산 사용에 대해서는 접근하기가 현재로서는 매우 어렵다. 예산 사용권은 교사에게 있기 때문이다. 교사 주도하에 행정 처리를 한 후 행정실에 품의를 요구해야 한다. 때문에 학부모들은 담임교사가 담당자면 눈치가 보여서 쉽게 사용하지 못하는 상황이 오기도 한다. 교사들에게 상전을 모신다는 이야기를 들을까 걱정하는 경우도 생긴다. 유력 정치인이나 지역 유지의 자제가 있는 등의 특정 학교에 학부모 예산이 집중된 것도 문제가 된다. 교육부에서 추진하는 학부모 시범 사업들에 천만 원 이상 되는 거액의 예산이 배정되어 있지만, 지역별로 따지면 몇몇 소수 학교에 그치고 있다. 여러 학교에 적당 예산을 분배하는 것이 더 좋은 방법임에도 특정 학교에만 거액을 지급한다. 큰 금액의 예산을 받은 학교에서도 학부모 정책에 대한 획기적인 시도가 힘들고, 예산을 어떻게 감당해야 할지 몰라서 일회적인 체험이나 강의 예산으로 쓰게 된다.

다른 시·도 교육청과의 협력관계도 만들어가야 한다

학부모 사업, 학부모회에 대한 학교 간 연계도 부족하지만, 시·도 교육청 간 연계도 부족한 실정이다. 연결고리가 없고 연계 의지가 없기 때문에 만들어지지 않는다. 간혹 교육부가 우수 사례 발굴을 위해 사례 조사를 한 다음에도 피드백이 없다. 지자체 평생교육 차원에서 하고 있는 학부모 교육도 우수한 사례가 있지만, 교육청과 연결되지는 않는다. 때문에 학부모들은 경기도교육청에서 하고 있는 마을교육공동체 사업과 지자체에서 하고 있는 마을공동체 사업의 차이도 모르고, 방향성이 다른 것으로 인식하고 있다. 지자체 담당자들은 학교나 교육청에서 원활한 협조를 해주지 않는다면서 불만을 제기한다. 특히 학부모 사업으로 학교 시설을 개방할 것을 요구해도 교육기관은 절대 움직이지 않는다고 한다. 학교나 교육청은 앞서 언급했듯이 학부모가 사용하도록 시설을 개방할 경우, 안전사고가 나면 학교장이 징계를 받는 상황이라 어쩔 수 없다고 피력한다. 제도적으로 사고에 대한 책임을 면할 수 있는 보험 등의 해결책이 있는데도, 누군가가 나서서 적극적으로 움직이지 않기 때문에 개선이 되지 않는다.

학부모 정책이 활성화되려면?

학부모 정책 컨트롤 타워를 신설하고 학부모 정책의 현장성 강화를 위한 지속적인 연구 개발 정책을 업데이트해야 한다. 학부모가 원하는 학부모 참여 정책을 만들기 위한 지속적인 정책 연구를 실시해야 하고, 그들의 목소리를 들을 수 있는 창구가 필요하다. 상시적으로 학부모 의견을 들을 수 있는 온라인 설문 시스템, 양방향 소통 채널 등을 신설할 수 있다. 또한 권역별, 지역별 학부모 간담회를 정례화하고 그 결과를 바탕으로 종합보고서를 분기별로 작성한 후 정책 피드백이 있어야 한다. 이는 유-초-중-고가 연계된 정책이어야 하는데 학부모 정책 컨트롤 타워를 신설해서 유-초-중-고, 직속기관과 센터를 연결할 수 있는 권한을 부여하면 해결될 것으로 생각된다. 컨트롤 타워 장소는 교육정책에 있어 최우선순위가 되는 곳에 연결되어 있어야 한다. 경기도교육청으로 따지면 교육감 비서실, 정책기획관실에서 교육감에게 항상 직보할 수 있는 위치로 장소를 선정하면 가능하다고 본다.

학부모가 배우기만 하는 위치라는 생각도 바꿔야 한다. 학부모 정책 전문가를 담당자로 초빙, 외부 정책 전문가를 개방직 공무원으로 들어오게 하거나 시민단체, 학부모단체에서 학부모 정책 전문가 강사로 학부모를 섭외하는 것도 가능하리라 본다. 그 외에도 학부모 모임 지원, 동아리 모임 지원이 이어져야 한다.

또한 공간이 있어야 하므로, 학교 유휴 교실을 활용하거나 지역 내 학부모센터를 만들어 활성화해야 한다. 학부모 정책 아카데미나 학위 과정도 신설해서 교육정책에 대한 욕구가 있는 이들을 수용할 필요도 있다. 학부모를 민원인으로만 보는 것이 아니라 교육 파트너로 인정하면서 그들의 아이디어를 수용하는 것이다. 앞서 언급한 혁신교육지구 사업을 통해 예산을 확보하고, 궁극적으로는 학부모들이 모여서 함께 교육정책을 기획할 수 있는 학부모지원센터나 기관을 만드는 것이 가장 좋은 모델이다. 학교나 교육청의 눈치를 보지 않고, 학부모들의 의지로 학생을 위한 교육을 할 수 있는 날이 오기를 기대해본다.

우리 학부모는 어디로 가고 있나!

교사 대상 폭력 사건은 어제오늘의 일은 아니다. 중·고등학생에 의한 교사 폭행도 빈번하지만, 학부모가 교사를 폭행하는 일도 심심치 않게 등장한다. 최근에는 법원에서 교사 대상 폭행 사건에 징역형을 선고하는 사례도 생겨나고 있다. 그러나 앞서 언급했다시피 학교에서 쉬쉬하는 경우가 많기 때문에 언론에 알려지는 것은 극히 일부이다. 다음은 2015년 일어난 사건에 대한 기사다.

A씨는 2015년 4월 8일 오전 8시 45분쯤 대구 모 초등학교 1학년 교실에서 수업 중인 교사 B(39·여)씨의 머리카락을 붙들고 벽에 머리를 내리치는 등 수차례 폭력을 휘두른 혐의다. A씨는 신고를 받고 출동한 경찰관에게 영장을 가져오라고 소리 지르며 경찰관 가슴을 때리고 손가락을 꺾어 다치게 한 혐의도 받고 있다. 조사 결과 A씨는 전날 자기 아들이 교실에서 크레파스를 집어던져 B씨가 나무라는 과정에서 머리를 1차례 때린 데 항의해 학교를 찾았다가 이 같은 일을 벌인 것으로 밝혀졌다.[1]

교육부는 2016년 1월 학교폭력 근절 대책으로 학생의 교사 폭행 사건 등의 재발을 막기 위해 교권 확립 방안을 마련하고, 4월 중에 교육활동 보호 매뉴얼을 제작해 보급할 계획이라고 밝혔다. 그러나 현재 학교에서 벌어지는 일들이 매뉴얼이 없어서 생긴 문제는 아닐 것이다. 학부모 민원의 오해와 진실, 그리고 대안은 무엇일까.

학부모 민원 유형

학부모 민원의 유형은 다양하다. 정말 사소한 민원서부터 최악의 경우는 담임 교체 요구, 담당자 징계 요구까지 다양하게 나타난다. 워낙 유형이 많아서 모두 다 설명하기는 어렵지만 크게 몇 가지를 나눠보겠다.

1. 생활지도 관련 민원
2. 성적 관련 민원
3. 학교폭력과 급우 간 다툼, 급우관계에 대한 민원
4. 정보의 부재에서 오는 궁금한 사안에 대한 민원
5. 입시와 관련된 민원(수능, 모의고사 등 중·고교에서 주를 이룸)
6. 학생의 진로·진학에 대한 상담 민원(특목중, 특목고, 자사고, 대입, 유학 관련)
7. 교육정책, 제도 법규에 대한 궁금증에 대한 민원(자유학기제, 혁신학교, 돌봄교실 등)
8. 새로운 아이디어를 제안하는 민원

9. 학생 개인의 가정교육과 인성에 대한 민원

10. 사교육에서 오는 민원

11. 체험학습, 안내장, 학교 행사, 소지품, 준비물 등 각종 학생 생활 민원

12. 기타(학생 상해 사건 등)

워낙 많은 학생이 함께 생활하고 그들 사이에서 많은 일들이 벌어지기 때문에 이를 모두 적기란 쉽지 않지만, 이 정도 범위에서 대부분 설명할 수 있지 않을까 싶다.

학부모는 학생의 학교생활 전반에 대해 많은 것을 궁금해한다. 그래서 담임교사나 담당 교사에게 많은 질문을 하지만, 원하는 대답을 시원하게 듣지 못할 때가 종종 있다. 그 이유는 학생 수에 비해 교사의 수가 적어 교사 한 명이 학급의 모든 사항을 속속들이 알기에는 시간이 부족하기 때문이다. 만약 학급당 인원수가 15명 내외라면 학생의 집에 어떤 사정이 있는지, 그 학생의 장단점이 무엇인지, 학교에서 어떤 일이 발생했고 학생들끼리 누가 사이가 좋지 않은지 등을 모두 파악할 여력이 될 것이다. 그러나 현재는 교사 1인당 담당해야 할 학생이 30명이 넘는다(지역별 편차가 심하지만, 전국 학생 수의 4분의 1이 있는 경기도는 40명이 넘어가는 곳도 상당수 있다). 학부모들은 교사의 능력이나, 태도를 탓하는 경우가 많지만 앞서 언급했듯 기본적으로 교사의 능력 부족이 아닌 현실적 불가능 요인이 대부분이다. 그리고 초등학교는 담임이 교실에 하루 종일 상주하는 관계로 그나마 학생들에 대해서 자세히 아는 편이지만, 중·고등학교에서 담임교사는 담당 과목 시간 외에는 조례와 종례 때를 빼고 함께하는 시간이 많지 않다. 교실에서 어

떤 일이 벌어지는지 나중에야 아는 경우가 많고, 사춘기가 된 학생들은 그 내용을 담임교사나 부모에게 잘 얘기하지 않는다.

점점 심각한 상황으로 진행되는 학교폭력위원회

예를 들어 중학교에서 친한 친구 둘이 점심시간에 운동장에서 주먹다짐을 했다고 하자. 담임교사는 모르고 있었고, 더 많이 맞은 학생이 억울해서 학교폭력위원회에 신고했다고 한다. 신고가 되면 학교폭력 사안이 발생한 것이므로 학교폭력위원회가 열리게 되고 가해자와 피해자가 나뉘어서 학생 부모들까지 다투는 상황이 발생한다. 가해자 부모는 친한 친구끼리 싸울 수도 있지 호들갑이냐고 하고, 피해자 부모는 사람을 때려놓고 무슨 큰소리를 치냐고 말한다. 담임교사는 이들 중간에서, 상황 파악도 제대로 못한 무능력한 교사가 된다. 이에 가해자와 피해자 양측 학부모들은 격앙되어서 학교나 담임을 나무라게 될 것이다. 어찌 되었든 간에 학교폭력위원회가 열리면 가해자는 징계를 받게 되고, 심할 경우 학생부에 기재하게 된다.

2012년부터 학교폭력과 관련 징계 내용을 생활기록부에 기재하도록 법으로 강제하면서, 학생 소송이 크게 느는 추세다. 학교폭력 사안 기재로 인한 소송은 2014년 서울에서만 10건이 넘었다. 이런 과정에서 중·고등학교에서는 작은 일이 침소봉대되어서 부모들의 싸움이 되고, 학교폭력 사태로까지 커지는 일이 비일비재하게 일어나고 있다.

물론 폭력은 잘못된 행동이다. 그런데 과거에는 학생들 사이에 흔히 일어나는 일이라 서로 사과하고 언제 그랬냐는 듯이 잘 지낼 만한 일도 '학교폭력'이라고 이름 붙여지는 순간 다툼이 커지고, 처벌 위주의 처리가 이루어진다. 특히 중학교는 사소한 다툼이 워낙 많은 곳이다 보니, 학교가 하루라도 조용할 날이 없는 상황이다. 물론 학교폭력위원회가 심각한 사태를 방지할 수도 있고, 정말 꼭 필요할 때가 있다. 하지만 지금은 학교폭력위원회가 너무 남용되고 있지는 않나 하는 생각이 든다. 학교의 상황을 이해하지 못한 교육정책의 시작이 가장 큰 원인이고, 학부모들의 피해 보지 않으려는 생각과 내 자식만 생각하는 이기심으로부터 비롯된 상황이다.

학교폭력 사건이 발생하면 교사들이 처리해야 할 행정적인 일, 민원에 대한 스트레스, 관리자의 압박 등 견뎌야 할 것이 너무 많다. 그래서 학교폭력 업무는 교사들 사이에서 기피 업무 1순위이다. 사소한 다툼이 많아 귀찮아진 교사들은, 급우 간 다툼이 발생해도 그대로 학교폭력위원회에 넘겨버리기도 한다. 교사들의 잘못도 있겠지만, 교사 1인당 학생 수가 너무 많은 것도, 행정 지원이나 지원 인력이 적은 것도 문제다.

무엇보다 학교폭력위원회가 열리면 일단 가해자와 피해자를 구분한다는 것 자체가 현실적이지 않다. 마치 자동차 사고에서 보험처리를 할 때 가해자와 피해자가 생기는 것과 같다. 자세한 전후 맥락을 알지 못하는 상황에서 '너는 몇 대 때렸고, 너는 몇 대 맞았으니 너는 가해자, 너는 피해자이다. 가해자는 처벌을 받아야 한다.' 이런 논리이다. 교육부나 중앙정부에서 조사하는 학교폭력이란, 이런 비율까지 모두 포함되는 것이다. 일단 사안이 접수되어 학교폭력위원회가 열리기만 하면 그것이 셈에 포함되기 때문이다.

이런 상황은 담임교사가 생활지도를 전적으로 책임져야 하는 구조에서 기인한다. 교사들이 생활지도에 대한 전문 교육을 받을 기회는 많지 않다. 노하우가 쌓인 교사가 아니면 단순한 학생 다툼이 커지는 것을 해결하기는 힘들다. 최근 들어 교사에 대한 불신이 커진 상황에서는 더욱 개입하기 어렵다. 중·고등학교에서 교사들이 담임을 기피하고, 비담임을 선호하는 이유는 학급에서 일어나는 여러 가지 일들 가운데 책임져야 할 일이 너무 많기 때문이다. 그 수고에 대한 대가인 담임수당 13만 원은 안 받고 안 맡겠다는 사람이 대부분이다. 이것은 수당의 문제가 아니라 학생 생활에 대한 시스템의 문제이다.

교사가 학생 생활 전반을 책임져야 한다?

교사는 학교에서 수업, 교육과정, 생활지도, 입시 관련 지도, 진학지도, 성교육, 인성교육, 담당 업무 처리 등을 해야 한다. 교육부나 중앙정부에서 내려오는 행정업무 처리를 비롯해, 학교 안에서 벌어지는 학생 관련 모든 일은 담임교사의 책임인 것이다. 현재의 구조 속에서 이를 한 명의 교사가 감당하기란 쉽지 않다. 이 모든 것을 다 하라고 하면, 대부분 형식적으로 구색 맞추기에 급급하게 된다. 문제가 발생하면 담임교사가 책임져야 한다는 구조가 언제부터 시작되었는지 모르겠지만, 공교육에 대한 학부모의 신뢰가 흔들리게 된 데에는 담임에게 모든 책임을 지우는 구조도 한몫을 했을 것이다.

학교폭력뿐 아니라 학생 상해 사건도 원리는 비슷하다. 혼자 다치는 사고는 학교안전공제회의 보험료가 지급된다. 가해자가 있다면 가해자 부모에게 민사상의 책임을 물을 수 있다. 물론 학교시설 관리가 잘못되었다면 학교장에게도 책임을 물을 수 있다. 그러나 최근 들어 발생하는 학생 안전사고의 경우 학생 상해 정도가 심하다면 담임과 학교 측을 상대로 소송을 제기하거나, 소송을 하지 않는 대가로 합의금을 요구하는 사례도 있다. 주변에서도 소송 무마를 대가로 학교장, 교감, 담임이 3000~5000만 원, 많게는 억대의 돈으로 합의한 경우를 종종 봤다. 그런데 내용을 들으면 기가 막히다. 거의 학생 측의 일방적인 과실이라 학교 측에 잘못이 없고, 소송으로 가면 학교 측이 이길 확률이 큰 사안들이 대부분이었다. 그럼에도 교사들은 법원을 왔다 갔다 하는 동안 입게 될 정신적인 피해가 싫고, 도의적인 책임의식때문에 합의금을 주겠다고 하는 것이다. 소송을 평계로 중간에 돈을 받아주겠다는 브로커나 지인들이 끼면서 합의금 액수가 커지기도 한다. 극히 일부지만 사고를 건수로 학교에 불순한 의도로 접근하는 학부모들이 생겨나고 있다. 이런 방법이 주변에 많이 알려져 사례가 늘어날수록 교사들의 사기는 저하되고, 학부모에게는 무기가 되기도 한다. 교육청에 법적 자문을 요청해도 알아서 하라는 식이거나, 소송이 제기되면 피곤해지니 그전에 합의하고 끝내라고 유도하기도 한다.

이런 경험을 가진 교사들이 지속적으로 늘고 있지만 교사가 생활지도를 해야 한다는 원칙은 그대로 유지되고 있고, 사건이 벌어지면 가장 약자의 입장이 된다. 이런 일들을 보고 들은 교사들은 학부모들에게 거리를 두게 되고, 대부분의 선량한 학부모들과도 가급적 마주칠 일이 없기를 바란다. 담임 기피 현상을 막을 근본적인 대책은 담임수당 인상이나 승진가산점이 아닌, 생활지도와 수업을 분리하는 일임을 아는 이들은 많지 않다.

교사는 슈퍼맨이 아니다

교사에게 재량권이 없는데, 매뉴얼 하나 내려보낸다고 무언가 달라질 것이라고 생각하는 사람들은 학교 현장에 한 번도 와보지 않은 사람들이다. 중앙정부는 각종 사안을 은폐하는 교장은 처벌하겠다고 한다. 그런데 학교폭력 사안이 발생하고 민원 제기가 많아지면 시·도 교육청이나 지역 교육청에서는 교감, 교장의 근무평가 점수를 낮게 주거나 감사를 한다. 관리자들에게는 사안이 발생하기 전에 은폐하는 것이 어쩌면 더 효과적일 수 있다는 판단이 들 수밖에 없는 구조다. 결국 교장·교감이 가장 손쉽게 취할 수 있는 방법은 무엇일까? 가해자와 피해자 학부모에게 별일 아니니 서로 화해하라고 독려할까? 그렇지 않다. 그냥 교사들보고 가서 알아서 해결하고 오라고 한다. 피해자 학부모가 소송을 제기하겠다고 하면 무릎 꿇고 빌고 오라고 말하는 이들도 여럿 봤다. 실제 그렇게 해서 사건이 무마되기도 하였다. 어찌 보면 서글프게도 교권은 교사 스스로가 무너뜨리고 있는 것이다. 이런 사안이 외부에 알려지면 사태가 발생할 때마다 피해자 학부모들이 더 기세등등하여서 학교장, 담임교사를 포함한 학교 측의 사과와 배상을 당당하게 요구한다.

왜 이렇게 되었을까. 공교육이 이렇게까지 된 데에는 모두에게 일정 부분 책임이 있다고 본다. 그러나 자세한 내막을 모른 채 그 모든 책임을 교사에게만 한정하고 있는 분위기이다. 그런 태도를 가진 부모 밑에서 아이들은 어떻게 자라날까? 학생이 잘못해도 항의하면 담임교사가 와서 무릎 꿇는 세상이 되어버렸다. 교사들의 권위는 땅으로 떨어진 지 오래다. 교사들의 권위가 떨어지면 그 밑에 있는 학생들도 행복하지 못하다. 아이들이 그런 권위 없는 교사 밑에서 자라는 것이 진정 학부모가 원하는 것은 아닐 것이다.

교사들은 슈퍼맨도, 안전 관리원도 아니다. 언제 어떻게 튈지 모르는 아이들에 대한 모든 책임을 교사가 지는 구조는 전 세계 어느 학교에도 없다. 교사들의 에너지의 총량이 제한되어 있으므로 동일한 시간 내에 중점적으로 해야 할 일을 정하고, 생활지도는 지역사회와 생활지도 전문가가 해야 할 필요가 있다.

예전에 같은 학교에 근무하는 영국 원어민 강사가 한국 교사들은 왜 학생 안전을 책임지느냐고 물었다. 우리나라 교육이 그렇다고 하니까, 매우 놀랍다면서 인상 깊다고 했다. 외국의 경우, 교사는 수업 전문가의 역할에 한정되어 있다. 상담은 교장선생님이나 상담 전문가가 하는 구조다. 안전을 담당하는 인력을 따로 두기도 한다. 우리나라처럼 교사가 생활지도와 수업을 병행하는 구조는 특이한 구조라고 볼 수 있는데, 예산을 아끼기 위해 그렇다는 인상을 지울 수가 없다. 예산을 투입하여서 학생 생활에 도움이 되는 인력을 배치하지 않고, 그냥 손쉽게 교사들에게 맡긴다. 교육공무원이고 가장 만만한 사람이라 생각하기 때문이다.

내 자식만 잘되면 된다는 생각은 우리 사회의 독!

악성 민원을 수시로 제기하는 학부모가 있지만 그것은 극히 일부이다. 대부분의 학부모는 자녀를 위해 함께 고민하고 자녀의 올바른 성장을 응원한다. 이런 학부모들이 공교육을 정화하고 한 단계 더 나아갈 수 있도록 올바른 역할을 해주어야 한다. 아직까지 공교육에서 현실은 그렇지 않다. 촌지 문제를 예로 들어보겠다. 촌지 문제가 과연 교사들만의 잘못일까? 가령 어떤 교사가 촌지를 받았다고 언론에 나오면, 해당 기사 댓글에는 교사집단을 맹렬히 비판하는 내용이 주를 이룬다. 그런데 요즘 초·중·고등학교에서는 스승의 날에도 아무 선물을 주고받지 않는 것이 보편화되고 있다. 지속적인 외부 감시와, 교사집단의 자정작용, 사회적인 분위기가 그런 결과를 만든 것이다. 최근 들어 교사들은 외부의 부정적인 시각이 싫어서 스승의 날을 없애달라고 말할 정도다. 과거에 비해 많이 투명해졌다고 볼 수 있다. 아예 없어지지는 않았겠지만, 사람들의 노력과 관심으로 관행적으로 주고받는 촌지는 사라졌다고 말할 수 있다. 그러나 아직까지 사람들의 인식은 공교육에 대해서 색안경을 끼고 보거나, 비리 집단으로 매도하는 경향이 일부 존재한다.

교육열이 높기로 유명한 특정 지역에서는 교사들이 촌지를 요구하지 않아도, 학부모가 알아서 촌지를 주기도 한다고 한다. 어떤 교사는 받지 않겠다고 여러 차례 안내장을 통해 공개 선언 하였음에도 몇 번이고 교사를 찾아와서 주고 가거나, 버리려면 버려라 하고 주는 경우도 있다고 한다. 이런 학부모들은 대체 왜 그러는 걸까? 이유는 간단하다. 내 자식이 잘되길 바라면서 주는 것이다. 결국 다른 학생보다 한 번이라도 더 봐달라는 학부모의 이기심으로, 전체적인 규칙을 깨트리는 것이다. 그리고 그렇게 부정적으로 혜택을 받은 학부모들은 다른 학부모들에게 알리고, 교사들의 비리를 양산하는 꼴이 된다. 주는 사람과 받는 사람, 누가 더 나쁜지 따질 수 있을까? 내 자식만 잘되면 된다는 생각을 가진 학부모나, 그런 학부모들을 타일러서 보낼 생각을 안 하고 결국 받아버리는 교사나 둘 다 똑같이 문제가 있다. 그런 일부의 교사 때문에 선량한 교사들이 매번 스승의 날에 주위의 시선을 피해야 하고, 학생이 손수 만들어준 편지도 돌려보내야 하는 현실이 서글프다. 정말 이럴 바에는 스승의 날을 2월로 옮기든가, 폐지하는 것이 나을 수도 있겠다. 교사집단만이 유일하게 교사를 기념하는 날인 스승의 날을 부끄러워하는 것이 어디 정상인가. 문제를 일으키는 이들은 전체 교사를 대표하지도 않고, 개인의 문제로 봐야 한다는 생각이다.

공교육의 수준이 국민들에게 이 정도밖에 안 되는 것인지 잘 모르겠다. 그러나 이런 것도 결국 교사집단 스스로가 만들어놓은 유산이거니 하고 받아들여야 할 것 같다. 어쩔 수 없지 않은가. 몇십 년이 걸리더라도 앞으로는 그러한 인식이 깨질 수 있도록 노력할 수밖에 없다.

학부모들의 의견을 받을 수 있는 통로를 만들어야 한다

올바른 자녀교육에 대한 바람과 욕심을 가진 학부모, 똑똑한 학부모들은 많다. 그러나 학부모들 스스로가 자정할 수 있는 분위기를 만들고, 그들이 교육정책에 참여할 수 있는 정책을 적극적으로 만들지 않는다면 현재와 같이 교사와 학부모는 평행선을 달릴 수밖에 없다. 학부모가 적극적으로 학교교육에 참여하려 해도 학부모를 어렵고 피곤한 존재로 인식하는, 넘기 어려운 벽을 가진 학교문화도 문제가 있다. 교사집단을 제외한 모든 이들은 학교의 높은 담장에 대해서 비판한다. 지자체 관계자, 학생, 학부모, 시민단체, 학계를 포함해서 말이다.

학부모들이 가진 에너지와 문제의식을 담아 정책으로 전환할 수 있는 기관이나 통로가 필요하다. 최근 공식적으로 아버지회가 만들어진 학교는 학교폭력이 줄었다는 보고가 나오고 있고, 이들이 남교사들과 체육활동 같은 친목활동을 하면서 학교 분위기가 좋아졌다는 우수 사례도 있다. 학부모의 적극적인 학교 참여는 앞서 언급했던 폐쇄적인 학교문화에서 비롯된 여러 부정적인 이미지와 문제들을 해결하는 촉매제가 될 수 있다. 그들이 학교를 이해하고, 공교육의 한 주체로서 자리매김할 때 스스로 자정 능력을 가질 수도 있고, 문제 있는 학부모에게도 경종을 울릴 수 있을 것이다. 그러한 역할을 교사가 하게 되면 갈등이 생기겠지만, 같은 학부모끼리는 그렇지 않을 수 있다.

지금 학교교육에 참여하는 학부모들은 주로 학교운영위원이나 학부모회에 소속된 특정 소수 인원이다. 전체 인원에 비해 워낙 소수이다 보니 원활한 정보 공유가 되지 않는 경우도 있고 이로 인한 문제가 생기기도 한다. 일반 학부모들과 적극적으로 소통하지 않고, 어떤 학부모들은 학교운영위원회를 이익단체처럼 생각하여 문제가 발생하기도 한다. 어떤 학부모든 적극적으로 참여할 수 있는 통로가 있다면, 특정 학부모의 독주로 인한 문제 또한 해결할 수 있을 것이다. 최근에는 교사들보다 더 교육적인 마인드와 정책 감각이 있는 학부모들도 볼 수 있다. 그들이 적극적으로 의견을 개진하고, 그들의 의견을 반영할 수 있는 구조가 된다면 공교육 발전에 큰 도움이 될 것이다.

교육 주체들이 서로를 이해하기 위해서는 만날 수 있는 자리(공간, 시간)를 마련하고 정확한 역할이 명시되어야 한다. 이를 통해 학생 상해 사건이나 학교폭력 사건, 교권 침해 사건 등 학교에서 일어나는 각종 문제를 지혜롭게 해결할 수 있을 것이라고 본다. 공론화의 과정이 가능한 집단이라면 어떤 복잡한 사안이라도 민주적으로 해결할 수 있고, 보다 나은 해법을 제시할 수 있을 것이다. 일부 혁신학교에서는 이런 학부모 참여가 활성화되어 있지만, 아직까지 일반 학교에서는 엄두를 내지 못하는 것이 사실이다. 교육정책을 담당하는 이들이 제도와 시스템을 고민하여야 할 시점이고, 이것이 학교가 나아갈 미래이다.

1. 『서울신문』 2015. 4. 9.

VI

한계에 다다른 입시 위주 교육
-새로운 교육에서 대안을 찾자

공부 못하는 학생은 왜 생길까?

강의를 할 때마다 학부모들이 매번 물어보는 것이 있다.

"우리 아이는 머리는 좋은데, 공부를 못해요. 왜 그런 걸까요? 초등학교 때는 중간쯤은 했는데, 중학교 올라가니 하위권을 벗어나지 못해요."

공부 못하는 학생(이하 기초학습부진 학생)은 왜 생기는 걸까?

기초학습부진아 없애기, 무엇이 문제인가

우리나라는 국가 주도형으로 기초학습부진[1] 학생을 없애기 위해서 많은 예산을 투입하고 있다. 미국의 다이어트 산업, 한국의 영어 열풍, 그리고 기초학습부진 정책. 이들의 공통점은 모두 구호에 그치는 정책이라는 점이다. 투입하는 예산에 비해 실적이 저조하다는 것도 비슷하다. 기초학습부진아 판별을 위한 시험인, 국가수준학업성취도평가를 전수조사 하는 나라는 우리나라가 유일하다. 좋은 쪽으로 해석될 여지도 있지만, 교육정책을 아는 이들은 국가가 나서서 학생을 낙인찍는 것이라고 본다. 전수조사는 의미가 없고, 표본조사만 해도 되는 것인데 꼭 줄 세우기를 하고 만다. 그런데 문제는 공부 못하는 학생을 찾는 것까지는 잘하는데, 그 학생의 원인을 파악하고 그에 대한 체계적인 지원을 해주지 않는 것이다. 그냥 줄 세우기를 해서 공부 잘하는 지역을 발표하고 뒷일은 학교가 알아서 하고 책임지라고만 하는 것이다. 마치 누리과정의 축소판을 보는 듯하다. 일을 시작하는 이는 따로 있고, 뒤처리는 학교와 교사 몫이다. 추가 예산이나 인력 지원은 당연히 없다. 더군다나 학교별 변인, 즉 특수성을 고려하지 않는다. 다문화 학생이 많은 지역, 사교육이 많이 이루어지는 지역, 환경이 열악해서 학생이 성적에 신경 쓰기 어려운 지역 등을 고려하지 않고 무작정 성적순으로 줄을 세워 발표한다.

일례로 혁신학교 관련 사례가 있다. 경기도를 포함 혁신학교가 일부 성과를 올리자, 혁신학교는 학업 성적이 저조하다고, 그동안의 혁신학교 학생들의 성적이 일반 학교에 비해 낮게 나왔다면서, 보도자료와 정책연구를 발표하며 혁신학교를 비난하기도 하였다.[2] 반론을 하자면, 혁신학교는 원래부터 환경이 열악하고 학업성취도가 낮은 지역을 우선 선정하기 때문에 성적이 낮을 수밖에 없다. 혁신학교를 통해 학교와 학생이 변화하고 있고, 느리지만 성적 또한 확실히 향상되고 있다.[3]

기초학습부진 정책은 의미 없는 정책의 반복으로 현장이 외면하고 있다. 현재 학교마다 기초학습부진 담당자가 있는데 처리해야 할 일거리라는 것 외에 큰 의미가 없다. 국가 주도형으로 교사에게 모든 책임을 떠넘겨서 도덕적 해이를 방조하고 있다. 왜 그런가를 분석해보면 초등학생의 경우 기초학습부진 상황에 맞는 개별화 교육 전략이 없고, 중·고등학생에게는 문제아라는 낙인을 찍어, 학교를 떠나게 하는 탈공교육을 조장하고 있는 것이다. 학교는 기초학습부진아들을 국가수준학업성취도평가와 같은 학교 평가에 악영향을 끼치는 숨겨야 하는 존재로 인식한다. 이러한 사실을 학생들도 잘 알고 있다는 것이 가장 큰 문제다. 성적 위주로 줄을 세우고, 뒤쪽에 선 학생들은 낙오자로 여기는 잔인한 학교 현장의 현실을 보여주는 모습이다. 학업성취도가 낮은 학생들을 선별해서 낙인찍고 특별한 지원은 해주지 않고 있다고 보면 된다. 대도심에서는 기초학습부진이 없는 우수한 학교라고 광고하고 있고, 농어촌 지역에서는 많은 학생들이 기초학습부진아가 되어, 주변에서 더욱 기피 학교가 되어가는 악순환이 계속된다.

국가수준학업성취도평가는 미국의 전원성취교육법NCLB- No Child Left Behind에서 유래했다고 학자들은 보고 있다. 이 법은 미국에서 2002년 시작되었는데, 현재는 부작용으로 미국 내에서도 실패하였다는 평가를 받는 법이다. 참고로 미국은 아시아계를 제외한 히스패닉이나 흑인 등 대부분의 유색인종들의 고교 중도 포기율이 50%에 가깝다. 이러한 현상으로 인해 국가수준학업성취도평가를 만든 것이라, 우리나라와는 상황이 다르다. 문맹률이 전 세계적으로 가장 낮은 국가에 속하는 한국에서 국가수준학업성취도평가는 굳이 필요 없다. NCLB에 대한 자세한 참고사항은 다음의 표를 보면 될 것이다. 미국에서 실패한 법을 국내에 들여와 아직까지 중·고등학교 학생들을 대상으로 실시하고 있다는 것도 놀랍다. 이는 교육정책을 만든 이들이 대부분 미국에서 교육을 받은 영향도 있을 것이다.

미국의 교육표준지향 개혁(Standards-Based Reforms)과 NCLB법

- 교육표준지향 개혁이란 미국의 초·중등 교육 분야에서 연방정부 나 주정부가 미국 학생들의 학업성취도 제고를 목적으로 높은 수 준의 학업성취 기준을 설정하고 달성하도록 학교 현장에 강력한 책무성을 요구하는 인력의 교육개혁 조치.

- 미국의 경우 주정부와 지방의 학교구가 있기 때문에 교육에 대한 연방정부의 역할은 동등한 교육 기회 제공과 균등한 자금 배분에 대한 감독으로 그 역할이 제한. 부시 정부의 강력한 연방교육 개 혁안으로 전원성취교육(NCLB)법[4]을 추진.

- 2002년 1월에 발표된 이 법은 역사상 가장 획기적인 연방정부의 교육개혁 정책으로 평가. 네 가지 특징이 있는데, 다음과 같음.

1. 결과에 대한 책임. 각 학교들은 학생의 성취에 대해 책임을 가지 고 있으며, 정해진 기준을 충족하지 못한 학교는 보완책을 강구하 고 지속적으로 기준을 충족하지 못하면 구조조정이나 예산 감축 등의 강력한 조치.

2. 학교 운영의 자율성 확대. 기준을 충족한 학교는 연방정부의 재정 을 자율적으로 활용하여 학생의 성취도를 제고하는 데 필요한 프 로그램을 운영.

3. 학부모의 학교 선택권 확대. 2년 연속으로 학업 성취의 기준을 달 성하지 못한 실패한 학교에 재학하는 학생은 동일 학군 내 다른 학교로 전학할 수 있는 선택권 부여.

4. 효율적인 교수학습 방법의 강조. 연방정부에서 지원하는 재정은

효율적으로 입증된 교육 프로그램에 활용.

긍정적인 평가도 있었지만, 학교 현장의 모든 문제를 해결할 수는 없으며, 오히려 각 상황을 고려하지 않은 일률적인 잣대와 여전히 부족한 자금 지원으로 오히려 "모든 아동을 뒤처지게 하고 있다"라는 주장도 제기. 시험 난이도를 일부러 낮게 책정하거나, 성적부진아를 탈락시키는 도덕적 해이, 연방정부의 지원 부족으로 주정부의 재정 부담 증가, 높은 자격 요건을 요구함으로써 교사가 부족한 문제 등의 문제가 제기. 실패한 학교라는 불명예를 피하기 위해 시험 점수를 높이기 위한 방법만 가르쳐 학교교육과정을 협소하게 만들거나, 역사적으로 높은 수준의 학력 성취와 졸업률을 자랑해오던 학교들마저 실패한 학교라는 오명을 얻게 됨.

기초학습부진아들은 어떻게 양산되는가

초등학생 때 판별된 기초학습부진아들 중 많은 수는 기초학습부진을 벗어나지 못한 채 중·고등학교에 진학해 부진아로 낙인찍히고, 심한 경우 공교육 이탈로 이어진다. 입시에 매진하는 중·고등학교의 수업 시간은 그들에게는 견뎌야 하는 시간이다. 알 수 없는 용어가 반복되고, 이해가 안 되는 수업 내용을 듣고 있는 것이 고역이다. 이는 탈북·다문화 학생들의 경우와 유사하다. 탈북·다문화 학생들은 간혹 따로 통계를 잡기도 하지만, 대부분 기초학습부진아들이다. 따로 분류를 하는 경우도 있지만, 한국 국적을 가지고 있는 이들을 따로 분류하지는 않는다. 그렇기에 한글을 제대로 모르거나, 기타 환경적 문제가 있는 경우 등을 감안하지 않고 똑같이 시험을 치르게 하고 부진아로 낙인찍어버린다. 이들의 수가 엄청난데, 현재 다문화 학생 수만 하더라도 6만 7806명으로 1년 전보다 1만 2026명(21.6%) 증가했다. 전체 학생(633만 4000명) 대비 다문화 가정 학생의 비율은 1.1%로, 처음으로 1%대를 넘어섰다.[5] 이런 추세로 간다면 다문화 가정 학생 수는 3년 안에 10만 명을 넘어설 것이라는 전망도 나온다. 다문화 가정 학생 수 증가는 기초학습부진아의 증가를 말한다. 물론 다문화 가정 학생이 모두 기초학습부진아는 아니다. 그러나 현실적으로 중도 입국 자녀나, 한국어를 못하는 어머니를 둔 학생들은 대개 학교 교과를 따라가기 벅차하는 것이 사실이다. 이들을 체계적으로 지원할 대책 없이 부진아로 판별만 하는 것은 누구를 위한 것일까.

기초학습부진 정책은 유·초·중·고 학교 현장에 대한 이해도가 낮은 대학교수와 행정 관료들이 중심이 되어 만든다. 결국 교육부의 방식은 진단 후 줄 세우기, 기초학습부진아 제로화를 선포하는 등 전시 행정 방식이 대부분이다. 대표적으로는 시·도 교육청 평가지표 반영, 기초학습부진에 대한 승진점수 및 연구학교, 성과급 반영, 교육과정에 반영하라고 단위 학교를 압박하는 방식에서 벗어나지 않는다. 하도 교육청을 압박하니 점수 조작을 하는 지역 교육청도 생겨났다.[6]

기초학습부진아는 단기간에 없앨 수 있는 것이 아니다. 오랜 시간 동안 옆에서 지원해줄 누군가가 있어야 한다. 외국처럼 보조 교사가 정규직으로 있거나, 지역사회나 방과후학교 등에서 지원해주는 것이 가장 효율적이다. 현재 대부분의 기초학습부진아들은 돌봄이 불가능한 가정환경으로 인한 학습 결손이라는 것을 간과한 점도 있다. 가정과 전혀 연계가 되지 않은 채 학교에서 한두 시간 더 교육받는다고 이들의 문제가 해결되지 않는다. 나름 신경을 써서 방과 후에 기초학습부진 학생을 남겨 열심히 지도했는데 방학을 보내고 오니 다시 제자리여서 무력감을 느낀다는 교사도 있었다. 더욱 심각한 문제는 몇 문제 더 맞혀서 70점 이상이 되어 기초학습부진아는 아닌, 경계선급 학생들에 대한 대책이 전무하다는 것이다. 그나마 특수교육 대상 아동이나, 기초학습부진 아동은 중앙정부에서 관심을 가지긴 하나, 경계선급 학생들은 기초학습부진과 거의 차이가 없음에도 제대로 된 교육을 받지 못하고 방치되고 있는 것이다. 영·미권 국가, 북유럽 국가에서는 기초학습부진아, 특수교육 대상자에 대해서는 학생 한 명당 2~3명의 교사를 더 배치해 교육을 하고 있는 상황이다. 그만큼 국가가 나서서 주도적으로 안정적인 시스템을 만들고 있는 것이다. 우리나라처럼 한 교사(담임)가 모든 것을 책임져야 하는 구조는 없다. 추가 인력 지원 없이 성적을 올리라고만 압박하면, 학교에서는 현실적으로 불가능하다고 생각해 포기하거나 조작에 대한 유혹을 느낄 수밖에 없다. 다음은 현재까지 이루어진 기초학습부진 정책의 문제점이다.

현재까지 기초학습부진 정책에 대한 평가(교육부, 교육청 주도)

• 타 시·도 교육청도 마찬가지지만 경기도교육청처럼 큰 규모의 교육청에서도 탈북·다문화 아이들과 구분되지 않음. 통합하지 않는 것도 행정 시스템의 한몫임. 부서 간 칸막이, 이기주의로 이어짐. 교육전문직원의 독특한 인사 시스템과 관료주의와 결합된 현실.
• 단위 학교 책임 경영을 얘기하지만 어느 누구도 컨설팅해주지 못

함. 우수 사례는 문서상에만 존재함.

- 지역의 실천가들도 열정을 가지고 학교를 만들지만, 공립학교의 특성상 언젠가는 학교를 옮겨야 하고, 학교를 옮기면 네트워크와 노하우는 사라짐.
- 지역사회의 실천하는 민간인들의 네트워크도 연결하기 어려움. 단위 학교에서 하기는 더 어렵고, 지역 교육청에서는 업무 폭주로 엄두조차 내지 못하고 있음. 교육청에서 기초학습부진 담당 장학사는 초·중등 1~2명뿐임. 기초학습부진 담당 장학사가 기초학습부진 전공자나 실천가가 아님. 그마저도 잦은 교체로 이어짐. 어쩔 수 없는 인사 시스템의 영향.
- 지자체나 군부대에서 지원해주는 일부 사례가 존재하지만, 지역적 특성과 결합된 모델이기 때문에 확산되기 어려운 구조임.
- 교육 기부자를 활용할 수 있는 시스템이 논의되었으나 없음. 이 또한 거대한 사업인데 예산과 인력의 문제로 늘 현실과 충돌함.
- 정책 연구가 이루어지기도 하지만, 반영될 수 있는 시스템이 아님. 정책 연구도 연구자마다 상이 다르고, 현장에 대한 이해도가 낮은 경우가 많음.
- 학습종합클리닉센터를 교육청 내에 만들었지만, 일부 권역에 불과해 혜택을 받는 학생은 소수이고 접근성이 떨어짐.
- 대학생 멘토가 있지만 일시적이고 활용이 가능한 학교도 소수에 그침.

기초학습부진아는 나라님도 해결 못한다?

대전, 부산, 대구와 같은 광역시를 제외한 전국 대부분의 초등학교 고학년과 중학교에는 한글 사용에 문제가 있거나, 구구단을 못 외우는 학생들이 학급마다 존재한다. 유급제도도 없고, 출석만 하면 학년이 진급되는 현실과 교사들의 무관심, 교육 당국의 무책임한 처사, 바쁜 학부모들에 의한 방치가 이러한 결과를 낳고 있는 것이다.

국가가 주도적으로 실적을 내라고 압박하지 않았던 과거에 오히려 지도가 잘되었다고 한다. 교사가 학생에게 애정을 가지고, 정규 과정 이외에 늦게까지 남아서 공부를 시키기도 하고, 상담을 해주기도 하였다. 아이러니하게도 인센티브를 주면서 국가적인 관심을 가지고 나서니 상황이 악화된 것이다. 국가가 정책적으로 신경을 쓰기 시작하면서 교사들의 자율성이 사라졌기 때문이다. 승진점수와 예산 지원이라는 두 가지 방식에 길들여진 교사들은 이를 제공하지 않으면 방관해버리기 시작했다. 인센티브 위주의 정책이 교사들의 의욕을 잃게 한 것이다. 한마디로 교사들의 자율적인 의지가 꺾였다. 교사들 사이에도 가정교육 탓, 전 학년 담임 탓, 환경 탓, 기초학습부진 담당자 탓, 교육청 탓을 하는 분위기가 만들어졌다.

아무리 거액의 예산이 배정되어도 기초학습부진 담당자 한 명의 노력으로는 기초학습부진아가 해결되기 어렵다. 게다가 현재는 국가재정 부담을 이유로 예산 책정도 거의 없다. 경기, 인천을 포함 많은 교육청이 누리과정 등 다른 예산을 이유로 우선적으로 삭감하여, 예산은 전무한 수준이다. 그렇다고 예산 편성에 모든 책임을 돌려서는 안 된다. 예산이 없다고 교육행정을 비판하기에 바쁜 이들도 있는데 예산이 배정되면 담당 교사는 예산을 처리하느라 수업에 소홀해지거나, 예산을 효율적으로 사용하지 못한다. 예산을 사용하려면 갖추어야 하는 영수증이나 증빙 자료가 너무 많고, 강사 섭외, 기타 처리할 서류 등 교사가 감당할 만한 것이 아니기 때문이다. 예산이 있더라도 기초학습부진아 구제와 연결시키기 어렵다는 것도 부담이 된다. 기초학습부진 강사를 구하기 어려운 현실 때문이다. 기초학습부진 강사료는 대개 100만 원 이하인데, 이 금액으로 실력 있는 좋은 강사를 구하기 어렵다. 도심지역은 그나마 봉사 차원에서 오는 이들도 있지만, 농촌지역에 오겠다고 하는 강사가 없어 해당 학교 교사들이 기초학습부진 강사 역할까지 하고 있다. 원하지 않는 일을 담당하게 되면 열의가 떨어지는 것이 당연하다.

더군다나 기초학습부진 학생들은 개인차가 워낙 심해서 일대일 수업이 아니면, 학생 개개인이 수업을 따라가기 어렵다. 열 명을 놓고 수업하면 열 명 모두 수준이 다르기 때문이다. 게다가 이들은 학습된 무기력[7]이 심화되어 있는 경우가 많아, 그 습관을 고치는 데만도 꽤 오랜 시간이 걸린다. 그나마도 학생들이 자리를 지키고 있어야 하는데, 대부분 여러 핑계로 도망가버리기도 한다. 처음에는 간식을 먹으려고 오기도 하다가, 조금 지나면 주변의 부담되는 시선과 지루한 학습이 싫어 어떻게 해서든 이탈하고 도망간다. 학부모들의 부정적인 인식도 문제다. 아이의 상태가 심각하다는 것을 알려도, 학원에 보내 공부시킬 테니 빼달라고 하는 경우가 흔하다. 결국 초등학생 시기에 바로잡지 못한 기초학습부진아는 중·고등학교에서는 아무리 많은 시간과 돈을 들여도 해결할 수 없는 사태가 된다.

기초학습부진아가 있으면 교육청이나 교육부에서 온갖 자료를 요구하고, 해결하라고 압박하지만 기초학습부진아는 나라님도 해결 못한다는 우스갯소리가 교사들 사이에 있다. 해마다 3월 학기 초에 발생했던 기초학습부진아들은 12월 되면 전국적으로 모두 없어진다. 그리고 다음 해 3월에 다시 대거 발생한다. 교사들이 허위 보고를 하고 있는 것이다. 교육부나 교육청에서도 알면서 넘어간다. 담당자도 바뀔 것이고, 허위 보고로 인해 오히려 편해지기 때문이다. 기초학습부진이라는 문제가 사라져 모두가 윈-윈Win-Win이라고 생각하는 것이다. 이러는 사이에 도움이 필요한 우리 아이들은 방치되고 있다.

학교, 학부모, 지역사회가 함께 해결해야 한다

교육부와 교육청의 정책 전문가 부재는 문제가 된다. 정책 전문가가 없기 때문에 늘 임기응변식 대응을 하는 것이다. 기초학습부진 정책처럼 긴 안목으로 봐야 하는 사안은, 담당자의 전문성과 오랜 기간 동안의 노하우가 꼭 필요하다. 기초학습부진의 진단에는 많은 비용을 쓰고 있지만, 진단한 뒤의 대책은 거의 없는 것을 바로잡아야 한다. 국가에서 시·도 교육청에 기초학습부진 관련 예산을 지원할 때 차등을 두는 것도 문제다. 교육부에서 예산을 지원할 때 학생 수에 비례해 지원하지 않고, 줄 세우기를 하여서 말 잘 듣는 교육청에 돈을 더 주기 때문이다. 이를 일명 특별교부금이라고 한다. 그나마 예산들도 시·도 교육청 평가지표(정량평가 위주, 기초학습부진은 필수로)-단위 학교 평가로 이어진다. 이 결과 앞서 말한 것처럼 지역 교육청에서 은연중에 학교에게 허위 보고를 강요하기도 한다. 허위 보고를 해야 예산을 더 많이 받는 이상한 구조가 만들어진다. 예산 지원에 있어서는 기초학습부진 대상이나 경계선급 학생, 총 학생 수를 고려하여 지원해야 한다.

또한 기초학습부진을 단위 학교만 책임지는 구조가 아니라, 학부모와 지역사회가 함께 해결한다는 관점을 가져야 한다. 그리고 국가에서 책임을 져야 하는 것임을 명확하게 한 후 지속적인 관심을 가져야 한다. 교육철학을 가진 이들이 정책 담당자가 되고, 오랜 기간 노하우를 쌓을 수 있도록 5년 이상 정책을 담당하게 하고, 학생들을 누적된 기록을 통해 추적 관찰이 가능하게 만들어야 한다. 진단 위주나 단기간 사업성으로 끝낼 문제가 아니라, 지속적으로 학생과 지원 인력을 결합시켜야 해결할 수 있을 것이다. 외국처럼 보조 교사제를 활용하는 것도 좋으나, 예산만 대거 투입했다가 정착이 되지 않아 실패한 전례도 있다는 것을 알아야 한다. 가장 좋은 것은 정규직 추가 인력 지원이다. 기간제, 계약직 보조 교사보다 정규직으로 직업에 애정을 가질 만한 이들이 좋다. 국가 주도형으로 이끈다고 해서 전시행정으로 실적 쌓기를 하는 방식은 안 된다.

결정적 시기인 초등학교 1~2학년 시기에 국가가 나서서 학습부진을 방지하는 것도 중요하다. 초등학교 1~2학년에 정규 교사를 두 배로 투입해서 기초학습부진 학생을 잡을 수 있도록 해야 한다. 비정규직을 투입하거나, 초등학교 3학년 이상에 투입하는 것은 효용성이 떨어질 것이다. 각종 연구 결과도 이를 뒷받침한다. 또한 중·고등학교에서 적응하지 못하는 기초학습부진아들은 기초적인 학습 수준만 해결되면, 학업에 매달리기보다는 진로교육을 통해서 적성에 맞는 일을 찾을 수 있도록 직업교육을 시키는 것이 현실적이다. 국어와 수학을 잘한다고 훌륭한 사람이 되는 것은 아니다. 우리가 알고 있는 유명인들 중에는 우리 기준에서 기초학습부진 학생이 많았다. 우리나라는 이상하리만큼 성적으로 줄 세우기를 좋아하고, 그 기준에 못 들어가는 학생은 부진아로 낙인찍고, 학교에서부터 차별하는 현상이 비일비재하다. 공부를 못한다고 그 학생이 다른 면에서도 부진할 것이라는 관점을 버려야 한다.

잊지 말아야 할 것은 학부모들의 역할이다. 여러 차례 제시했던 방과후학교, 혁신교육지구 학부모지원센터 등 지역사회 인프라가 만들어진다면 이곳에서 기초학습부진을 해결할 수 있는 열쇠를 찾을 수 있을 것이다. 가장 좋은 것은 의지를 가진 어른과 학생의 일대일 매칭이다. 각종 연구 결과 어른들이 학습 수준에 문제가 있는 학생에게 지속적으로 관심을 보인다면, 기초학습부진은 상당 부분 없어진다. 교육기부 사업을 만드는 것과 같이, 지역사회에서 기초학습부진아를 책임지는 것도 필요하다. 이를 바탕으로 학교 현장과 연결하여 학부모들이 교육청과 지자체가 변화하도록 압력을 가해야 한다. 좋은교사운동[8]과 같은 교원단체나 민간단체에서는 기초학습부진(배움찬찬이)에 많은 관심을 기울이며 지속적인 연구·토론회를 개최하고 있고 많은 노하우를 가지고 있다. 이런 단체의 도움을 받는 것도 좋은 방법이 될 것이다. 최종적으로는 입시 위주의 정책이나 성적 위주의 정책에서 탈피하여, 성적만으로 사람을 평가하지 않는 시스템, 학생이 좋아하는 것과 소질에 따라 진로를 개척할 수 있는 시스템이 정착되어야 한다.

학생이 중심이 되는
수업과 평가는 가능한가?

알파고 시대, 사회는 변화하려 하지 않는가

외국 영화 중 대학이나 대학원 수업 장면을 보면 기억에 남는 멋진 장면이 등장한다. 교수와 학생이 질문을 주고받으면서, 열정적인 토의·토론을 하는 장면이다. 학생들은 누군가를 이겨야 한다는 관점보다는 무엇인가를 배워가기 위해 진지하게 토론에 임한다. 나이의 유무와 직위와 상관없이 대등하게 토론을 한다. 딴짓하거나 자는 학생도 없다. 이스라엘의 도서관은 우리나라 도서관의 분위기와 사뭇 다르다. 너무 시끄러워서 공부에 집중할 수가 없다. 보통은 두 명씩 짝을 이루어서 토론을 한다. 그런데 그것이 공부라고 한다. 책에 있는 내용을 그대로 외우는 것이 아니라, 비판적으로 해석하고 이것을 주변에 있는 이들과 토론하는 것이다. 이것이 유아기, 초등학생 때부터 몸에 배어 있다. 교사들은 수업 시간마다 한 학생씩 가리키며 '마따호쉐프'(너의 생각은 무엇이니?)라고 묻는다. 학생들은 자신의 생각을 말하면서 교사, 다른 학생들과 나의 생각이 다르다는 것을 인식한다. '맞다', '틀리다'의 개념이 아니라, 나와 다른 생각을 할 수도 있고, 그 생각이 더 깊고 풍부할 수 있음을 느낀다. 학생들이 머리 좋고 공부 잘하기로 알려진 대한민국은 노벨 평화상[9]을 제외하고 노벨상을 한 명도 받지 못한 나라다. 가까운 나라 일본만 하더라도 노벨상 수상자가 24명이 넘고, 2002년에는 연구자가 아닌, 평범한 회사원이 노벨상을 받아 신선한 충격을 주기도 하였다.

2016년 3월, 바둑 최강자 이세돌 9단과 알파고AlphaGo[10]의 대결은 전 세계를 술렁이게 하였다. 기계와의 싸움에서 진 인간이 앞으로 다가올 미래를 어떻게 대비해야 하는지에 대한 숙제를 안겨준 것이다. 물론 1승의 결과도 값진 것이긴 하지만, 바둑의 수천 년 역사를 뒤로하고 기계에 진 인류는 앞으로 많은 고민을 해야 할 것이다. 단순노동을 기계에게 빼앗기고 있는 시점에서 인공지능마저 기계에게 내준다면, 우리 아이들이 살아갈 미래에는 인간의 가치가 현재보다 낮아질 가능성이 농후하다.

이것을 증명이라도 하듯, 세계경제포럼WEF[11]에서는 "인공지능이 지식노동자 대체, 4년 안에 500만 개 일자리 사라질 것"이라고 경고하기도 하였다. 세계경제포럼은 2016년 1월 발표한 보고서에서 인공지능과 로봇과학 등의 영향으로 2020년까지 선진국에서 500만 개의 일자리가 사라질 것이라고 전망했다. 앞으로 5년 동안 200만 개의 일자리가 생겨나는 반면 710만 개의 일자리가 없어진다는 것이다.[12] 이스라엘 히브리대 역사학과 교수이자 베스트셀러 『사피엔스』의 저자는 30년 안에 지금 존재하는 직업의 절반이 사라질 것이라는 충격적인 경고를 하였다. 그는 2050년에 인류가 그야말로 '밥만 축내는 존재'로 전락할 가능성이 높다고 했다.[13] 그러나 알파고를 만든 능력도 창의력을 가진 인간이고, 유사한 프로그램을 만들고 사용할 이들도 지금의 학생들, 즉 인류일 것이다. 알파고를 만든 구글 딥마인드 런던 본사는 직원 250명 중 박사가 150명이 있고, 그들의 집단지성으로 알파고를 만들 수 있었다고 한다. 이 인공지능은 인간 집단지성의 결과물이라고 할 수 있다. 그리고 이세돌의 1승은 인간의 고뇌와 집념의 결과가 아니겠는가? 이런 고뇌와 집념은 창의력으로 귀결된다. 창의력만이 인공지능을 이길 수 있는 인간의 핵심 능력이라고 볼 수 있다. 결국 창의력이 앞으로의 경쟁력을 좌우하는데 우리나라 교육은 학생의 창의력을 키우는 데 별 도움이 되지 않고 있다.

최근 케이블 TV 방송 중에 '프로듀스101'이라는 프로그램이 높은 인기를 끌고 있다. 101명의 소녀가 매주 서바이벌 게임을 거쳐, 최종 11명(주연)에 들어가기 위해 경쟁하는 것이다. A등급은 무대 중앙 가운데 설 수 있는 권한이 생기고, 가장 낮은 등급인 F등급을 받는 아이들은 무대에 설 기회조차 없다. 101명 모두가 치열하게 노력하였지만, 누구는 11명 안에 들어 스포트라이트를 받고, 누군가의 노력은 의미 없이 초라하게 사라져간다. 시청자들이 아무도 인식하지 못하는 사이에 말이다. 경쟁을 거쳐 살아남는 사람들은 대중의 주목을 받고, 그들의 노력과 희생은 값지게 포장되고 영웅화된다. 떨어진 사람들의 노력은 헛된 것이라 여기는지 아무도 기억해주지 않는다. 과거 S전자의 광고 문구가 기억난다. '1등만 기억하는 사회'라는 강렬한 문구이다. 우리나라 사회를 대변하는 말은 맞지만, 씁쓸하기만 하다. '프로듀스101'은 우리 사회의 축소판인 것 같다. 서열 중심의 사회, 특목고와 SKY 중심의 사회, 대기업 중심의 사회로 들어가기 위해 흙수저를 물고 태어난 학생들은 늘 발버둥을 쳐보지만, 언제나 그 자리에 머물러 있다. 이런 안타까운 현실 속에서 학교는 학생들에게 무엇을 가르치고 있으며 사회는 왜 변화하려 하지 않는가.

학교에서 보내는 시간, 양보다 질이 창의력을 좌우한다

우리나라 학교가 일제식 수업[14]을 진행할 수밖에 없는 현장 분위기를 앞서 언급하였다. 강원도나 전라도와 같이 학급당 학생 수가 평균 20명 이내로 적은 곳을 제외하고는 서울, 경기 등은 30명이 넘는 곳이 대부분이다. 30명이 넘는 교실에서 창의력 발현을 위한 수업을 진행하는 것은 매우 어렵다. 그러니 교사는 혼자 설명하고, 떠드는 학생을 조용히 시키고, 훈계하는 방식으로 수업을 한다. 이런 수업 방식하에서 학생들은 자기주장을 말할 수 있는 시간조차 보장받지 못한다. 입시 위주 방식이 통용되는 중·고등학교에서는 더욱 그렇다. 각종 EBS 문제집 풀이를 하고, 시험을 위한 진도 나가기만도 벅찬 것이 현실이다. 이러한 방식이 통용되는 것은 학생과 학부모가 원하는 경우가 많기 때문이다. 교사들도 새로운 방식의 수업을 하고 싶은 욕구가 있지만, 교육과정이 너무 복잡하거나 분량이 많다. 여기에 교사 재량권이 없는 것도 변화하기 힘든 구조를 만든다. 시·도 교육청이나 지역 교육청에서는 세부 사항을 넘어서 항목 하나하나까지 모두 제시한다. 부작용이 있더라도 교육에 국가가 개입하는 것이 긍정적인 영향을 미친다고 생각하기 때문이다.

미국이나 영국에서는 이러한 모습을 부러워한다. 과도한 국가 개입이 교육을 망치고 있는 실체를 잘 모르기 때문이다. 2016년에 들어서 영국은 100여 년 만에 중·고교 하교 시간을 1시간 늦추기로 했고,

2016년 3월에는 유력 대권주자인 힐러리 클린턴이 수업일수를 늘릴 필요가 있다고 말하였다. 정말 외국에서 보듯이 우리나라는 좋은 교육제도하에 효율적이고 효과적인 학교교육이 이루어지고 있는 것일까?

한국의 수업 시간은 경제협력개발기구OECD 내 다른 선진국에 비해 월등히 길다. 여기서 말하는 수업 시간은 오로지 정규 수업만을 의미한다. 즉, 한국 학교에서 이루어지고 있는 방과 후 활동, 야간 자율학습은 포함하지 않는 것이다. 하지만 우리나라는 이미 정규 수업만으로도 다른 선진국의 수업 시간을 월등히 앞선다. 북유럽 선진국들은 수업 시간이 많지 않지만 PISA[15]점수에서 최고 높은 점수를 유지하는 효율적인 수업을 하고 있다. 경제협력개발기구도 초·중등학교의 수업 시간에 관한 2014년 보고서에서 "학교에서 보내는 시간의 양은 사용 가능한 시간을 어떻게, 어떤 과목에 쓰고 어떤 수업 방법을 사용하느냐에 비해 훨씬 덜 중요하다"라며 무작정 오래 수업하는 게 능사는 아니라고 분석했다.[16] 영·미권 국가나 유럽에서 학생들에게 1인 1스포츠, 학생 동아리 활동을 의무적으로 하게 하는 것은 꿈도 꾸지 못한다.

수업이 변화가 없다 보니, 주로 교과서 외우는 능력을 평가할 뿐 창의적인 학생들을 만들 수 있는 구조를 정착시킬 수 없다. 책을 읽고 비판적인 사고를 하는 것보다, 남들의 지식을 외워서 평가하는 방식을 선호한다. 학생 때부터 독서와 거리가 멀다 보니, 우리나라 성인 연간 독서율은 2015년 65.3%로 추락하였다.[17] 연간 독서율은 1년 동안 일반 도서를 한 권 이상 읽은 사람의 비율을 뜻한다. 책을 아예 읽지 않는 사람이 늘고 있는 것이다. 일부 혁신학교에서는 학생들의 창의적인 생각을 키우기 위해 토론식 수업 방식을 도입하고 있지만, 어린 시절부터 암기식으로 평가받았던 학생들이 적응하기 힘들며, 교사들과 학부모들에게도 익숙하지 않은 방법이라 환경의 큰 변화는 없다. 그리고 가장 중요한 문제는 초등학교 저학년 때부터 토론하고, 자기주장을 말하는 연습, 그리고 그에 대해 평가하는 방식이 없다는 것이다. 흔히 초등학교 저학년 때부터 주로 일제식 수업을 하다가, 중·고등학교 때 갑자기 대입에 도움이 된다며 토론 수업을 하고 학생 토론 동아리를 만든다. 이렇게 형식적인 토론 수업은 안 하느니만 못하다. 학생 토론 시간을 주어봐야 익숙하지 않은 그들에게는 미리 암기한 것을 말하는 시간 정도이며, 토론이 아니라 일방적인 주장에 불과하다. 그나마 말할 수 있는 학생들도 몇 없다.

내 의견을 말하는 연습이 어린 시절부터 되어 있지 않으면 토론이 쉽지 않다. 성인들도 어려운 토론을 중·고등학생들이 단시간에 배운다는 것은 더욱더 어렵다. 토론을 한다고 해서 살펴보면 일방적인 자기 연설을 하거나, 상대방을 평가절하 하는 데 열중하는 학생들이 많다. 이 현상의 원인과 구조를 잘 살펴봐야 한다. 우리나라 성인들 중에서 토론을 제대로 경험하지 못한 이들이 99%에 가깝다. 목소리만 높일 뿐 정말 토론이 무엇인지 모른다. 자기가 가지고 있는 직위로 결론을 뒤엎기도 하며, 소리를 지르기도 하고, 인신공격도 빈번하게 이루어진다. 생산성을 바탕으로 이윤을 추구하는 대기업에서도 별반 다르지 않다고 한다. 그렇기 때문에 1+1이 2가 되거나 플러스알파(+a)가 되지 않고, 1이나 심지어 0이 되어버리는 기이한 현상이 발생한다. 사람들끼리 모여 시너지 효과를 내지 않고, 혼자 있을 때 더 돋보이는 나라가 된 데에는 교육의 문제가 작용하고 있다.

대기업 인사팀에 근무했던 이가 이런 이야기를 한 적이 있다. 서울대 나온 이들을 받아봤더니 머리는 좋은데, 팀 내 융화를 잘 못하는 경우가 있더라고, 그런 이들은 대개 조직생활에 부적응하여서 금방 조직에서 이탈하여 고시[18] 준비를 하기도 한다는 내용이었다. 우리나라 특목고 출신들 중에 외국 명문 대학교(미국 아이비리그 등)를 갔다가 자퇴하는 비율도 꽤 된다. 가장 큰 이유가 간단한 리포트 하나를 제대로 못 쓰기 때문이다. 우리나라에서는 우수한 학생으로 평가받았던 이들이 왜 그런 것일까? 자기 생각이 없기 때문이다. 리포트를 쓰라고 하면, 유명 교수의 논문들을 열심히 짜깁기한다. 다른 학생들은 자기만의 생각과 언어로 써오는데 말이다. 교수가 그 방식이 잘못되었다는 것을 지적하면, 또 다른 유명 학자들의 말을 반복한다. 자신만의 언어가 없는 것이다. 한 번도 자기의 생각을 말하는 연습을 해본 적 없이 평생을 살아온 그들에게, 자기의 언어로 말하는 것은 어쩌면 불가능한 일이기도 하다.

교과서를 암기하는 능력은 수많은 능력 중 하나일 뿐이다. 그리고 암기한 교과서 속의 내용은 그야말로 '지식'이며 현재를 살아가는 데 크게 도움이 되지 않는다. 우리가 초·중·고등학교 때 외웠던 지식 중에서 살아가면서 실생활에 도움이 되는 지식이 얼마나 많은지를 자문해볼 필요가 있다. 자신의 생각을 창의적으로 자유롭게 얘기할 수 있는 수업 분위기와 교육이 이루어져야 사회 구성원으로서 제대로 된 인식을 가지고 목소리를 낼 수 있다. 지금 우리 아이들이 살아가고 있는 학교는 그런 분위기가 아니다.

법과 제도, 사람이 모두 창의적인 방식으로 바뀌어야 한다

교사만을 탓하기에는 현 제도와 시스템이 너무 미흡하다. 논·서술형 평가를 예로 들면 지역마다 다르지만 전국적으로 논·서술형 시험을 도입하는 추세다. 경기도는 논·서술형 문제를 50% 이상 출제하라고 한다. 그런데 논·서술형 평가가 정말 논·서술형일까? 그렇지 않다. 자세히 들여다보면 그냥 주관식 단답형, 정답을 맞혀야 하는 단순한 문제이다. 핵심 단어가 들어갔는지 유무를 판별하는 시험이다. 창의적으로 쓴다고 정답으로 인정하는 것은 아니다. 정답과 오답이 확실히 존재하며, 범위를 벗어나면 오답이 되는 그런 시험을 내고 있는 것이다. 교사들은 말한다. "입시에 민감한 학부모들이 교사를 신뢰하지 않기 때문에 정답과 오답이 존재하는 시험을 낼 수밖에 없다. 만약 그렇게 하지 않으면 민감한 학부모들의 잦은 민원 때문에 너무 힘들 것이다. 인정하지 못할 경우는 소송까지 제기할 수도 있다." 사실 논·서술형 문제는 학습지 교사나 사설 학원에서 더 잘 낼지도 모른다. 교사들은 문제은행식으로 단순하게 생각한다. 책임져야 하는 일은 만들고 싶지 않아서 그렇다. 문제 내는 방법을 알려주는 연수를 만들어달라고 얘기하기도 한다. 문제은행 얘기를 하는 대학교수는 없을 것이다. 또한 대학교수들의 평가 방식에 대해서 고소한다는 이들도 없다. 그들의 전문성을 인정하기 때문이다.

지금의 문제는 학부모들의 민원이 만들어낸 현상이 아니라, 제도에 의해 억눌려온 교사들 스스로 자존감이 낮아져 발생하는 현상일 수도 있다. 공교육 교사들이 논·서술형 문제 내기를 꺼려 하고, 기능적인 암기식 문제만을 내려고 하는 현실이 씁쓸하다. 문제은행은 논·서술형 시험이 아니라 주관식 시험이며 학생들의 수많은 능력 중 단순 암기 능력을 평가하는 테스트다. 수능 언어영역을 보고 있노라면 회의감이 많이 든다. 모든 사람이 한 편의 '시'를 보고 어떻게 같은 생각을 하겠는가? 이런 방식은 교육청에서 한술 더 뜬다. 장학사들도 보통 논·서술형 시험에 대한 이해가 없다. 논·서술형 시험을 냈을 때 민원 발생이 많아지기 때문에 정답이 있는 쪽으로 출제하라고 얘기한다.

그런데 만약 교사들이 교육청의 정책에 반기를 들고 창의적으로 정답이 정해지지 않은 문제를 만들면 어떻게 될까? 과거 경기도의 모 사립 고등학교에서 그렇게 한 사례가 있었다. 창의적으로 문제를 만들고, 선생님들이 주관적인 관점으로 평가하여 학생들에게 점수를 주었다. 학생들도 수업 방식이나 결과에 만족하였고, 의외로 학부모들도 한 명도 이의 제기를 하지 않았다고 한다. 그런데 조금 지나 이런 방식이 입소문이 나자 이상한 현상이 발생하였다. 지역 교육지원청 장학사가 전화를 해서 이 방식에는 문제가 있으니 감사를 각오하라면서, 시험 유형을 일반 고등학교와 같이 바꾸라고 하였다. 결국 교육청의 압력에 굴복하여서 그 학교는 시험 유형을 다시 과거처럼 바꿨다. 이 사례에서 보듯 교사들의 평가자율화를 어렵게 만드는 것은 학생이나 학부모가 아니라 교육적인 관점을 가지지 않은 관료들인 경우도 있다. 창의적인 방식으로 법과 제도가 바뀌지 않고 학교에 자율성이 주어지지 않는다면, 탑-다운 방식에 익숙해져 있는 행정 관료들에게 변화는 감사와 징계의 대상일 뿐이다.

그나마 교사들은 개선 의지를 가지고 있다. 하지만 이러한 구조 속에서 단순히 교사만 바뀐다고 교육의 전반적인 내용이 바뀌지는 않는다. 중앙정부나 교육청에서 수업과 평가에 대한 혁신안을 도입하려는 시도를 많이 해야 한다. 근본을 바꿔야 교육이 바뀌고 학생이 바뀐다.

시험 없는 학교가 불만?
공교육이 제대로 정착하려면 교사의 평가자율권이 있어야

대학교수를 예로 들어보자. 대학교수들은 시험 출제부터 채점, 학점 부여까지 모두 본인의 뜻에 따라 한다. 학점 정정 기간에 항의하는 이들도 있지만 교수는 자신의 견해를 이야기하고, 학생은 그것을 대부분 수용한다. 이러한 방식이 통용되는 것은 교수들이 권위를 인정받고 있기 때문이다. 이와 같은 것을 초·중·고등학교에서는 교사별 평가권이라 부른다. 교사 개인이 출제와 평가를 할 수 있는 것이다. 그러나 현재 우리나라의 교사별 평가권은 일부 문건상에만 존재한다. 일단 교육의 내용, 해당 과목, 해당 차시, 핵심 내용까지 모두 다 국가가 정해준다. 만약 내용을 가르치지 않으면 감사나 징계의 대상이 될 수도 있다. 가르치지 않은 내용이 나왔다고 학부모가 민원을 넣기도 한다. 초등학교에서는 담임교사가 가르치고, 담임교사가 시험문제를 내지만[19] 중학교에서는 가르치는 교사와 문제를 출제하는 교사가 다르기도 하다. 국가에서 만든 학업성적관리지침[20]을 보면 중간·기말고사를 의무적으로 보게 되어 있었는데, 2016년 3월에 와서야 교육부는 수행평가만으로도 평가가 가능하다고 바꾸었다.

한국교원단체총연합회(교총)는 전국 초·중·고 교사와 교감, 교장 등

교원 960명을 대상으로 온라인 설문조사를 한 결과, 중등 교사의 61%가 평가 방식 개선에 반대 의견을 나타냈다고 밝혔다. '지필고사 없이 서술·논술·수행평가만으로 성적 매길 수 있도록 하는 방안'의 찬반에 대한 질의에 중학교 교사는 반대가 54.8%로 찬성(42.4%)보다 많았다. 예상되는 부정적 변화로는 중·고교 교사는 '공정한 기준 마련의 어려움 속에서 학생·학부모의 문제 제기 우려'를 가장 많이 꼽았고, 초등 교사들은 '수능은 변하지 않고 학교 평가 행태만 바뀌어 이중적 학습 부담 우려'라는 응답이 가장 많았다.[21]

다른 설문조사 결과도 있다. 2016년 4월 중도 진보 성향의 교원단체인 좋은교사운동에서 설문한 내용은 위 내용과 약간 차이가 있지만 크게 다르지 않았다. 초등학교는 지필평가 비중이 27.7%, 중학교는 50.8%, 고등학교는 78.9%가 비중이 더 높다고 하였으며, 수행평가만으로도 성적 산출을 할 수 있도록 허용하는 방안에 대하여 초·중·고 각각 68.1%, 61.6%, 52.0%가 찬성하였다. 향후 수행평가를 개선하기 위하여 가장 필요한 것은 수행평가를 충실하게 할 수 있는 업무 여건의 보장이라는 응답이 높았다. 세부 사항으로는 수행평가를 충실히 할 수 있는 업무 여건의 보장이 26.8%, 교사들의 전문성 향상 지원 22.2%, 교사들의 자율적 평가권 보장 22.1%, 객관적 변별을 요구하는 선발 경쟁의 압력 14.3%, 평가에 대한 시비를 대처할 수 있는 절차와 구조 마련 11.0%, 동료 교사들과의 협의 구조 2.4%로 나타났다.[22]

교사들의 응답 결과가 이와 같은 근본적인 이유는 현 제도상에서 학부모의 민원을 감당할 자신이 없기 때문이다. 그만큼 그동안 학부모들은 교사가 교육 전문가로서 자질을 발휘하기보다 입시 위주의 문제풀이를 능숙하게 해주는 것에 더 기대를 했던 것이다. 교사 재량권이 사실상 없는 셈이다. 현재와 같은 체제에서 교사별 평가권의 확립은 앞으로도 쉽지 않을 것이고, 학생 논·서술형 평가는 주관식 시험의 변형일 뿐이다. 학생들은 여전히 암기식으로 공부하고 있고, 자신의 생각을 드러내지 않고 정답을 외워야 높은 점수를 받을 수 있는 것이다. 지필고사 없이 서술·논술·수행평가만으로 성적 매길 수 있도록 하는 방안이 언론에 공개되었을 당시 학부모와 교사 단체의 항의로 초·중학교만 새로운 방안을 적용하고 입시에 영향이 있는 고등학교는 기존 체제를 유지하는 것으로 결론 났다.

중간·기말고사를 없애면 일시적으로 학부모들과 교사들이 혼란에 빠질 수 있다. 그러나 공교육이 제대로 정착하려면 교사의 평가자율권이 있어야 한다. 그것이 학생들의 창의력을 증진할 수 있는 길이기 때문이다. 입시에 연계되어 있기 때문에 중간·기말고사를 무조건 봐야 한다고 생각하는 교사들은 변화에 대한 막연한 두려움을 가지고 있다. 일제고사를 보지 않아도 된다고 제도가 바뀌어도, 당분간 학교들은 중간·기말고사 형태를 유지할 것이다. 큰 변화가 없길 원하는 교육계의 관행을 볼 때 당분간이 아니라 지속적일 수도 있다. 평가혁신을 말하고 있는 교육청 내 학교에서도 중간·기말고사 중 하나는 꼭 보려 한다. 중·고등학교는 더욱 예민하다. 예체능 과목 등에서는 수행평가로 평가를 대체하기는 하지만 나머지 대부분 과목은 중간·기말고사를 보고 암기식 방식으로 시험을 출제한다.

학생이 성장하기 위해서는 학부모의 의식과 관점이 먼저 바뀌어야 한다. 학부모가 성장하면, 학교에서 보는 중간·기말고사의 폐해에 대해서 인식하고 학교 측에 변화를 요구할 수 있기 때문이다. 간혹 의식 있는 혁신학교에서 교원과 학부모들이 긴밀하게 논의해 변화를 주도하기도 한다. 전북교육청은 초등학교에서 일제식 고사를 전면 폐지하였다. 이러한 흐름이 전국에 확산되기를 기대해본다.

교사들의 전문성을 인정하는 문화를 만들어야

일단 교사 1인당 학생 수를 줄여야 하고, 교사들의 전문성을 인정하는 문화가 조성되어야 한다. 교사도 자신이 기능인이 아니라, 대학 교수처럼 전문성을 가진 사람이라는 인식을 가져야 한다. 그러기 위해서는 교사 스스로 노력해야 한다. 그리고 국가 주도형 교육과정보다 교사 재량권이 있는 교육과정과 수업을 도입해야 한다. 입시 위주의 중·고등학교 수업이 바뀐다면, 그나마 이런 현상을 완화할 것이라고 본다. 가장 중요한 것은 학부모의 인식이다. 학생이 한 문제를 더 맞고 덜 맞는 것보다 더 중요한 것은 학생이 창의적이고 비판적으로 생각할 수 있는 사람으로 자라는 것이다. 학생 개개인의 생각을 존중하는 방식으로 교육이 바뀌려면, 수업 내용에서부터 평가까지 정답과 오답으로 나눠서 구분한다는 관점이 바뀌어야 한다. 한 문제 더 맞았다고 좋은 대학 가고, 그 학생의 미래가 바뀌는 것은 아니다. 그러나 그 학생이 스스로 판단하고, 비판하고, 생각할 수 있는 능력이 생긴다면 미래가 바뀔 수 있다. 학교에서부터 민주적인 토론 문화를 경험하며, 자신의 생각을 정립할 수 있는 학생으로 자라난다면 앞으로의 사회는 의식 있는 이들이 많아지고, 사회 발전에 공헌할 수 있을 것이라 확신한다. 평가는 단순히 줄 세우기식의, 평가를 위한 기능적인 평가가 되

어서는 안 된다. 학생들에게 과정에 대한 의미를 생각할 수 있는 길을
보여주고, 그 길을 교사들이 열어주어야 한다.

자유학기제의 전면 시행은 어디로 가나?

학부모들의 기대와 우려 속에 시작된 자유학기제가 시범 실시 기간 동안 단계적으로 확산하여, 올해부터 전면 시행되었다. 자유학기제는 어찌 보면 혁신학교와 혁신교육 등 유럽의 혁신교육 정책과 유사하다. 교육부도 이것을 설계할 당시 혁신학교를 성공시킨 경험이 있는, 경기도교육청의 인사들을 모아서 많은 이야기를 듣고 참고했다는 후문이다. 결과가 어떻게 나오든지 현 정부의 가장 대표적인 교육정책으로 자리 잡게 될 것임이 분명하다.

이 장에서는 비판적인 시각에서 자유학기제를 바라보도록 하겠다. 자유학기제는 유럽의 사례들을 참고하여 만든 정책이다. 아일랜드, 덴마크의 정책과 유사하다고 한다. 아래 내용을 참고해보자.

자유학기제를 성공적으로 안착시킨 아일랜드, 덴마크, 영국 등 다른 나라들은 어떻게 학사과정을 운영하고 있을까. 우리나라가 벤치마킹한 대상은 1974년 시작된 아일랜드의 '전환학년제'다. 아일랜드의 전환학년제는 우리나라 중학교 과정에 해당하는 주니어 과정을 마친 학생을 대상으로 고등학교에 들어가기 전 1년 동안 시험과 무관한 수업을 들을 수 있도록 하는 제도다. 전환학년 기간 동안 특별 과목 50여 개 중 원하는 과목을 선택해 들을 수 있다. 이 외에도 각종 직업 체험, 야외현장학습, 사회봉사활동 등을 할 수 있다. 아일랜드의 전환학년제가 처음부터 성공적이었던 것은 아니다. 아일랜드 역시 한국처럼 사교육열이 높아 초기에는 학부모들의 반발로 소수 학교만 참여했다. 하지만 교육부가 앞장서 일선 학교에 전환학년제 도입을 촉구하고 교사연수를 강화하는 등 제도 확대에 노력하면서 참여 학교가 증가했다. 현재 전국 중학교 중 97%가 전환학년제에 참여하고 있다.

덴마크의 '애프터스쿨제'도 1974년 시작됐다. 의무교육인 9년 과정의 초·중등학교를 졸업한 학생은 10학년 때 1년간 선택적으로 '자유학교'에 진학할 수 있는 제도다. 인생을 설계할 시간을 제도적으로 보장해 학업 부담 없이 자신의 재능을 찾고 앞으로 어떤 삶을 살아갈지 고민할 기회를 주자는 취지다. 정식 학사과정으로 인정되는데 교육과정은 학교마다 다양하게 운영되며 목공, 건축, 축구, 연극 등 학교별로 전공 분야가 달라 학생들은 관심사에 따라 학교를 선택한다. 대부분의 애프터스쿨은 기숙학교 형태로 전원마을에 위치해 있는데 덴마크 전국에 260여 개가 있다.

영국의 갭이어(Gap Year)는 주로 고등학교를 졸업하고 대학에 입학하기 3~24개월 전 진로 계발을 위해 학교를 쉬면서 다양한 활동, 교육, 체험을 할 수 있도록 일종의 유예를 주는 기간이다. 공식적 학사과정이 아니라 정식 학년으로 인정되지는 않지만 학생들은 이 기간에 사회봉사와 여행, 직업체험 등 다양한 활동을 할 수 있다. 갭이어는 선택사항으로 매년 약 3만 명의 학생들이 자발적으로 갭이어를 활용한다.[23]

교육부에서 소개하는 자유학기제에 대한 구체적인 내용은 아래와 같다.

- 자유학기제의 개념

  중학교 과정 중 한 학기 동안 학생들이 중간·기말고사 등 시험 부담에서 벗어나 꿈과 끼를 찾을 수 있도록 수업 운영을 토론, 실습 등 학생 참여형으로 개선하고 진로탐색 활동 등 다양한 체험활동이 가능하도록 교육과정을 유연하게 운영하는 제도입니다.

- 자유학기제의 목적

1. 학생들이 자신의 적성과 미래에 대해 탐색하고 설계하는 경험을 통해 스스로 꿈과 끼를 찾고, 지속적으로 자기성찰과 발전할 수 있는 기회를 제공하는 데 있습니다.
2. 지식과 경쟁 중심 교육에서 자기주도 학습과 미래 지향적 역량(창의성, 인성, 사회성 등) 함양이 가능한 교육으로 전환하는 데 있습니다.
3. 학교 구성원 간의 협력과 신뢰 형성을 통해 학생·학부모·교원 모두가 만족하는 행복교육을 실현하는 데 있습니다.

- 자유학기제의 비전

  수업 개선과 진로탐색 등의 다양한 체험활동을 통해 적성·소질에 맞는 진로탐색, 자기주도 학습 능력 배양, 인성 및 미래 역량 교육이 이루어지도록 함으로써 초·중·고등학교 전반에서 꿈과 끼를 키우는 행복한 학교교육을 실현하는 데 있습니다.

자유학기제 운영체계

교육
과정
편성
	교과
	• 핵심 성취 기반 수업
	
	자유학기 활동
	• 진로탐색 활동, 주제선택 활동
	• 예술·체육 활동, 동아리 활동
		교수
		학습
		방법
			교과
			• (국어·영어·수학) 문제 해결, 의
			  사소통, 토론 등
			  (사회·과학 등) 실험·실습, 현장
			  체험, 프로젝트 학습 등
			
			자유학기 활동
			• 학생 흥미, 관심사 등을 반영한 프
			  로그램 편성

평가	• 중간·기말고사 미실시 • 고입 내신 미반영 • 학교별 형성평가 등 실시	학생부 기재	• 학생의 꿈과 끼와 관련된 활동 내 역 중심으로 자세하게 기록

시간표 예시

	월	화	수	목	금
1	교과 편성(22시간)				
2					
3					
4					
5			동아리	예·체	*진로
6	진로	주제선택			
7					
방과후학교	'자유학기 활동'과 연계 운영				

* 진로: 진로검사 초청 강연, 포트폴리오, 현장 체험, 직업 리서치, 모의 창업 등
* 진로탐색 5 + 주제선택 2 + 예술·체육 3 + 동아리2 = 12시간

	월	화	수	목	금
1	교과 편성(20시간)				
2					
3					
4		진로			동아리
5	예·체				
6		*주제선택: 창조적인 글쓰기, 한국의 예술 발견하기, 미디어와 통신, 학교잡지 출판하기, 드라마와 문화, 녹색학교 만들기 등			
7					
방과후학교	'자유학기 활동'과 연계 운영				

* 진로탐색 2 + 주제선택 8 + 예술·체육 3 + 동아리 2 = 15시간

출처: 자유학기제 교육부 홈페이지(http://freesem.moe.go.kr/main)

자유학기제, 상업적으로 이용당하지 않고
공교육의 힘을 보여주는 방향으로 나아가야

자유학기제의 도입을 보고 있노라면, 우리나라 교육이 정말 혁신적이고 획기적으로 변화하고 있는 것 같다. 문용린 전 서울시교육청 교육감의 행복교육에서 기획되었다고 하는데, 대단한 발상임에는 분명하다. 그러나 외국의 사례(영국, 덴마크, 아일랜드)를 보면 만들어지기까지 굉장히 오랜 시간이 걸린 정책이다. 정부 주도하에 단기적으로 만든 사업이 아니라, 지역사회와 기업이 함께 하는 국가적인 진로교육의 일환이라고 보면 된다.

자유학기제를 시작하려면 우선 인프라를 갖춰야 한다. 아쉽게도 우리나라는 진로교육에 대한 인프라가 존재하지 않고, 기업이나 지역사회의 참여도 거의 없다. 그나마 대도시에는 일부 인프라가 있을지 몰라도 농산어촌 지역에서는 현실적인 제약이 너무나 많다. 4년제 대학교를 가기 위해서 중·고등학교 시간의 대부분을 할애하는 입시 위주의 환경에서 자유학기제를 제대로 활용하기란 사실상 불가능에 가깝다.

자유학기제가 자리 잡은 외국의 경우는 우리나라처럼 입시에 대한 부담이 크지 않고, 블루칼라에 대한 천대도 없다. 기술자, 노동자들도 대우받는 사회이다. 우리나라에서는 미용기술을 가진 이들을 전문직으로 생각하지 않지만, 외국에서는 취업이민이 가능한 전문직으로 분류되는 차이라고 볼 수 있다. 유럽을 포함한 외국에서는 미용시도, 보일러공도, 용접공도 전문직으로서 대우받는다. 사무직과 임금 격차도 크지 않다. 어떤 경우는 오히려 더 받기도 한다. 한국직업능력개발원

이 발표한 '주요국의 직업지표 비교연구' 보고서에 따르면 한국의 직업군별 월평균 임금 수준은 전문·관리직과 생산직, 사무·서비스직 모두 미국인, 독일인, 일본인보다 크게 낮았다. 반면, 한국의 직업은 직업군과 무관하게 전반적으로 높은 학력을 요구하는 것으로 나타났다. 4개국 직장인의 숙련도를 비교한 결과 한국에서 사무·서비스직의 필요 학력 수준은 2.78점, 생산직은 2.60점인 반면 독일은 각각 2.63점, 2.41점으로 차이를 보였다. 반면 전문·관리직 부문에서는 오히려 한국의 필요학력 수준이 3.99점으로 독일(4.18점)보다 낮아 전문성이 낮을 수 있는 것으로 분석됐다.[24] 생산직에 대한 우대는 적으면서도 높은 학력을 요구하는 이상한 사회 분위기가 자리 잡고 있는 것이다.

학부모들은 현재 모두 비슷한 생각일 것이다. 자유학기제로 한 학기 시험을 보지 않는다는데, 그 학기가 끝나고 뒤떨어져 있을 내 아이의 학습 상황에 대한 두려움이 엄습한다. 최종 목적지인 대학을 위해서는 어떻게든 해야 한다고 불안해하면서 여기저기 학원가의 문을 두드린다. 학부모의 불안감을 먹고사는 사교육 시장이 자유학기제라는 날개를 달고 벌써부터 난리라고 한다. 자유학기제를 이용한 특목고 준비반은 벌써부터 활개 치고 있고, 학교에서 잡아주지 않는 것을 대신해준다면서 학교나 지역의 자유학기제 시즌에 맞춰 개강 준비에 한창이다. 학부모들은 어떤 학원을 등록할지의 선택만 남았다고 한다. 학부모들은 사교육 시장의 발 빠른 대처가 공교육보다 한 발 앞서간다고 놀라워한다. 현실이 이런 상황인데, 교육부에서는 자유학기제 홍보에 열을 올리고 있다. 지원에 대한 내용은 거의 없고 모든 책임을 학교에 떠넘기고 있다. 늘 그래왔듯이 말이다. 자유학기제에서 학생의 진로교육은 오롯이 교사 몫이다.

학생과 기업, 학생과 지역사회를 매칭해주는
진로교육 시스템이 필요하다

초등학교에서의 진로교육은 대개 직업의 특성, 직업의 종류 정도를 나열하는 이론교육과 일회적인 체험교육이 전부이다. 진로에 대한 명확한 개념이 없다 보니 아이들이 바라는 직업은 TV에 나오는 운동선수, 프로게이머, 연예인, 최근에는 요리사가 많다. 한편 부모들이 바라는 직업은 의사, 변호사, 판검사, 공무원, 교사 등 안정적이거나 고소득 전문직이라고 불릴 만한 것들이 많다. 조사 결과 우리나라에서만 직업의 종류가 1만여 개[25]가 넘어가고 있다는데, 초등학교에서는 이렇게 다양한 직업에 대해 새롭게 알아가는 과정이 별로 없다. 가끔 직업체험이라고 하여 대규모 직업체험현장체험학습[26] 장소에서 기초적인 수준의 일회성 체험을 하는 것이 전부이다. 진로교육법(제13336호, 2015. 6. 22)이 시행되면서 이제는 초등학교에도 진로 교사를 의무 배치해야 한다. 그런데 진로 교사를 추가로 배치하는 것이 아니라, 기존 교사에게 명칭만 부여하거나 부장교사가 겸임하는 방식이다. 국회에서는 법을 제정하였지만, 구체적인 것은 명시되지 않았고, 이를 바탕으로 시행령을 만든 중앙정부에서는 예산 한 푼 안 들이고 진로교육을 하라고 한다. 언론과 학부모에게는 학교에서 진로교육을 한다고 홍보하지만, 인프라는 전혀 구축되지 않은 상태에서 교사가 알아서 하라는 구조다.

여러 차례 이야기했다시피 학교에 모든 것을 맡기는 방식으로는 어떠한 변화도 이루어질 수 없다. 상황이 이렇다 보니 학교에 진로교육은 없고, 성적에 맞춰 대학에 가는 진학교육만 주가 되고 있다. 진로

교육은 학생의 미래를 좌우할 만한 중요한 사안이다. 진로교육 경험이 없는 교사들에게 아무런 지원 없이 알아서 하라는 것은 무책임해 보인다.

중·고등학교에서의 진로교육은 진로진학상담 교사 중심으로 이루어진다. 그런데 진로진학상담 교사의 태생을 잘 살펴봐야 한다. 진로진학상담 교사는 기존 교사들 중에서 희망자를 받아 전과하여 임용된 이들이다. 예외인 경우와 지역별 격차가 있긴 하지만 대개는 나이가 40대 후반에서 50대 정도 되는 분들이다. 이들이 전과를 희망한 이유가 진로교육에 전문성이 있어서인 경우는 많지 않다고 한다. 고3 부장을 많이 해봐서 진학에 대한 이해도가 높은 이들, 50대가 가까워졌지만 승진점수가 많지 않아서 승진이 어려운 이들, 높아지는 학생들의 수준을 따라가기 힘든 교과 교사들이, 수업 시수가 낮다는 장점을 노리고 전과한 경우가 많다고 한다. 물론 모두의 이야기는 아니지만 다수의 이야기이다. 문제가 되는 것은 이들이 진로교육에 대한 특화된 능력을 가지고 있지도 않고, 진로교육과 관련한 체계적인 교육을 받은 적도 없다는 것이다.

현재까지 진로진학상담 교사는 중·고등학교에 거의 1교 1인씩 배치되었다. 진로교과 수업은 보통 10시간 내외이며, 고3 담임을 많이 해본 전문성으로 수시입학 상담, 자기소개서 작성법, 면접 방식, 입시 상담, 특목고 상담 등을 한다. 학교 밖의 기관과 MOU를 체결하기도 하며, 진로진학상담 교사들 간의 네트워크를 형성하기도 한다. 일부 특성화고에서는 취업률 향상에 기여하고 있다는 보고도 있으나, 진로 교사에 대한 평은 학교마다 차이가 크다. 진로진학상담 교사야말로 교사 1인의 능력에 너무 의존한 시스템이 아닌가 싶다. 지역 네트워크나 인프라 구성을 전혀 해주지 않은 상태에서 교사들이 알아서 하라는 구조이다. 이러한 현실 속에서 이들은 초등학교에서처럼 교과서에 나오는 내용과 일회적인 체험 위주로 프로그램과 교육과정을 만들 수밖에 없다. 진로진학상담 교사들은 중앙정부의 일회적이고 획일적인 체험 프로그램, 과도한 지시와 요구사항, 인프라 미비를 언급하고 있다. 학생들도 큰 기대를 하지 않는 상황이다. 중앙정부에서 보내주는 체험 기관 명단에 있는 곳들은 단기간에 접수가 끝나서 갈 수 있는 곳이 없거나, 가더라도 반겨주지 않는다고 한다. 그들도 원치 않지만 상부지시로 어쩔 수 없이 명단에 들어간 것이다. 각자의 업무만으로도 바쁜데, 학생들에게 하나하나 설명해줄 시간도 없고 인력도 없다는 것이다. 자발적으로 진로교육을 하겠다는 이들이 없다면 제대로 돌아갈 리가 없다. 학생과 기업, 학생과 지역사회를 매칭해주는 시스템이 존재하지도 않고, 윤활유 역할을 하는 이들이 없다.

결국 예산과 시스템의 문제로 귀결된다. 진로교육 전문가는 학교가 아닌 외부에 많이 존재한다. 그러나 그들은 교사자격증이 없다. 교사로 한정된 교육은 교육적이라는 장점이 있을 수는 있지만, 교과 교육이 아닌 이상 전문성이 떨어지는 경우가 생긴다. 유능한 외부 자원이 많음에도 불구하고, 교사자격증이 없다는 이유로 학교에 들어올 수 없는 벽이 있는 것이다. 진로진학상담 교사 발상 자체가 나쁘다고 볼 수는 없다. 다만 진로교육에 대한 열정과 전문성이 있거나 전문성을 키우고 싶어 하는 교사를 위한 유인책을 마련했어야 하지 않았을까 하는 아쉬움이 남는다. 정부에서는 진로교육을 해야 한다는 것과, 40~50대 승진에 관심 없는 이들의 욕구불만 해소 차원에서 두 마리 토끼를 잡으려는 심산이 있었을 것 같지만 결국에는 두 가지 모두 실패하였다.

자유학기제, 학교에만 맡겨서는 안 된다

아래 내용은 자유학기제 연구·시범학교에 직접 참여했던 중학교들의 인터뷰 내용 중 핵심적인 부분을 정리한 것이다.

- 자유학기제라는 취지 자체는 공감해요. 그러나 언론에 나온 내용은 순전히 교사들의 희생으로 만들어진 거예요. 그것은 일반화될 수 없는 이야기예요. 수업과 교육과정을 담당하는 교사가 매번 출장 나가고 지역사회 네트워크 작업을 할 수는 없는 거지요. 이것의 성공과 실패 여부는 지역사회와 학부모를 어떻게 이끌어내고, 시스템을 만드느냐는 것이에요. 그것이 된 이후라면 자유학기제가 성공할지도 모르겠어요. 하지만 현재까지는 교사 개인의 개인기에 의존하는 것이라 어렵다고 봅니다.
- 자유학기제를 하면서 하게 된 진로교육으로 사교육이 줄었는지 물어보는 이들이 많아요. 제가 직접 우리 학교 조사를 해봤는데요, 사교육 받는 학생은 그대로였습니다. 늘었으면 늘었지, 줄지는 않았어요. 오히려 시험 안 본다고 불안해하는 학부모가 늘었어요. 앞으로 자유학기제 기간에 사교육을 받은 학생들은 그렇지 않은 학생들과 성적 격차가 더 커질 겁니다.
- 단기적인 체험 위주로 하다 보니 학생들에게 보여줄 곳도 없지만, 그나마 교육부가 안내하는 곳들은 모두 미어터집니다. 갈 곳이 없

어요. 순식간에 신청이 끝나버리죠. 근데 막상 가면 또 제대로 안내를 하거나 도와주지도 않아요. 관공서, 공공기관 등인데 이들도 인력이나 예산이 없다는 거고 위에서 시키니깐 인상 쓰면서 하는 거죠. 현 실태가 이렇습니다. 뭐 기관별 MOU는 예전부터 하던 건데 늘 형식적으로 해서 다들 시큰둥하고 사진 찍고 오는 거죠.

- 자유학기제가 시작되면 교과 선생님들이 진로에 대한 교육과정을 짜야 해요. 교과랑 연결 지어도 되고 아니어도 돼요. 어디서 뭘 해야 할지 진짜 난감하죠. 그런데 더 난감한 것은 공간이 없다는 거예요. 학교별 차이가 크겠지만, 저희 학교는 남는 교실이 없거든요. 강당도 없고요. 그럼 애들이 모여서 뭐라도 해야 하는데, 모일 공간도 없다는 거지요. 이건 학교 스포츠클럽 활성화 때랑 똑같아요. 뭘 하라고 하는데, 예산이나 인력 공간도 충분하지 않은 것이지요. 교외 활동은 꿈도 못 꿔요. 학교장이 절대 허락하지 않아요. 안전사고라도 나면 책임져야 하는데요. 교사들도 책임에서 자유로울 수는 없고요. 학교의 사정을 모르는 이들이 정책을 하니까 그런 것 같아요.

- 일회적인 체험처는 엄청나게 늘어나고 있다고 하더군요. 이권이 생기니 업체들이 난립하는 거죠. 신청만 하면 와서 강의해주고 안내해주는 곳인데, 그런 업체가 호황이래요. 선생님들은 편해서 자꾸 신청하게 될 거예요. 그런데 그런 곳에도 별거는 없어요. 간접체험을 한다고 학생의 직업 관점이 바뀌는 것은 아니죠. 좀 더 연계성 있게 지속되는 시스템이 필요해요. 진정 학생의 미래와 직업을 생각하는 진로교육은 애초부터 존재하지 않아요. 돈벌이 수단일 뿐이죠.

- 한번은 학부모 교육 기부를 받아보라고 해서 안내장을 내보냈어요. 몇 명에게 답이 왔는지 아세요? 딱 3명 왔어요. 그것도 한두 번 가능하대요. 학부모들의 인식도 부족하지만, 그들에게 무임금으로 봉사활동만 기대하는 것은 무리예요. 대학생 자원봉사요? 대도심이나 가능하지 교통 불편한 학교는 오지도 않아요. 설사 오게 되더라도 놀다가 가지요. 무엇을 시키겠어요? 관리할 사람도 없고, 체계적이지도 않고 한두 번 오고 끝일 텐데요. 그들도 학교에서 봉사활동으로 인정해주고, 취업할 때 스펙이 된다고 하니깐 오는 거예요. 다들 알면서 눈감아주는 거지요. 그냥 이렇게 흘러가다가 말 것 같아요. 늘 그래왔잖아요. 학부모도 학생들도 교사들도 무관심한 거죠.

교사들의 이야기 안에 자유학기제의 현실이 담겨 있다. 도입하기 쉽지 않았을 테고, 외국에서 정말 잘 운영되고 있는 좋은 제도이지만 학교의 책임으로만 맡겨서는 안 된다. 결국 지속성이 있으려면 일대일 매칭 시스템, 교육 기부, 학부모 참여, 활동 공간과 예산, 그리고 인력 지원, 지역 인프라가 핵심인 것이다. 이것이 없이는 자유학기제는 실패할 수밖에 없고, 사교육 확대와 빈부 격차에 따른 학력 차이, 도심 지역과 농산어촌 지역의 학력 격차만 벌어질 것이다. 그렇다면 학생의 진로체험학습, 직업체험, 지자체의 예산과 교육적인 관점의 결합(교육청 역할)이 시스템으로 묶여 제대로 작동하기 위해서는 어떻게 해야 할까?

체험학습 활성화를 위한
학교협동조합지원센터[27]

위에서 말한 자유학기제가 활성화되기 위해서는 시스템 구축이 필요하다. 이 장에서는 학교를 지원해줄 인프라 마련을 위한 아이디어를 소개하고자 한다. 일회성 직업체험이나 진로체험은 한계가 명확하다. 한 번 체험으로 그 직업에 대해 자세히 알기는 어렵고, 학생이 궁금해하는 것에 대한 호기심을 충족해줄 수도 없기 때문이다. 또한 현재는 학생과 전문가의 일대일 매칭도 안 되고 있다. 그래서 이러한 문제를 해결할 수 있는 학교 내 협동조합 형태의 센터를 제안하고자 한다. '체험학습'은 진로체험학습과 직업체험, 현장체험학습을 포함하는 용어다. 이 센터가 설립된다면, 학부모들이나 경력단절 여성, 지역 내 청년들에게 양질의 안정적인 일자리 공급이 가능하게 되고 지역 균형 발전에 도움이 될 것이다. 무엇보다도 자유학기제가 안착하는 데 큰 도움이 될 것이다. 이제 지자체와 교육청을 움직일 수 있는 학부모의 역할이 필요한 때이다.

교육청과 지자체의 협력으로 만드는
진로체험학습 학교협동조합지원센터

현재 학교에서 운영되는 체험학습은 일회적이어서 교육 효과가 크다고 볼 수 없다. 적지 않은 비용을 치르면서 체험을 하지만, 남는 것이 없다. 교사들은 체험학습 경험이 진로와 연결된다면 좋겠다는 구상을 하여 일부 혁신학교에서는 체험학습을 다양화하여 학생들의 진로교육에 도움이 되는 관점으로 접근한다. 그러나 교사들의 노력만으로는 확산하는 데 한계가 있으며, 비용 절감도 어렵다. 때문에 지역사회와 학부모가 참여하는 구조가 필요하다. 여기에 지자체의 예산이 결합되면 좀 더 나은 효과를 기대할 수 있는 진로체험학습 학교협동조합지원센터를 만들 수 있다.

현재 혁신교육지구를 경험한 시흥시 ABC 센터[28]가 이와 유사한 형태라고 볼 수 있다. 학교와 지자체의 네트워크를 만드는 것은 쉽지 않은 일이다. 특히 아무것도 없는 상황에서 네트워크를 구성하는 것은 인력과 예산, 그리고 가장 중요한 의지가 뒷받침되어야 가능한 일이다. 또한 이미 학부모나 지역사회에서 협동조합을 경험한 이들의 노하우를 빌리는 것도 중요하고, 그들이 어렵게 고민했던 부분을 넘어선 새로운 혁신적인 제도를 만들어내는 것도 필요하다. '진로체험학습 학교협동조합센터'는 아직 생소하기 때문에 어떠한 방향으로 전개될지 아무도 예측할 수 없고, 실제로 작동되거나 활성화될지는 더욱 미지수이다. 초기의 핵심 역할을 할 키맨Key-man들을 어떻게 찾아 구성할지가 매우 중요하다고 할 수 있다. 특히, 체험학습 학교협동조합을 통해 얻을 수 있는 것이 무엇인지를 생각해보고 원칙을 먼저 세워야 한다.

더불어 체험학습의 학교 내 협동조합의 장단점을 정확하게 파악해야 하며, 학교와 지역사회에 어떤 영향을 미칠 것인가를 정확하게 사전에 예측하여 구성할 필요가 있다.

진로체험학습 학교협동조합은 기존에 지자체에서 하던 체험학습 지원센터나 일회적인 체험학습, 또는 간접체험과 차별화된 전략이 필요하다. 현재 어떤 시·군·구청 홈페이지를 가더라도 지역 안내, 내 고장 소개에 진로체험이 있다. 지역 숙박업소를 안내하는 곳도 있다. 이런 곳은 학생의 진로체험과는 관련 없는 일회적인 것들이 대부분이다. 그런데 이마저도 활성화되지 못하고 있고, 지속적인 업데이트가 이루어지지 않고 있다. 결정적으로 교육적인 효과는 미미한 채 지역 이권 사업으로 변질되기도 한다. 교육적인 효과가 없다면 자유학기제와 직접적으로 연결될 수 없다.

진로체험학습 학교협동조합의 운영에 있어 각종 이권 개입이나, 업체의 난립 등으로 인해 상황이 복잡하게 흐르는 것을 막고 교육적 효과를 극대화하기 위해서는 원칙을 세우는 것이 매우 중요하다. 이는 학부모들의 참여로 시작되고 견제될 것이다. 학생과 학부모에게 저렴한 비용으로 만족을 극대화하는 체험학습을 제공하는 것이 핵심이다. 이를 위해서는 사회적 협동조합의 형태가 필요하다. 교사가 안내자 역할을 하고 학생이 주도해서 기획하는 체험학습 형태에 학부모와 지역사회가 결합해야 한다. 체험학습 공급자 협동조합이나 홈페이지 구축, 지자체와의 협력은 이 원칙이 선결된 후에 이루어져야 한다.

지자체와 교육청은 혁신교육지구 사업을 통해 협업한 사례가 있으므로 흐름을 주도할 가능성이 높다. 다만 체험학습 학교협동조합 형태가 아닌, 단순히 체험학습을 확대하는 방향으로 흐른다면 기존 지자체가 하던 사업 방식을 답습할 가능성이 높다. 단순한 형태 확장이 아닌 학생의 진로를 체계적으로 고민할 수 있는 내실 있는 운영으로 지역 주민과 학교 구성원이 함께 할 수 있는 사업으로 확장해야 하는 것이다.

전국에서 가장 규모가 큰 경기도를 기준으로 보면 경기도 내 31개 시·군이 각기 다른 형태로 협업하는 것도 필요하지만, 한 곳의 컨트롤 타워를 마련하는 것이 우선적으로 필요하다. 그리고 진로체험학습 학교협동조합이 시 단위마다 필요한지에 대해서도 판단해야 한다. 장기적으로는 시 단위마다 있어야 한다고 보지만, 초창기부터 시 단위마다 생겨나 제 역할을 한다는 것은 불가능에 가까우므로 경기도 내 한 곳이 우선 운영되어야 한다. 그 역할을 하는 곳에 학부모 중심의 '기획' 단이 있어야 한다. 여기에서 경기도 내 각 지자체와 연결할 수 있는 시스템을 마련하는 것이다. 생각보다 거대한 사업일 수도 있고 시행착오도 생기고 여러 가지 어려움이 따르겠지만, 잘 기획된다면 그동안의 진로체험이나, 학생의 체험학습의 판도를 뒤바꿀 수 있는 시스템이 될 것이다. 기존에 있던 유사한 형태의 센터를 통합하거나, 기능을 전환하여 만들어도 된다. 핵심은 학생의 진로와 체험이 중심이 되어야 한다는 것이다.

진로체험학습 학교협동조합을 구현하기 위한 몇 가지 팁

자유학기제와 진로체험학습을 위한 센터를 설립하는 데 있어서 교사의 역할은 중요하다. 하지만 수업에 전념해야 하는 교사에게 행정적인 부담을 주게 된다면, 확산에 어려움이 많을 것이다. 이 부분을 해결하기 위해서는 지원 시스템이 필요하다.

진로체험학습 학교협동조합이 효율적인 시스템이 되려면 행정적인 부분이 복잡해서는 안 된다. 장기적으로는 일부 지자체에서 도입한 시스템처럼 클릭만으로 프로그램과 운송수단이 해결되어야 한다. 수요자와 공급자가 매칭이 되고, 거기에 진로교육의 관점에서 교육 기부자와 교육 수요자가 모두 연결될 수 있는 네트워크를 만들어야 한다. 지금의 흐름도 원스톱 행정이 되면 가장 좋다. 초창기에 이러한 시스템을 도입하는 데에는 어려움이 따르겠지만, 일단 마련한 후에는 확산에 큰 무리가 없을 것이다. 경기도 오산시에서 도입한 이 프로그램 형태를 교육청에서 확산시킬 필요가 있다고 본다.

진로체험학습 학교협동조합이 만들어진 이후에는 종합 안내 시스템의 일환으로 '홈페이지'를 구축해야 한다. 각 지역의 진로체험학습을 비교하면서 선택할 때 구체적인 정보 외에 가격 정가제 또는 단체할인 제도를 운영하는 것이 효과적이기 때문에 홈페이지에 세세한 사항까지 한눈에 파악할 수 있게 표시해야 한다. '원스톱 행정 시스템'이라고 보면 되는데, 초기 투자비용이 필요하고, 관리가 제대로 되지 않을 때 외면당할 수 있다는 단점이 있다. 서울시교육청에서는 홈페이지를 잘 만들었으나 업데이트가 활성화되지 않아서 많은 이들이 찾지 않고 있는 실정이다. 원스톱으로 행정업무가 이어질 수 있도록 하는 것이 현장의 호응을 받기 좋다. 클릭 한 번으로 버스와 답사 내용까지 이어질 수 있게 하는 시스템이다. 답사에 대한 인증 부분은 매 분기 업데이트하는데, 이 부분은 아래 항목에서 구체적으로 설명하려 한다. 답사는 체험학습 학교협동조합센터 인증팀에서 담당한다.

지자체의 홈페이지에서는 보통 관내 체험학습과 관련된 행사장, 관광지 등을 홍보하고 있다. 이를 담당하는 해당 과(문화관광팀 외)도 존재한다. 하지만 이것만으로는 진로체험학습을 학교협동조합화하는 데 도움이 되지 않는다. 경기도교육청이 주가 되어서 네트워크를 만들고 지자체의 역할이 조화를 이루어야 한다. 성남, 고양, 시흥, 의정부 등 혁신교육지구 사업을 경험한 지자체들은 교육적으로 사업을 풀어갈 때 얼마나 파급력이 있는지 익히 알고 있다. 하지만 이들이 원하는 것은 학부모들과의 접촉과 홍보이며, 교육적인 효과보다는 전시성 사업으로 흐르려는 경향이 일부 있다. 교육적인 효과와 성과를 위해서는 교육청이 주가 되면서 지자체를 끌어들이는 모델을 만들어야 한다. 그 안에 진로체험학습 학교협동조합이 만들어져야 하는 것이다. 도교육청은 이와 관련하여 예산에만 치중할 것이 아니라 혁신교육을 경험한 핵심 인재들을 영입해야 한다.

현재 경기도교육청은 누리과정 관련 예산 사업을 진행함에 있어 매우 어려운 상황에 놓여 있다. 반대로 지자체는 예산은 충분하나, 획기적인 아이템이 없어서 고민하고 있다. 두 기관의 협력이 필요한 부분이다. 또한 단순히 체험학습과 관련된 사업을 하는 것이 아니라, 진로체험학습 학교협동조합과 관련된 사업을 하는 것이기 때문에 초창기에 시·공간적인 한계를 극복하기 위해서 많은 아이디어 회의가 필요하다. 타 지자체 및 교육청과 홈스테이 방식의 체험학습 협동조합 방식도 고민해봐야 한다. 이 경우 1년에 1회가 아닌 분기별 지속적인 교류가 될 것이다. 실제로 수익 모델은 아니지만, 학교 간 교류를 통해 체험학습을 협동조합화하는 방식도 일부 지역에 존재한다고 한다. 도·농 간의 격차가 있는 지역이 자매결연을 맺는 방식인데, 이것이 진로체험학습 학교협동조합의 시작이 될 수 있다.

학부모 참여가 활성화되는 방향으로 센터를 만들어가야

센터의 구성 인원은 일단 교육청 관계자, 지자체 관계자, 교육 봉사자, 학부모, 시민단체, 협동조합 전문가, 교육 기부자 등으로 제한한다. 외부 민간단체(이해 관계자)가 들어오면 복잡해질 것이 분명하기 때문에 초기에는 자문 형태로 들어오는 것 이외에 직접 관여하게 해서는 안 된다. 장기적인 관점에서 일자리 창출 효과를 위하여 계약직보다는 정규직을 고용했으면 한다. 체험학습 도우미 등의 인력 양성을 통해 은퇴자(명퇴 교원, 경력단절 여성자원 등)와 청년 일자리 창출 효과도 기대할 수 있을 것이다. 교원 중에서는 희망하는 자에 한해, 체험학습 학교협동조합에 관심 있는 이들을 중심으로 발전협의회로 구성하여 초창기 기획에 참여하게 한다. 추후 모니터링단이나 TF 팀으로 활동하게 하는 것도 효율적인 운영 방식이 될 수 있다. 학교 현장을 모르는 이들로만 체험학습 학교협동조합이 구성된다면 이권 사업으로 변질될 가능성이 크기 때문이다.

센터의 위치와 규모 또한 생각해보아야 한다. 센터를 설립하는 데 있어서 가장 중요한 것은 예산과 인력, 그리고 경험이다. 거점별로 설립하여 동시에 운영해야 한다. 예산보다 경험을 앞세운다면 혁신교육지구 사업을 했던 곳을 우선 지정하는 것도 좋다. 교육청과 지자체가 시너지 효과를 낼 수 있는 지역을 선정해서 우선적으로 추진할 필요가 있다.

센터 내에 인증팀은 별도로 구성해야 한다. 인증팀의 역할은 교육 기부자를 통해 체험학습 코스의 답사로 한정하거나 행정적인 역할까지 겸할 수 있다. 체험학습에 있어서 인증은 매우 중요한 부분이기 때문에 수시로 업데이트해야 하며, 허위 정보를 즉시 수정하지 않으면 수요자들의 외면을 받을 수 있기 때문에 실시간으로 현장의 요구와 의견 및 실태를 반영해야 한다.

센터가 지금처럼 계약직 직원을 1~2명 뽑는 수준에 그칠 것이라면 한 곳이라도 제대로 만드는 것이 중요하다. 좀 더 규모를 키우는 형태라면 지자체의 주무관이 파견을 오는 형태 또는 지자체의 예산으로 정규직을 고용하는 형태도 제안할 수 있다. 센터의 기능과 역할에 대한 제도적인 부분의 해결도 기관 대 기관끼리 만나 논의하는 것이 선행되어야 한다.

체험학습 인증단과 교육 기부를 연결하자

체험학습 인증단은 센터에 근무하는 이들이나 진로체험학습 학교협동조합 조합원들이 하는 것이 가장 바람직하지만, 현실적으로 모든 체험학습을 실행해본다는 것은 불가능에 가깝기 때문에 교육 기부(학부모, 학생 창업 동아리, 사회적 기업, 경력단절 여성, 교육 관련 은퇴자 등)와 결합하여 운영할 수 있다. 다만, 이해관계자가 인증단에 들어오게 된다면 정확한 인증이 어려워지기 때문에 순수한 교육 기부자를 선별하는 작업을 선행해야 한다. 이들에게 기본적인 인건비를 어떤 재원에서 마련해서 줄지에 대해서도 지자체와 의논이 필요하다. 수요자와 공급자가 자동으로 매칭되고, 운영자가 중간에 확인할 수 있는 시스템을 마련, 인증단과 모니터링단(교육청 협조)은 별도 운영하는 것이 바람직하며, 실제 다녀온 이들에 한해 인증번호를 부여해서 수요자들에게 정확한 정보를 제공하는 것도 필요하다. 초기 투자비용이나 관리 측면으로 볼 때 원활한 운영을 위해 이 부분은 민간 협동조합에 위탁하여 운영하는 것도 필요할 수 있다.

인증단의 역할은 무궁무진하다. 각종 아이템 개발이나 새로운 인증 분야를 확대해가야 하기 때문이다. 어쩌면 이 분야에 있어서 일자리 창출 효과가 가장 크지 않을까, 새로운 직업의 개념으로도 확장될 수 있지 않을까 하는 기대감도 있다. 언론이나 공문, 행정력을 통한 홍보도 필요하다. 경기도뿐만 아니라 타 지자체와도 유기적인 협조를 해서 진행해야 할 것이다.

교육 기부 사업도 적절하게 연결해야 하는데 의지가 관건이다. 교육 기부와 관련하여 고려해야 할 사항은 여러 가지가 있다. 공간에 대한 기부인지 자신의 역량에 대한 기부(강의)인지 물질 기부(물품, 자금)인지, 개인인지 단체인지 기업인지, 기부의 횟수(일회성, 지속성), 프로그램 제공 유무 등을 고려해야 한다. 이렇게 고려해야 할 사항은 많지만 이를 체계적으로 관리하는 시스템은 현재까지 존재하지 않는다. 중앙정부 차원에서 야심차게 시행하였지만, 구호뿐이었다. 왜냐하면 필요로 하는 사람이 움직이지 않았고, 지시에 의해서 움직이는 제3자들이었기 때문이다. 필요로 하는 이들이 움직인다면 형세가 달라지고 교육적인 아이디어가 얼마든지 만들어질 수 있을 것이다.

교육의 대물림,
새로운 교육으로 막아내야 한다

좋은 대학을 가기 위한 한국 학부모들의 노력은 정말 치열하고, 맹목적이다. 맹모삼천지교[29]라고 했던가. 자녀교육을 위해서 어떤 것도 감수하려고 하는 우리나라 학부모들의 희생정신은 눈물겹다. 그러나 이런 현상 속에 자리 잡은 부작용과, 그 끝에 대해서는 모르는 이들이 많다. 한국청소년정책연구원이 2016년 1월 발표한 '한국 아동·청소년 인권실태 연구Ⅳ'에 따르면 우리나라 초등학생 25% 이상이 하루에 한두 시간밖에 여가 시간을 갖지 못한다. 하루에 한 시간의 휴식도 즐기지 못하는 학생도 17%가 넘는다. 고학년으로 올라갈수록 상황은 심각하다. 고등학생 43.1%의 여가 시간은 하루 24시간 중 한 시간도 채 되지 않는다. 반면 수업 시간은 경제협력개발기구OECD 회원국 중 가장 많다. 유니세프(국제아동기구)가 29개국을 대상으로 조사한 결과 우리나라 아동의 학업 스트레스 지수는 50.5%로 가장 높았다. 전체 평균 33.3%보다 무려 17.2%포인트 높은 수치다. 이 결과 한국 아동·청소년의 행복지수는 2009년부터 7년째, 조사 대상 OECD 회원국 23개국 가운데 최하위권이다.[30] 부모의 지나친 교육열과 그 욕심으로 인해 피폐해져가는 아이들, 그리고 잘못된 교육정책으로 인해 망가져가는 우리 공교육의 현실을 파악해야 한다. 그럼 우리나라 중·고등학교에서 어떤 현상이 벌어지고 있는지 살펴보겠다.

진학 희망 고교 유형별 월평균 사교육비(중학교 3학년 대상)

( )는 인원수, 명

	15만 원 미만	15만 원 이상 30만 원 미만	30만 원 이상 50만 원 미만	50만 원 이상 100만 원 미만	100만 원 이상 150만 원 미만	150만 원 이상	100만 원 이상 소계	합계
일반고	5.6% (40)	23.4% (167)	41.5% (297)	24.6% (176)	3.5% (25)	1.4% (10)	4.9%	100.0% (715)
광역 단위 자사고	1.4% (2)	9.4% (13)	27.5% (38)	42.8% (59)	11.6% (16)	7.2% (10)	18.8%	100.0% (138)
전국 단위 자사고	2.0% (1)	6.1% (3)	34.7% (17)	28.6% (14)	18.4% (9)	10.2% (5)	28.6%	100.0% (49)
과학고/ 영재학교	7.5% (3)	12.5% (5)	17.5% (7)	27.5% (11)	12.5% (5)	22.5% (9)	35.0%	100.0% (40)
외국어고/ 국제고	1.2% (1)	7.1% (6)	27.1% (23)	49.4% (42)	10.6% (9)	4.7% (4)	15.3%	100.0% (85)

출처: (재)경기도교육연구원 통계로 보는 교육정책 중 사교육걱정없는세상과
박홍근 국회의원실 공동 보도자료(2015. 9. 21)

이미 우리나라에서는 특목고와 자율형사립고등학교(이하 자사고)가 중학교 상위 10%가량의 아이들이 가는 고등학교로 자리 잡았다. 그곳을 가지 못하는 학생들은 특성화고를 가거나 일반 고등학교를 간다. 특성화고를 떨어진 학생이 일반 고등학교를 간다니, 일반고에 가지 못하는 학생이 상고나 공고에 가던 90년대[31] 일반고의 위상과 느낌이 사뭇 다르다. 위 표를 보면 일반고와 자사고·특목고를 가기 위해서 지출하는 사교육비 금액 차이가 큰 것을 알 수 있다. 자사고와 특목고를 가기 위해서는 사교육을 받을 수 있는 학부모의 뒷받침이 있어야 한다는 사실을 엿볼 수 있다. 이미 부모의 임금이나 학력이 자녀의 임금이나 학력에 결정적으로 영향을 미친다는 자료가 나왔다.

2016년 1월 31일 한국보건사회연구원의 '사회통합 실태 진단 및 대응방안 Ⅱ' 연구 보고서(책임연구자 여유진·정해식 등)를 보면, 우리 사회가 이른바 산업화세대와 민주화세대를 거쳐 정보화세대로 넘어오면서 직업 지위와 계층의 고착화 현상이 두드러지고 있는 것으로 나타났다.[32] 우리나라는 더 이상 개천에서 용 나는 사회가 아니라는 얘기다. 부모의 정보력과 재산이 자녀의 미래에 큰 차이를 가져오는 것이다. 형편이 넉넉하지 않은 학부모들은 조금이라도 더 나은 자녀의 미래를 위해서 투잡을 하거나 빚을 져서라도 사교육을 받게 하고 싶어 한다. 좋은 특수목적고등학교(과학고등학교, 외국어고등학교. 이하 특목고)나 자율형사립고등학교(이하 자사고)에 입학시키고 이어서 좋은 대학을 보내기 위해서 고군분투하는 것이다. 특목고나 자사고 입학에 실패해 일반고를 가게 된다고 끝이 아니다. 그 안에서도 계급이 존재한다. 다음은 한 언론에 제시된 내용이다.

학생부종합전형(학종)의 주요한 평가 요소인 비교과 활동이 '금수저 학교' 출신이나 고소득 계층 학생들에게 더 유리하다는 지적이 나오는 가운데, 일반고 안에서도 기회가 고르게 주어지지 않는 불평등과 차별 문제가 나타나고 있다는 비판이 나온다. 소위 '명문대' 입시에서 우수한 실적을 내기 위해 학교 쪽에서 동아리, 경시대회, 봉사활동 등 비교과 활동의 기회를 1등급(상위 4%) 정도의 소수 상위권 학생들에게 몰아주고 있기 때문이다. 사실상 영재 학급을 만들어서 성적 우수자가 들어가는 학급을 별도로 개설하는 것이다. 이것은 중하위권 학생들의 기회를 간접적으로 박탈하는 행태로 된다. 서울의 한 일반고 교사는 "상위권 대학에 초점을 두다 보니 모든 아이들이 성장할 수 있는 프로그램이 아니라 소수 학생만 따라갈 수 있는 대학 교양 수준의 프로그램을 만들고 있다"라고 말했다. 최근 서울 일반고들 사이에 영재 학급 개설이 유행하고 있는 것 역시 수시모집 대비 전략 가운데 하나다. 영재교육종합데이터베이스를 보면, 영재 학급 개설 일반고가 2013년 72곳에서 2015년 91곳으로 크게 늘었다.[33] 영재 학급 개설은 일반고 내에서도 중하위권 학생들에게는 성적 향상을 할 수 있는 기회 박탈을 하게 되어 74년도부터 추진해온 교육부의 고교평준화[34] 원리에 위배된다.

특목고 입시의 착시 현상, 학생들이 정말 원하는 것은 무엇인가?

많은 학부모들은 특목고에 들어가면 당연히 명문 대학에 입학할 수 있을 것이라고 생각한다. 바로 특목고 착시 현상이다. 아이가 어떤 것을 잘하는지, 어떤 것을 원하는가보다는 '특목고(자사고)-명문대-좋은 직장에 취직'의 길을 걷기를 바라고 있다.

그런데 학부모들이 간과하는 것이 있다. 일단 특목고의 설립 취지는 특수 목적을 위한 것인데, 그 취지는 사라지고 입시사관학교가 되어버린 것이다. 이제는 특목고가 좋은 대학 가기 위한 수단으로 쓰이더라도 다들 당연시하는 분위기이다. 또 한 가지는, 이 특목고에 들어오는 이들은 각 중학교에서 최상위권에 있던 학생들이라는 것이다. 이렇게 들어온 아이들끼리 경쟁을 하고, 그 안에서도 1등부터 꼴등까지 생기게 된다. 모두 중학교 때처럼 열심히 공부했는데 성적이 잘 나오는 아이도, 그렇지 않은 아이도 생긴다. 결과는 둘 중 하나다. 이를 악물

중도 탈락 학생 현황(2014년)

단위: 명

		초등학교	중학교	일반고	특목고	특성화고	자율교
전국	총 인원	2,728,509	1,717,911	1,314,073	66,928	310,599	144,922
	중도 탈락 학생	18,908 (0.58%)	14,278 (0.83%)	19,224 (1.46%)	804 (1.2%)	8,586 (2.77%)	1,572 (1.08%)
경기도	총 인원	732,307	439,888	366,220	12,843	61,166	12,469
	중도 탈락 학생	5,327 (0.73%)	4,317 (0.98%)	6,029 (1.65%)	110 (0.86%)	1,636 (2.67%)	168 (1.35%)

출처_(재)경기도교육연구원 통계로 보는 교육정책 중 경기교육통계연보 재구성(2014)

고 더 잘해보려고 노력하는 아이, 상처 받아 중간에 포기하는 아이. 후자는 일반고로 전학 가거나, 중간에 자퇴해 검정고시를 준비하기도 한다.

실제 외고나 과학고에 근무하는 교사들은 특목고 학생이라고 모두 명문대를 가지는 못 한다고 말한다. 들어가는 순간 장밋빛 미래가 보장될 것 같지만, 특목고 자체는 큰 의미가 없다. 공부 잘하는 아이들이 모인 고등학교일 뿐이다. 위 통계표에 보면 2014년도 전국 학생들의 중도 탈락률이 나온다. 특목고 안에서 1%가 넘는 학생들, 전국에서 800명이 넘는 학생들이 특목고를 떠나야 했다. 모두 부적응 자퇴는 아니겠지만, 많은 숫자가 적응하지 못하고 중도에 포기하는 것만은 사실이다. 특목고라고 해서 우수한 두뇌들을 모아 자유롭게 토론하면서 서로의 성장을 돕는 교육체제가 아니다. 특목고에서도 거기에서 살아남는 것이 또 하나의 과제이며, 낙오되는 아이들도 생각보다 많다. 특목고 출신 전국 수재들만 모인다는 KAIST(한국과학기술원)에서도 2011년 4명, 2012년 1명, 2014년 2명, 2015년 2명이 목숨을 끊었다.[35] 실제 통계에는 잡히지 않지만 특목고에서 낙오하는 아이들이나, 성적을 비관해서 목숨을 끊는 아이들도 생각보다 많다. 부모들은 특목고에 가서 좋은 대학에 입학하면 좋은 직업을 가질 수 있고 행복하게 살 수 있을 것이라고 생각하였을 것이다. 학생이 좋아하는 것은 무엇인지, 학생이 어떤 삶을 살고 싶지 않은지, 학생이 왜 부모와 대화하려 하지 않는지를 모른 채 말이다.

이오덕 동요제에서 초등학교 1학년이 불렀던 노래가 생각난다.

나는 ○○(사립)초등학교를 나와서 국제중학교를 나와서, 민사고를 나와서 하버드대를 갈 거다, 그래 그래서 나는 내가 하고 싶은 정말 하고 싶은 미용사가 될 거다.

자녀에게 꿈이 무엇인지 물어본 학부모들은 별로 없을 것이다. 특히 고등학교 이상에서는 더욱 그럴 것이다. 어느 방송 프로그램에서 한 고등학교 교실에 들어가서 학생들에게 꿈을 물어보니, 대부분 없다고 대답했다. 대다수의 학생이 꿈이 없는 서글픈 모습이 지금의 현실이다. 언론에서는 매년 학생들의 꿈이 공무원, 교사, 의사 등으로 조사되어 나온다. 이것이 학생들의 꿈일까, 부모의 꿈일까? 그나마 최근에는 요리사나 연예인도 나오고 있다. 그러나 단지 TV를 틀면 나오는 사람들이기에 별 뜻 없이 되고 싶다고 생각하는 것인지도 모른다. JTBC에서 2016년 2월 서울 시내 초·중·고등학생 830명을 대상으로 장래 희망을 물어봤을 때, 고등학생들은 가장 선망하는 직업 1위로 '공무원'(22.6%)을, 2위로는 '건물주와 임대업자'(16.1%)를 꼽았다. 이유 역시 '안정적이어서'(37.5%), '높은 소득이 보장되기 때문에'(28.5%)라는 답변 순이었다. 특히 초등학생의 경우 '장래 희망이 없거나 생각해본 적 없다'고 답한 비율이 6.1%에 그쳤지만 중·고등학생의 경우 10명 중 3명이 꿈이 없다고 답했다.[36] 암울한 대한민국의 현실을 반영한 조사 결과라 생각한다. 부모의 꿈을 대신 살아주는 학생들, 그리고 학생들이 지쳐 쓰러질 때쯤에 후회하는 학부모들. 특목고가 인생의 전부는 아닌데 그것만을 좇는 사람들. 정부나 사교육 학원가에서 발표하는 자료들을 보면 여전히 특목고를 나오면 뭐든 될 것같이, 미래가 보장되는 것같이 포장하고 있다. 사교육이 먹고사는 것은 '학부모의 불안감'이라는 말이 괜히 나온 얘기가 아니다.

학부모를 현혹하는 사교육 시장

평범한 학부모들은 교육에 대한 정보가 거의 없다. 그런 학부모들의 불안감을 이용해서 커지고 있는 것이 '사교육 시장'이다. 사교육 시장은 정보에 발 빠르게 대처한다. 촉각을 곤두세워야지 학생들이 몰리기 때문이다. 생존본능이라고 할 수 있다. 어떤 변화에도 움직이지 않는 공교육과는 차원이 다르다. 그곳에는 공립학교가 가지고 있지 않은, 입시 방면에 있어서는 타의 추종을 불허하는 사람들이 모여 있다. 오로지 입시에만 매달리기 때문에 가능한 것이다. 사교육 시장에서 인기 있는 스타 강사가 되면, 수입도 엄청나다. 지난해 사교육비 총 규모는 17조 8000억 원이다. 2009년 21조 6000억 원에서 줄어든 것처럼 보이지만, 실제 한 학생에게 들어가는 비용을 나타내는 월평균 명목 사교육비는 24만 4000원으로 역대 최고치이다.[37] 그들이 커질 수 있는 이유는 학부모들의 근심 걱정을 이용하기 때문이다. 정직한 강사도 있겠지만, 그렇지 않은 이들도 많고 온갖 상술과 허풍이 그 중심에 자리 잡고 있다. 이들은 달콤한 유혹으로 학부모들을 사로잡는다. 학부모들에게 우리나라 사교육 시장, 특히 스타 강사들은 거의 신화와 같다. 교육=입시라는 그들의 관점에서 볼 때 그것을 부인할 길이 없는 것이다. 학부모들은 능력에 따라 매달 몇십만 원에서 몇백만 원, 능력이 되면 몇천만 원까지 사교육 시장에 헌납한다. 돈이 없으면 어떻게든 마련해서 쏟아붓는다. 우리나라 성인들이 노후 자금에 대한 투자는 하지 않고, 자녀교육에만 투자하고 있다는 기사도 자주 접한다.[38] 공교육 교사가 학생을 체벌하면 바로 민원이나 고발감인데, 사교육 시장 강사가 동일하게 하면 좀 더 엄하게 때려달라고 말하는 것이 현실이다. 한 언론에서 제기한 내용을 보자.

"수능까지 달리던가, 중도 포기로 깔아주던가, 선택은 네가 하렴." 강남과 목동, 경기도 등지의 일부 학원이 수업 태도가 불량하거나 과제를 제때 내지 못한 학생의 실명을 공개하며 조롱하는 등 도를 넘어선 방식으로 학습을 독려하고 있다는 지적이 제기됐다. 시민단체 '사교육걱정없는세상'은 지난 2월 한 달간 서울과 부산, 대전, 광주 등 전국 10개 지역의 학원가에서 합격 현수막, 선행교육 광고, 학원 게시물 등을 점검한 결과 400여 건의 '나쁜 광고'를 적발했다고 21일 밝혔다. 이처럼 공포심을 조장하는 강제 퇴원 공지와 개인 성적 공개 등은 입시 성과와 학원을 홍보하는 수준을 넘어 명백한 인권 침해로 매우 비교육적인 관행이라는 것이 사교육걱정없는세상의 지적이다. 이 단체는 현행 학원법에는 학생인권 보호와 관련한 어떤 장치도 마련돼 있지 않다며 교육부가 학원법에 학생인권 침해 광고를

금지하고 처벌 조항도 마련해야 한다고 주장했다.[39]

비용적인 측면도 무시할 수 없는데, 현실은 정말 비참하다. 사교육비가 지나치게 많이 들면 부모세대가 받는 고통도 이루 말할 수 없다. 2015년 1월과 2월 법원이 파산선고를 내린 사람 가운데 60대 이상이 전체의 25%를 차지했다. 평생을 사교육비 등 자녀 양육에 매달리다가 정작 자신의 노후 준비는 제대로 하지 못한 노인들이 늘고 있다는 얘기다.[40]

학부모들이 사설 학원을 맹목적으로 따르게 된 데에는 정보의 부재가 크다. 특목고 착시 현상처럼 사교육 학원가에만 가면 뭐든지 해결될 것 같은 심리가 작용한다. 학원가에서 자주 쓰는 수법이 있다. 수강료를 낸다고 학원에 다니길 원하는 모든 학생을 받아주지 않는다. 학원에 다닐 수 있는 자격시험을 치르고, 몇 명을 떨어뜨린다. 그리고 '모두 붙여주지 못해 죄송합니다' 등의 문구로 현수막을 건다. 좋은 학원에 들어가기 위해 열심히 공부해서 학원가 특목고 준비반에 들어간다. 이런 과정을 통과한 원래부터 우수한 인재들 중 몇 명이 특목고, 명문대를 들어가면 학원가의 실적으로 포장해 현수막을 걸어 자랑한다. 중·소규모 학원가에서는 명문대에 입학한, 학원에 다니지도 않았던 학생들에게 소정의 금액을 주고 학원에 다닌 것으로 해달라고 하는 상술도 펼쳐진다. 90% 이상이 원하는 대학에 못 가고, 사교육 시장의 효과를 못 본다는 것을 아무도 알려주지 않는다.

시간이 지나서 사교육이 별 효과가 없었다고 느낄 때쯤에야 '학원에 낸 돈이 얼마인지 이제 와 생각하니 너무 아깝다, 그 돈을 모았으면 엄청났을 텐데……'라는 후회만 한다. 이 모든 것이 학부모를 기만 하는 방식임에도 학부모들은 모르거나, 알면서도 외면한다. 일단 현재의 불안감을 해소하기 위해서이다. 예전에 초등학생 때부터 과도한 사교육으로 아이의 정신상태가 불안해져서, 혁신고등학교로 전학 온 한 학부모를 면담한 적이 있다. 그 학부모가 펑펑 울면서 한 말이 기억난다.

시간을 되돌릴 수 있다면, 아이와 함께 그 시절을 행복하게 살았을 것 같아요. 특목고고 대학이고 뭐고 다 필요 없다는 것을 이제 알았어요.

2011년에는 전교 1등 학생임에도 불구하고, 성적을 더 높이라고 지속적으로 학대를 한 친어머니를 살해하고 시신과 함께 몇 개월 동안 동거한 고등학교 3학년 학생의 충격적인 사례가 나오기도 했다. 소중한 것은 지나고 난 다음에 깨닫게 되는 것이 참 슬프다.

사교육 시장이나 특목고의 허상에 대한 자료는 수없이 많다. 그와 관련된 책들도 많이 있고, 이를 전문적으로 연구하는 시민단체인 '사교육걱정없는세상'도 있다. 하지만 이런 자료나 단체에 관심을 갖고 귀기울이는 학부모는 많지 않다. 정보의 부재로 인해 잘못된 판단을 하는 경우를 수없이 봐왔다. 앞서 말한 무상급식이나 무상교복도 마찬가지이다. 보고 싶은 대로 보고, 믿고 싶은 대로 믿는 사람에게는 어떤 자료도 무의미하다. 현실을 이야기하는 수많은 자료들도 뒤돌아서는 순간 다 잊고 내 자식의 미래가 중요하게 된다. 그러면서 내 아이는 다를 것이라는 기대로 또 다른 도박을 시작한다. 그 결과 오늘도 사교육 시장은 호황을 이루고, 무능한 공교육제도 안에서 아무것도 할 수 없는 교사들만 비판받고 있다.

영어와 수학을 잘해야 대학을 가는 구조, 그러나 외국인과 만나도 영어를 못하고, 수학문제를 풀 수는 있어도 수학을 좋아하는 사람이 없고, 노벨 물리학상을 받는 이가 없는 나라. 그 이면에는 사교육 문제가 존재하며, 많은 이들이 이런 구조에 의존해 먹고살아간다. 학부모들의 피눈물을 당연하게 받아들이며 좀 더 비싸게 돈을 받아낼 방법을 고민하는 것이다. 교육과정을 만들고 교과서를 만드는 대학교수도, 수능을 출제하는 이들도, 사교육에 의존하는 이들도 학생들과 학부모의 고통을 외면한다. 쉽게 내고 자격고사화하자고 하여도 절대 바뀌지 않는다. 이들의 이해관계가 얽혀 있기 때문이다. 학생을 위한 장기적 교육을 진행하는 것이 아니라 기득권을 위한 교육을 하고 있을 뿐이다.

학부모들이 비판하고 있는 공교육과 학교라는 틀은 사교육 시장이 커지면서 기능적인 수단으로 전락하였다. 학부모들은 근본이 어디인지 모른 채 학교에 대한 막연한 불만을 가진다. 공교육 교사들도 희생자이다. 결국 정책을 결정하고 방향을 정하는 이들이 사교육을 조장하는 방식을 쓰기 때문이다. 입시라는 관점으로 볼 때 사교육에 비해 공교육 교사들이 무능하다는 비판은 피할 수 없다. 시스템이 그렇게 되어 있는 상황 속에서 교사들이 할 수 있는 일은 아주 미미하다. 해봐야 교원노조에 가입해서 정부에 대해서 쓴소리 한마디 할 뿐, 바뀌는 것은 전혀 없다. 계란으로 바위 치기일 뿐이다. 공교육에 대한 비판이 크다는 것은 알면서도 바꿔야겠다는 생각이 없는 이들이 대부분이다. 그런데 학부모들도 암묵적으로 이에 동의하고 있다는 것이 더무섭다. 내 자식이 잘된다면, 내 자식이 명문대 간다면 교육 환경이 어떻게 바뀌어도 큰 문제가 없다는 생각인 것이다. 이렇게 길들여진 학부모와 교사들에게 변화와 혁신을 얘기하기란 쉽지 않다.

고등학교의 계급사회, 교육계의 부익부 빈익빈을 초래

현재 일반 고등학교의 위기를 말하는 이들이 늘어나고 있다. 특목고, 자사고가 우선선발권이 있어 실력 있는 학생들을 싹 쓸어가고 있기 때문이다. 서울 시내 유명 대학교에서는 수시입학 전형에서 특목고를 편법적으로 우대하고 있지만 특별히 손쓸 방법도 없다. 모두가 정상적이지 않은 것이다. 고등학교는 입시 준비를 위한 기관으로 자리 잡았고, 거기에서도 서열화가 엄격하게 존재한다. 일반 고등학교가 슬럼화가 되리란 것도 예측 가능한 일이지만, 일반 국민들이나 학부모들은 특목고나 자사고가 더 확대되길 원하고 있다. 내 자식들만 잘되면 된다는 현상, 내 자식이 더 좋은 자리로 가야 한다는 이기심 때문이다.

교육에는 많은 것들이 연관되어 있다. 사회적으로도 말이다. 특목고 중심의 엘리트 계층 형성은 사회적으로 건강하지 않은 요인들로 작용할 수 있다. 위에서 언급했다시피 특목고에 들어가는 이들 자체가 고학력, 고소득층 자녀들이 많다. 이들이 엘리트 계급을 형성하고 좋은 대학을 가고, 좋은 직장(전문직)을 갖게 된다는 것은 일반 서민들 입장에서는 접근할 수 없는 두꺼운 벽이 된다는 뜻이다. 현재 서울대나 명문 사립대 그 안에서도 의대, 법대(로스쿨 포함), 교육대학교까지도 모두 특목고 출신들이 중심에 자리 잡고 있다. 판사들의 특목고 비율에 대한 기사를 보면 최근 나오는 판결들의 보수성과, 친재벌적인 성향이 어디에서 오는지 파악이 된다. 의대도 이미 강남권과 비강남권으로 구분되어서 학생의 90퍼센트 이상이 강남이나 목동 등 잘사는 지역 출신이라는 얘기도 있다. 서서히 그들만의 리그가 만들어지고 있는 것이다. 서울대 안에서도 소위 있는 집 자식이나 서울지역 출신들과 지방 명문고 출신들은 이미 간극이 꽤 벌어져 있다. 교사를 양성한다는 교육대학교도 다르지 않다. 특목고나 자사고 학생들이 대거 교육대학교로 진학하기 때문이다. 교육대학교는 사범대학교와 달리 졸업만 하면 훨씬 낮은 경쟁률 속에서 임용고사를 통과한다.[41]

특목고 출신 학생들이 교사가 되면 형편이 어렵고 평범한 학생들을 이해하지 못할 가능성도 있다. 현장에서도 이런 일이 종종 발생하고 있다고 한다. 교대 출신, 명문 사대 출신 교사들이 학생들에게 인간적인 접근을 하지 못하는 사례 말이다. 워낙 공부 잘했던 수재들이기 때문에 공부를 못하는 이유를 모르는 것이다. 그래서 안정적인 직장을 위해서 수재들이 교육대학교에 몰리는 현상이 한편으로 걱정된다.

상황이 이쯤 되니 교육부에서 무슨 조치를 취하겠지 하는 기대를 하는 것은 오산이다. 교육부가 고교 공교육을 정상화하고 일반고를 살리겠다며 대학에 매년 수백억 원을 지원하고 있지만 지원금을 받고도 오히려 일반고 신입생을 줄이며 홀대하는 학교가 적지 않은 것으로 드러났다. 교육부의 부실한 선정 기준과 관리에 문제가 있다는 지적이 나온다. 국회 교육문화체육관광위원회 소속 유기홍 의원이 최근 교육부에서 제출 받은 '고교 교육 정상화 기여 대학 지원 현황 및 일반고 신입생 비율' 자료를 분석한 자료에 따르면 최근 2년 연속 '고교 교육 정상화 기여 대학'으로 선정돼 지원받은 대학 52곳 중 15곳(29%)

은 2년 동안 280억 6000만 원의 지원금을 받고도 사업 취지와 달리 2013~2015학년도에 일반고 신입생을 계속 줄였다.[42] 눈먼 돈은 계속 대학에 지원하고 있으면서, 중앙정부는 일반고를 살리겠다고 말하는 것이다. 일반고를 살리려면 천문학적인 액수의 지원금을 초·중·고교에 주어야지 대학에 지원하는 것은 무슨 논리인지 모르겠다.

엘리트, 그들만의 리그에는 다양성이 없다

현실이 이러함에도 불구하고, 지역사회에서는 평준화를 반대하고 특목고를 늘려야 한다고 말하고 있다. 자식 교육에 걱정이 없는 이들은 특목고나 자사고가 생기면 인근 부동산 값이 올라가기 때문이라고 하고, 자식 교육을 걱정하는 이들은 내 자식이 그곳에 가는 것을 희망하기 때문이라고 한다. 이를 이용해서 많은 정치인들이 지역 특목고 유치를 주장하기도 한다. 서울의 한 고등학교는 인근에 외고가 생긴 후 명문대 진학률이 크게 떨어졌다. 10~20명 내외가 서울대학교에 진학하던 과거에 비해, 지금은 전교 1등도 서울대 가기가 힘들다고 한다. 이런 식으로 일반고는 슬럼화되어간다. 평준화가 되더라도 특목고나 자사고가 확산되면, 평준화의 영향력은 그만큼 줄어든다. 부의 세습으로 인한 교육의 세습으로 개천에서 용 나는 사회는 이미 없어진 것이다. 그리고 개천에서 용이 나더라도, 경제력이라는 장벽에 부딪혀서 추락하는 학생들이 늘어날 것이다.

2015년 통계청의 '2015년 3분기 가계 동향'에 따르면 지난해 3분기 소득 5분위(월소득 608만 원 이상) 가구의 월평균 교육비 지출은 62만

7700원으로 1분위(월소득 232만 원 이하) 월평균 8만 2000원의 7.8배에 달했다.[43] 이미 교육비는 소득 격차에 따라 벌어졌고, 교육에 의한 계층 이동의 사다리는 끊겼다는 뜻이다. 미국의 피터슨국제경제연구소 PIIE에 따르면 자산 10억 달러(약 1조 2000억 원) 이상 부자 가운데 한국 부자들은 상속자가 74.1%로 그 비율이 세계 67개국 가운데 5번째로 높았다. 우리나라 억만장자 4명 중 3명은 속칭 '금수저'로 유럽 35개국 35.8%, 미국 28.9%, 일본 18.5%, 중국 2%와는 매우 대조된다. 세계적으로 자수성가 부자의 비중이 늘고 상속 부자의 비중이 줄어드는 추세이지만 우리나라는 그와 반대인 것이다.[44] 이 부의 대물림 현상은 교육의 대물림으로 이어져서 계층의 이동을 막게 된다.

이 현상은 사회·경제적으로 많은 영향을 끼치며 평범한 사람들을 서서히 옥죌 것이다. 걱정되는 것은, 내 자녀가 살아갈 미래의 한국 사회이다. 10년, 20년 후에 대한민국 교육은 빈부의 격차가 큰 미국의 교육처럼 그 격차를 따라잡을 수 없는 사회가 되어버릴 가능성이 농후하다. 미국 공교육[45]은 소득에 따른 교육 격차가 심해 부정적으로 평가하는 교육학자들이 많다. 그런데 우리나라는 이상하게도 그 교육정책을 거의 그대로 가져다 쓴다. 앞서 언급했듯 우리나라 교육학자, 교수들이 미국에서 유학을 많이 한 것도 영향을 끼쳤을 것이라 본다. 실제 현 정부의 3기 내각 40명 중 12명은 경영·경제 박사학위 소지자다. 12명 중 단 한 명을 제외하고는 모두 영미권 유학파 출신이며 절반 이상(6명)은 또 서울대 학부 출신이다. 요컨대 3기 내각 전체 45%가 서울대, 27.5%가 경영·경제 전공, 15%가 '영미권 경영·경제 박사' 엘리트들이다.[46] 엘리트 사회 속에서는 다원화된 목소리를 들을 수가 없다. 그리고 그들만의 리그가 지속적으로 강화될 뿐이다.

대학과 취업,
교육 양극화 시대의 해법을 모색해야 한다

옛이야기가 된 명문대 간판이 보장해주는 미래

입시에만 매달려 중·고등학교 교육을 허비하고 있는 대한민국 사회가 비이성적이고 정상적이지 않다는 것은 누구나 안다. 과정보다 결과만을 중요시하며 남들이 뭐라 하더라도 내 아이만 잘되면 된다는 생각이 바뀌지 않고 오히려 확산되고 있다. 그런데 학부모들이 바라고 믿고 있는 것은 허상에 불과하다.

학부모들이 기를 쓰고 자녀들을 서울 안에 있는 4년제 대학교, 더 나아가서는 명문대(SKY)에 보내려고 한다. 그 자체로서 명예롭다 여기는 이도 있겠지만, 종국에는 좋은 직업과 금전적인 보상, 결국 풍요로운 삶에 대한 기대에서 시작된 것이다. 많은 비용을 감당하고, 자녀의 자유와 인권을 박탈하는 대가를 치르면서 명문대에 보내려고 한다. 소수의 승자만이 이 달콤한 열매를 얻을 수 있다. 나름 명문대라고 볼 수 있거나, 서울 안에 있는 이름 있는 대학교를 모두 포함하면, 전체 학생의 약 5~10%가량만이 원하는 대학교를 가게 될 것이다. 조금 더 확장하여 지방 명문대나 기타 특별하다고 인정받은 대학을 합하더라도, 전체 20% 이내의 학생만이 희망하는 바를 이룰 수 있을 것이다. 여기서 주목해야 할 것은 20%의 학생이 아니라, 희망하는 대학에 가지 못한 80%의 학생이다. 80%의 학생은 원하는 대학을 가기 위해서 재수를 하거나, 학벌 세탁을 위해서 유명 대학 편입을 노리거나, 끝까지 미련을 못 버리고 방황하기도 한다. 결국 그들은 본인의 성적에 맞춰 지방 4년제 대학 또는 전문대학교에 진학하게 될 것이다. 여기서 간과하고 있는 것은 무엇인가? 학생의 소질과 적성은 고려하지 않은 채 대학 간판만을 바라보는 현상이다. 명문대에 입학하더라도 해당 학과가 적성에 맞지 않거나, 취업이 잘 되지 않을 수도 있다. 그런 것을 무시한 채 오로지 명문대에 들어가려고 하는 학생들이 많다.

서울대 경력개발센터에 따르면 2009년 118건에 불과하던 서울대생의 취업 상담 건수는 2014년 688건으로 여섯 배 가까이 늘었다. 반면 기업의 채용 수요는 줄었다. 서울대생 채용을 위해 찾아온 기업의 채용 상담 건수는 2011년 362건에서 2014년 262건으로 줄었고, 기업이 서울대에 보내온 채용공지 건수도 2012년 5409건에서 2014년 5158건으로 감소했다.[47] 2015년 서울대학교 재학생과 졸업생만 가입할 수 있는 한 온라인 커뮤니티에서 화제를 모은 글이 있는데, 재학 중 공무원 시험에 합격해 "졸업 후 지방직 9급 공무원으로 임용될 예정"이라고 썼던 이가 있었다. 그는 "월급 150만 원으로 시작하는 게 까마득하지만, '저녁이 있는 삶'이 중요하다"라고 썼다.

여기에서 주목할 부분은 서울대를 나와도 희망하는 직장을 얻기가 어려우며, 기업에서 모셔가는 시대가 끝났다는 것이다. 출신 대학이 중요한 것이 아니라, 학생의 역량과 능력이 중요한 시대라 볼 수 있으며, 명문대 간판이 보장해주는 미래가 사라졌다는 것이다. 최근 기업의 신입사원 중에서도 SKY[48]라고 불리는 명문대가 차지하는 비율이 현저히 줄고 있다고 한다. 삼성 등 대기업도 마찬가지다. 명문대뿐 아니라 서울 안의 이름 있는 다른 대학교도 마찬가지다. '인구론'이라는 얘기도 대학가에서 회자되고 있다. '인문대 90퍼센트가 논다'는 뜻이다. 그렇다면 공대라고 안심할 수 있을까? 인문대학에 비해서 공과대학(자연계열)의 취업률은 상대적으로 높다. 그러나 그것은 초창기 취업률일 뿐이지 근속연수를 말하는 것은 아니다. 취업이 되었어도 비정규직의 비율은 상당히 높다. 한국노동연구원의 '대졸자 첫 일자리 특성 현황' 보고서에 따르면 2011년 8월과 2012년 2월 졸업한 전국 인문·사회계열 대졸자 14만 738명을 조사한 결과 첫 일자리에서 비정규직으로 취업한 비율은 40.4%(5만 6872명)에 달했다. 반면 비교 대상으로 분석한 공학계열 대졸자는 9만 2975명 가운데 29.0%(2만 6968명)가 비정규직으로 취업한 것으로 조사됐다.[49]

공무원이 지상 목표가 되어버린 우리 아이들

그런데 30대 후반에서 40대 초반이면 명예퇴직이나 희망퇴직을 해야 하는 상황이다. 앞서 언급했듯이 20대에도 희망퇴직을 하는 사회이니 말이다. 흔히 말하는 화이트칼라(사무직종)의 자리 수는 경제성장률과 비례하는데 우리나라 올해 경제성장률은 3% 달성도 어렵다는 전망이다. 과거 1970~1980년대처럼 10% 넘게 성장하던 때와는 시대가 변했다는 얘기다. 명문대를 나와도 취업하기 어려운 세상이고, 진로나 적성과 관련 없는 특성이 부족한 다른 대학을 군이 가야 하는가를 고민해야 할 시점이 되었다는 얘기다. 그렇다면 취업이 안 되는 학생들은 모두 어디로 가는 것일까? 바로 고시나 공무원 시험으로 향한다.

인사혁신처는 2016년 25일부터 29일까지 2016년도 국가공무원 9급 공채시험 응시원서를 접수한 결과 4120명 모집에 총 22만 2650명이 응시해 54.0 대 1의 경쟁률을 기록했다고 밝혔다. 22만 명이 9급 공무원에 모였는데 이 중 대부분이 4년제 대학 졸업자이다. 54 대 1이니 54명 중에 1명은 붙는다고 단순히 생각할 일이 아니다. 4000여 명을 제외한 22만 명에 가까운 이들이 다른 희망이 없이 공무원 시험에 매달리고 있다는 얘기가 된다. 물론 모두 20대의 청년은 아니지만, 많은 숫자가 20대의 청년들이다. 2016년 4월에는 공무원 시험 합격자 명단에 자신의 이름을 올리기 위해 정부 세종청사에 불법 침입한 청년이 검거되는 일까지 생겼다. 범죄는 분명 잘못되고 비난받을 일이지만, 공무원이 되기 위해서 집착하는 청년들의 아픔이 결국 이런 그릇된 결과를 가져오지 않았을까 하는 생각이 든다. 문제는, 공무원 시험에 목매는 청년들을 양산할 수밖에 없는 사회적인 구조다. 9급 공무원만도 이러한데, 노량진 학원가에는 다양한 고시 학원에서 희망과 열정만을 품고 몇 년째 고시에 매달리는 대학생들이 늘어가고 있다. 경찰, 소방, 국가직, 지방직, 공기업 시험, 각종 고시 시험 등 공공기관에 합격하기 위해서 몇 년간 희망고문을 하고 있는 상황이다. 이런 청년들 중에는 시험에 붙기만 한다면, 세상을 얻은 것 같은 기분일 것이라고 말하는 이들이 많다. 그런데 9급 공무원의 월급은 초봉으로 따지면 월 150만 원이 채 안 된다. 최소 월 200만 원을 생각하는 청년층에게는 매우 실망스러운 수준일 것이다. 물론 이들에게는 정년이 60세까지 보장되는 안정적인 직장이 생긴다는 것만으로도 다행일지 모른다.

지금 이 상황이 우리나라 대학생들의 현실이다. 취업의 기회가 없어 많은 청년들이 아르바이트나 비정규직, 또는 막연한 공무원 시험에 매달린다. 작년 2015 통계청 발표에 의하면 만 15살에서 29살 사이 청년층 가운데 '취업을 준비'하는 사람은 63만 3000명이었다. 이 중 '공무원 시험을 준비한다'는 답변이 22만 명 정도로, 전체의 35%를 차지했다. 월 150만 원을 받기 위해서 대학 졸업 후에도 노량진에서 미친 듯이 몇 년을 공부해야 하는 사회. 왜 이렇게 되었을까?

대학 가는 것이 모든 것의 해결책인 것처럼 포장하는 사회

고등학교 3학년 담임교사나 부장교사들은 대학 입시가 바뀌는 것을 수없이 봐온, 자타가 공인하는 자기소개서와 대학입시의 전문가들이다. 학생 수준에 맞추어 어느 대학에 가야 하는지, 어떻게 입시 전략을 짜야 하는지에 대한 노하우가 많다. 이 노하우를 잘 발휘하여 학생에게 최선의 대학을 보냄으로써 교사로서의 역할을 다 했다고 믿고, 학부모들이나 학생들도 그렇게 믿고 있다. 그런데 이상하다. 고등학교가 대학교를 보내는 중간 센터나 지점도 아닌데, 제대로 된 교육은 온데간데없이, 결과적으로 대학에 학생들을 공급하는 기관으로 전락했다. 교사들은 수업에 대해서 고민하거나, 그 학생이 어떤 가치를 가지고 있는지, 소질이 무엇이며 학생의 미래는 어떻게 될 것인지에 대한 관심보다는 좀 더 좋은 대학을 보낼 수 있었는데 하향 지원을 했다든지, 수시입학 전략을 기막히게 잘 짜서 정시보다 훨씬 좋은 대학갈 수 있었다는 이야기에 더 관심이 많다. 그냥 입시를 담당하는 교사가 되어버렸다. 학원가와 다를 바가 없다는 것이다. 학부모들도 학교에 크게 바라는 거 없이, 좋은 대학만 가게 해주길 바란다. 공부야 사교육에서 다 시켜주니, 숙제나 프로젝트 같은 불필요한 것들을 시켜 학생들 괴롭히지 않고, 학생에게 부담 주지 않고 편안하게 해주는 선생님이 최고라는 학부모들도 있다. 누구의 잘못이라기보다는 사회적인 분위기와 제도가 그들을 그렇게 바꾼 것이다. 그렇게 학생들은 입시라는 부담을 안고 고등학교에 입학해, 자신의 성적에 대충 맞춰서 대학교에 간다.

현재 초등학교 입학생 수보다 대학교 정원이 더 많다. 초등학교 입학생은 40만 명 선이 무너졌고, 대학 입학 정원은 55만 명 내외로 보기 때문이다. 1990년대 후반 들어 교육부가 4년제 대학교를 급격하게 늘렸다. 당시 1978~1982년생은 제2의 베이비부머 세대라고 불렸는데 이들 인구가 많았기 때문에 대학 수요도 엄청나게 많았다. 그 이전에도 재수, 삼수는 기본에 7수, 8수 하는 이들도 있었기 때문에, 수요는 충분하다고 생각한 것이다. 4년제 대학을 설립하면, 돈이 될 것이라고 생각한 부유한 재단에서는 앞다투어 대학교(전문대 포함)를 설립했다. 인구 변화를 예측하지 못하고 대학을 늘린 결과가 지금 나타나는 것이다. 학령인구는 급격하게 줄었고, 대학은 오히려 늘었다. 대학교가 진로와 직업에 특화되어 취업에 유리한 것도 아니고, 학과 전공을 살려서 제대로 가르쳐주지도 않는다. 지방의 4년제 대학교들은 공무원 사관학교라고 광고를 하면서 공무원 시험 합격률을 자랑하고 있다. 공무원 시험 합격을 위해서 서울 노량진에 유명 스타 강사를 불러서 교육시켜준다. 이것이 현재 대학의 현실이다.

서울대를 포함 명문 대학이라고 불리는 곳도 크게 다르지 않다. 이곳에 입학한 학생들도 대학에서 진로와 관련된 무언가를 배운다기보다는 스스로 길을 개척하고 있다. 진로도 알아서 찾아야 하고, 공부도 스스로 해야 한다. 대학이라는 기관이 과연 무엇을 하는 곳인지 아무도 모른다. 취업에 도움이 될까 해서 대학에 왔지만, 딱히 취업이 잘 되지도 않는다. 전문대를 포함한 대학 학위를 받고도 경제활동에 뛰어들지 않는 인구가 지속적으로 증가해 15년 전보다 2배 이상 늘어난 것으로 집계됐다. 29일 통계청에 따르면 작년 대졸 학위 이상 비경제활동인구는 334만 6000명으로 1년 전보다 4.7% 증가했다. 대졸 이상 비경제활동인구는 2000년(159만 2000명)의 2.1배에 달한다. 이 인구는 매년 꾸준히 증가해 2004년(207만 5000명) 200만 명을 돌파하고서 9년 후인 2013년(307만 8000명) 300만 명을 찍었다. 신민영 LG경제연구원 경제연구부문장은 "직간접적으로 취업이 어렵다는 것을 체감하면서 취업을 단념하는 대졸자가 늘어난 것"이라며 "취업이 어려운 만큼 대학을 나오고도 학원에 다니는 등 취업 준비를 하는 사람들도 증가하고 있다"라고 설명했다. 그는 일반대학 졸업생들의 비경제활동인구가 늘어나는 배경과 관련, 취업자들이 가고 싶은 일자리와 실제 갈 수 있는 일자리 간 미스매치(불일치) 심화를 주된 요인으로 꼽았다.[50]

이런 현상이 심화되자, 아예 학원처럼 취업을 도와주는 기관으로 전락하는 대학의 사례가 빈번하다. 심지어 취업률을 높인다면서 학생들이 전공하고 있는 멀쩡한 학과를 학생들의 동의 없이 없애기도 한다. 대학 측은 취업률에 따라 학과 구조를 개편해달라는 교육부 정책에 따른 조치라고 말한다. 작년 한 해 동안 사라진 학과 수는 모두 287곳, 최근 6년간 문을 닫은 학과는 약 1000개다. 대부분 인문사회 혹은 예술계열 학과였다. 2015년 건국대에선 영화학과를 비롯한 3개

학과가 통폐합됐고, 경기대 서울캠퍼스에선 국문과와 영문과 등 8개 과가 한꺼번에 사라졌다. 모두 인문계였다.[51]

교육계라고 볼 수 있는 사범대나 교대라고 크게 다르지 않다. 교사를 양성하는 교육대학교 역시 제 역할을 거의 못 하고 있다. 교육대학교에 입학한 학생들은 대학교 1학년 때부터 노량진 사교육에 의존해서 교육학과 교육과정을 외운다. 대학에서는 임용 합격률을 자랑하지만, 학생에게 어떤 교사가 되어야 하는지를 제대로 가르쳐주지 않는다. 수업은 임용고사를 치르고 교사가 되는 데에 별 도움이 되지 않는다. 한 교대생은 이런 말을 하였다. '내가 교대에 들어오는 순간 교사자격증이 확보되었기 때문에, 대학에 바라는 것은 이미 없다.' 자격증 발급을 위해서 존재하는 학교가 과연 필요한 것인가? 교육대학교에 입학한 학생들은 임용고사를 위해서 사교육에 의존하고 있다.

대한민국 대학 전공 학과 중 의대(치대, 한의대 등)와 교대 정도만이 실제 자신이 나가야 할 진로와 학문이 일치한다고 볼 수 있다. 예체능계는 더욱 심하다. 사교육을 받아야지만 대학교에 들어가는데, 그들 중 전공을 유지하면서 해당 분야로 진출하는 사람은 많지 않다. 90% 이상의 대학생은 해당 전공이 아닌, 다른 진로와 직업을 알아본다. 극소수의 사람들만이 해외 유학을 다녀와서 교수가 되기도 하지만, 이미 기득권으로 포화상태에 달하고 있는 보수적인 교수 사회에 진입하기도 현재로선 쉽지 않다.

진로교육의 방향이 바뀌어야 한다

설령 좋은 대학을 나와서 많은 사람들이 희망하는 대기업 취업에 성공하더라도 이른 나이에 퇴직을 하는 것이 현실이다. 이들 중 상당수는 유사 업종의 전직이 아니라, 갈 곳이 마땅히 없어 불가피하게 자영업을 선택한다. 대기업 취업은 1%의 바늘구멍을 통과해야만 가능한 것이나, 이마저도 미래를 보장해주지 않는다. 피라미드 구조 속에서 살아남는 것은 극소수에 불과하고 대부분이 40대 이전에 회사 밖으로 나가 더 열악한 환경에 놓인다. 최근에는 변화의 속도가 더 빨라졌다. 경쟁에서 살아남기 위해서 대기업 사원들도 어학공부에, 제2의 인생을 위해서 각종 공부를 더 해야 한다. 능력 계발을 위한 공부가 아니라, 불안해서 뭔가 더 해야 하는 분위기 때문이다. 이렇게 열심히 하여도 기업에서는 소모품 취급을 하는 경우가 많다. 우리나라의 어두운 경제 전망 때문에 기업에서 우선적으로 인력 구조조정을 단행하는 것이다. 이러한 현상은 대한민국 대기업 경영체제에서는 쉽게 볼 수 있는 상황인데 장기적인 측면에서 회사에 이익을 가져다주지는 않는다.

예전에 본 우스운 글이 하나 있다. 전 국민이 치킨집을 차리는 공식이었다. '공부 못하는 학생-고졸-치킨집, 공부 웬만큼 하는 학생-4년제 대학교-중소기업-치킨집, 공부 잘하는 학생-명문대-대기업-치킨집' 이런 패턴이었다. 대한민국의 현실을 비꼬는 자조 섞인 내용이었다. 실제 한국 자영업의 상징인 치킨집이 해마다 늘어 전 세계 맥도날드 매장 수보다 많다.[52] 통계청의 프랜차이즈 통계(16개 업종)에 따르면 2013년 현재 치킨전문점 수는 2만 2529개로 편의점(2만 5039개) 다음으로 많았다. 우후죽순 격으로 생겨나는 커피전문점도 크게 다를 것은 없다. 명퇴한 30~50대 직장인들은 자영업에 뛰어들고 있다. 특별히 금융교육이나 경제교육을 받지 않은 이들이 살벌한 자영업 시장에서 살아남기란 쉽지 않다. 자영업 창업자 10명 중 7명이 5년 안에 문을 닫는다. 치킨집의 평균 생존 기간은 겨우 2.7년이다. 국세청이 심재철 의원에게 제출한 개인사업자 폐업 현황을 보면 2003년부터 2012년까지 지난 10년간 폐업한 자영업체는 793만 8683곳에 달했다.[53] 지난해 문을 닫은 자영업자가 5년 만에 최대 규모를 기록했다. 2016년 2월 통계청에 따르면 지난해 자영업자 수는 556만 3000명으로 전년보다 8만 9000명 줄었다. 지난해 자영업자 수는 1994년(537만 6000명) 이후 가장 적고 지난해 감소폭은 11만 8000명이 줄었던 2010년 이후 5년 만에 가장 크다.[54]

거의 모두가 대학을 나온 고학력자들인데 기업에 입사했다가 명예퇴직하고, 자영업을 차린 후 금방 문을 닫는 것을 반복한다. 그나마 이들은 상황이 낫다고 볼 수도 있다. 기업에 취직 못한 4년제 졸업자의 숫자를 보면 대한민국의 비참한 현실을 알 수 있다. 첫 직장에 비정규직으로 취업한 근로자 넷 중 한 명꼴인 26.3%는 10년이 지나도 그대로 비정규직에 머물렀다는 조사 결과[55]가 나왔다. 정부에서 발표하는 취업률은 국제노동기구ILO 기준에 따라 일주일에 1시간 이상만 일하면 취업자로 분류하기 때문에, 일반 국민들이 체감하는 것과는 다르다. 쉽게 얘기해서 시간제 아르바이트를 하더라도 취업자로 분류된다.

2016년 1월 19일 기획재정부가 한국고용정보원에 맡겨 작성된 '청년고용대책 이행 사항 모니터링 및 실효성 제고 방안'이라는 보고서에 따르면, 정부의 청년 고용 사업으로 일자리를 구한 이는 26.4%인 것으로 조사됐다. 어렵게 취업에 성공한 청년들도 절반 가까이(42.4%)는 비정규직으로, 양질의 일자리라 할 수 있는 정규직 취업자는 10명 중 1.5명에 불과했다. 나머지는 여전히 '일자리를 찾는 중'(59.6%)이거나 '다른 경로를 통해 취업'(14%)했다. 고용정보원의 이번 조사는 15~34살 중 인턴·직업훈련·고용 서비스 등 정부의 청년 고용 사업에 참여한 남녀 500명을 대상으로 지난해 9월 실시됐다.[56] 정부에서 연 2조 원을 투자해서 낳은 결과이다. 고등학교 시절 내내 입시 스트레스에 시달리다 점수에 맞춰 대학에 입학한 학생들의 미래는 이렇게 암울하다.

청년 취업난의 가장 큰 이유는 역시 양질의 일자리가 적기 때문이다. 전국경제인연합회 조사 결과 국내 매출 상위 500대 기업 중 11%는 올 상반기 채용 인원을 작년보다 줄이겠다고 답한 것으로 나타났다. 미래의 주요 소비계층이 돼야 할 청년층의 소득 감소가 더 극심한 경기 침체를 낳을 수 있다는 점에서 우려스럽다. 청년층의 취업이 부진하면 소득이 줄고 소득이 줄면 지출을 줄이면서 기업들의 매출도 줄고, 매출이 줄어든 기업은 또 고용을 안 하면서 청년 취업난이 가중되는 악순환에 빠지는 것이다. 게다가 이런 청년 취업난의 악순환이 계속되면 주택시장 역시 침체될 수밖에 없고, 청년들의 결혼과 출산이 미뤄지면서 생산인구까지 줄어 자칫 심각한 위기를 불러올 수도 있다.[57]

위와 같은 통계가 대한민국의 2016년 상반기를 장식하고 있다. 이러한 현실 속에서 좋은 대학 입학의 의미를 찾기란 쉽지 않다. 자녀에게 고액의 비용으로, 힘들게 사교육을 시켜가며 4년제 대학을 보내서 비정규직을 만들거나 실업자가 되기를 원하는 학부모는 없을 것이다. 그러나 현실은 참담하기만 하다. 기업은 원하는 인재를 대학에서 만들어주지 않고 있다고 비판한다. 기업이나 대학이나 정작 자신들이 해야 할 도리를 하지 않는다는 뜻이다. 일부 기업에서는 특별전형이라면서 부유층 자제들에게만 채용 기회가 주어지는 현대판 음서제[58]를 만들어, 평범한 학생들에게는 공정한 채용의 기회조차 주지 않는다. 대학에서는 우수한 학생을 뽑기 위해서 특목고나 자사고를 우대하는데 정작 이런 학생들을 받은 대학에서는 별다른 대책을 고민하지 않는다. 학생들은 이러한 사실도 모른 채 좋은 대학에 가면, 좋은 일자리와 희망찬 내일이 있을 것이라 기대하면서 오늘도 도서관에서 졸린 눈을 비비며 공부하고 있다. 진로교육의 방향이 바뀌어야 할 때이다.

대학의 눈치를 보지 말고 학생의 미래를 보라

4년제 대학을 나와서 양질의 일자리를 보장받는 사회는 지났다. 변호사, 의사, 회계사, 한의사, 공무원 등 많은 이들이 원하는 양질의 일자리는 이미 40~50대 이상의 연령층이 차지하고 있다. 이들이 은퇴하기 전까지는 젊은 세대가 들어갈 공간이 생기기 힘들다. 사법시험 폐지 논란이 있는 변호사는 로스쿨[59]제도의 도입으로 월 평균 수입 300만 원 선이 무너졌다는 자료들이 나오고 있다. 한의사, 회계사도 마찬가지이다. 우리가 꿈의 직장이라고 부르는 직업들도 이미 어려운 상황에 직면한 것이다. 이와 관련된 재미있는 통계가 있다. 과거 하버드 대학교를 졸업한 이들의 전공에 따른 백만장자 비율을 따져봤을 때 전통적으로 돈을 많이 벌 것 같은 법대나 의대보다 비인기 학과가 더

많았다고 한다. 그리고 현재 미국에서 고연봉을 보장하는 대학교 순위
에서 하버드 대학교는 3위에 불과하고, MIT 공대가 2위라고 한다. 학
과에서도 수학 관련 계통 학과가 많은 것을 보면, 우리의 인식하고 좀
다른 것 같다.[60] 우리나라에서도 1970~1980년대에 건축, 조선학과가
엄청난 인기를 끌었는데, 뒤늦게 거기에 몰린 수험생들은 건설 경기와
조선 경기 침체로 고소득을 보장받지 못한 현상과 맥을 같이한다. 한
때의 열풍에 인기 학과에 진학했는데 얼마 후 열기가 시들해져 생각
했던 모습과 현실이 다른 경우는 여럿 있다. 학생들이나 학부모들이
가지고 있는 정보와 자녀들이 기성세대가 될 때의 소득과는 연관성이
떨어지는 것이다. 현재 가지고 있는 막연한 환상을 아이들에게 주입해
서 안 되는 이유이다.

대학 교육이 이런 상황인데, 정부는 대학 교육에 수많은 세금을 투
입한다. 4년제 대학교를 현 상태로 유지하기 위해 고액의 예산을 투입
하고 있는 것이다. 하지만 학생에게 직접 영향을 주는 장학금에는 별
관심이 없다. 대부분의 4년제 대학교는 등록금에 의지한 채 학교 운영
을 하고 있다. 대학교의 적립금은 현재 12조 원[61]을 넘어섰으며, 대학
교마다 지원하고 있는 예산은 천문학적이다. 교육부의 올해 지원 방안
에 따르면 학생들의 등록금을 지원하는 국가장학금 총예산은 지난해
보다 545억 원 증가한 3조 6545억 원이다.[62] 정부에서는 장학금을 늘
려 반값 등록금을 실현했다고 하지만, 이를 체감하는 사람은 많지 않
을 것 같다. 한 신문기사에서 심현덕 참여연대 민생희망본부 간사는
"대학이 마련했다는 3조 1000억 원 중 2조 원은 지난 2012년 이전에
도 지급됐던 장학금 금액으로, 실제 재원이 늘어난 폭이 크지 않다"
며 "반값 등록금 재원의 많은 부분을 차지하는 국가장학금의 경우

1원 이상 받아본 학생이 전체의 40%에 불과한 것으로 나타나 체감도가 떨어진다"라고 말했다.[63]

대학교 장학금을 세금으로 지급하는 것도 문제지만, 특정 지역이나 특정 대학교의 편중 현상도 심각하다. 대학교육연구소의 '사립대학 국고보조금 현황'에 따르면 2014년 서울지역 사립대학에 지원된 국고보조금은 2조 229억 원으로 전국 153개 사립대학에 투입된 국고보조금 4조 6791억 원의 43.2%에 달했다. 또 경기 지역 대학들까지 포함하면 57.8%에 달해 국고보조금의 절반 이상이 수도권 지역 대학들에 집중된 것으로 나타났다. 반면 광역시 지역은 14.7%에 불과했으며 광역시외 나머지 지역 대학들의 국고보조금을 다 합쳐도 전체의 25.7%에 그쳤다. 대학별 편중도 심했다. 보조금이 지원된 153개 사립대학 중 상위 10개 학교에 전체 보조금의 34.9%가 집중됐고, 상위 20%가량의 대학이 60% 이상의 보조금을 독차지한 것으로 나타났다. 보조금을 가장 많이 받은 곳은 연세대로 2847억 원이었고, 한양대 2331억 원, 고려대 2246억 원, 성균관대 2117억 원, 경희대 1362억 원, 포항공대 1324억 원, 건국대 1107억 원, 동국대 1019억 원, 중앙대 995억 원, 영남대 992억 원 등의 순이었다.[64] 결국 국가는 대학에 가지 않는 사람에게는 별다른 지원을 하지 않으면서, 대학교 재단에만 엄청난 세금을 퍼주고 있는 것이다. 참고로 누리과정 예산과 비교한다면 대학교에 주는 금액이 훨씬 더 크다. 무엇을 비판해야 할지 학부모들이 정확하게 알아야 할 필요가 있다. 이런 비정상적인 현상을 보고도 주목하지 않고 개선하지 않는 것은 교육의 불평등을 심화시키는 일이며 혈세 낭비이다.

4년 동안 매 학기 평균 등록금 400~500만 원을 학자금 대출을 받는다고 하면 학생에게는 이자 포함 3000만 원가량의 빚이 남는다. 생활비나 주거비를 포함하면 5000만 원에서 1억 원이 될 수도 있다. 2015년 사립대 의대생의 1년 평균 등록금은 1011만 원이었는데, 이 돈이면 현재 기준으로 80kg짜리 쌀 63가마를 살 수 있다. 지난해 1인당 쌀 소비량이 62.9kg이었으니, 80년 넘게 먹을 수 있는 쌀을 한 해 등록금으로 낸 셈이다. 20년 전인 1996년 사립대 의대생의 1년 등록금은 502만 원으로 쌀 36가마에 해당했다. 쌀값은 1996년 13만 6713원에서 지난해 15만 9622원으로 1.17배 올랐는데, 같은 기간 등록금은 2배 넘게 올랐다. 경제협력개발기구OECD에 따르면 지난해 한국 사립대의 평균 등록금은 8554달러(997만 원)로 미국 2만 1189달러(2471만 원)에 이어 2위였다. 국내 사립대 학생의 비중은 75%로 미국(40%), 호주(5%) 등보다 훨씬 높다. 국·공립대 등록금도 546만 원으로 미국(938만 원), 일본(589만 원)에 이어 3위였다.[65]

2015년 한국장학재단 조사 결과 학자금 대출 인원만 70만 명을 넘었고, 대출 액수는 2조 1197억 원이다. 그런데 이 학자금 대출이라는 것이 결국 모두 학생들의 짐으로 남고, 사회생활을 시작하는 데 큰 걸림돌이 된다. 사회생활의 첫걸음부터 빚을 지고 시작한 학생들은 내 집 마련에 대한 희망을 가질 수도 없이 N포세대[66]가 되는 것이다. 대학교 주거비도 학생들에게는 큰 부담이 되고 있다고 한다. 대학 기숙사에 들어가기도 힘들지만, 대학교 기숙사도 민영화되어서 서민이 감당하기 힘들어졌다. 청년주거권 단체인 민달팽이유니온과 참여연대, 반값등록금국민본부, 연세대·고려대·각 대학 총학생회는 기자회견을 열어 이런 내용의 조사 결과를 공개했다. 이들은 각 대학 민자 기숙사비가 주변 원룸 월세와 견줘 한 학기(4개월)에 연세대는 33만 4000원, 고려대는 32만 원, 건국대는 31만 원 더 비싼 것으로 나타났다고 밝혔다.[67] 학비 이외에도 내야 할 것들이 너무 많다는 뜻이다. 그 빚을 갚는 데도 오랜 시간이 걸린다. 최근 청년층의 상당수는 이런 빚을 지고 사회에 나온다. 그럼에도 제대로 정규직으로 취업도 안 되고, 그 빚은 줄지 않는다. 이런 학생들이 점차 늘어만 가고 있다.

우리가 따져봐야 할 것은 이뿐만이 아니다. 왜 대학교를 가야만 장학금 혜택을 국가 세금으로 주는 것인지 모르겠다. 그리고 대학에 이렇게 많은 비용을 지원해주는 구조 또한 이상하다. 대학을 가지 않는 학생에게 지원되는 금액은 전혀 없다. 전국의 고등학생들이 모두 대학을 가는 것도 아닌데, 이를 자꾸 유도하는 이유는 학생들의 미래보다 대학 측의 눈치를 보기 때문이라는 결론이 나온다.

최근에는 교육부가 대학 평가를 위해 4년제 대학교의 외국인 비율에 따라서 지원하는 금액이 상당하다. 때문에 중국 유학생을 무분별하게 받거나, 전액 장학금으로 유치하기도 한다. 유학생은 반길 만하지만 우리나라 학생에 대한 투자가 우선인데, 근시안적으로 외국 유학생에 열을 올리는 것을 우선시한다. 한 언론 보도 자료에 따르면 지방모 대학교의 중국 유학생은 유학생을 가장한 뒤 유학 비자를 받아 불법 체류하기 위한 수단으로 사용했다고 한다. 이런 식으로 유학 비자가 남발되고 있다. 이런 일들로 우리 학생들이 제대로 된 교육 지원을 받지 못하는 것이 안타깝다. 중·장기적으로 교육의 미래를 내다보는 교육정책이 시급하다. 좀 더 열린 생각을 해본다면 3조가 넘는 국가장학금 혜택을 대학생만이 아닌, 대학을 다니지 않는 청년층에게도 혜택을 주어 진로를 선택하는 것에 도움을 준다면 훨씬 희망적인 결과가 나올 것이라고 생각한다.

독일과 같은 유럽에서는 대학 등록금의 거의 전부를 국가가 부담하고 있다. 미국 민주당 대선 유력 대권 후보인 버니 샌더스는 공약으로 최저임금 인상, 대학 등록금 무료를 주장하였다. 본인 스스로가 민주적사회주의자라고 하고 있는 그는, 1%의 부자에게 모든 부가 집중되고 99%의 국민은 고통받는 세상을 바꾸자는 메시지로 일관되게 빈곤층과 노동 계층 등 서민과 소수자들을 대변해왔다.[68] 대학 등록금 무료화는 우리나라에도 시사하는 바가 상당히 크다. 앞으로 이런 논의가 이어진다면 우리나라 대학 교육계에도 큰 변화가 있지 않을까?

무의미한 대학 진학, 이제 고등학교 진로교육에 투자해야 한다

최근, 고등학교 졸업과 동시에 바로 9급 공무원 시험을 보는 이들이 늘어나고 있다고 한다. 현명한 선택이라 말하는 이들도 있다. 어차피 4년제 대학을 졸업해봐야 취업도 안 되는데, 시험공부를 하기 좋은 시기인 10대 때부터 공무원 준비를 하자는 것이다. 괜히 대학교에 가서, 허송세월하다가 황금 같은 20대를 낭비하고, 학비는 학비대로 쓰고 좌절은 좌절대로 맛보고 시작하는 것보다 낫다는 것이다. 왜 이토록 공무원에 매달릴까? 고졸이건, 지방대를 나오건 차별받지 않는 환경. 그리고 정년 60세가 보장되기 때문이다. 비정규직도 없다. 매달 월급을 받지 못할까 불안해하지 않아도 된다. 이러한 환경이 공무원에 매달리게 하는 사회를 만들고 있다.

그런데 우리 사회 전체를 이렇게 상향 평준화하는 것은 불가능할까? 법과 제도를 바꿔 모든 직장이 공무원과 같이 안정적이고 삶의 질을 생각할 수 있는 직업 형태가 되는 것은 불가능한 일일까? 시도하지 않았지만, 외국의 사례를 본다면 충분히 가능한 일이다. 프랑스, 독일을 비롯한 선진국의 대학 진학률은 별로 높지 않다. 미국만 하더라도 40% 내외이다. 그 이유는 공부를 정말 원하는 사람만 하기 때문이다. 임금 차이도 별로 없고, 고졸이어도 오랜 기간 숙련된 기술을 가지고 있으면 대졸자보다 훨씬 고임금을 받고, 사회적인 대우를 받을 수 있다. 장인정신이 있기 때문에 가능한 일이기도 하나, 사회적인 인식과 합의가 그렇게 되어 있는 것이다. 우리나라는 어떠한가? 특성화고등학교를 나와서 공기업을 들어가도 야간대학교나 방송통신대학교를 가서 대학교 졸업장을 따야 한다. 고졸은 곧 공부 못하는 사람, 무능력한 사람이라는 인식을 가지고 있고 가방끈이 짧다면서 부끄러워한다. 많은 이들이 '기본적으로 대우받고 살려면 적어도 4년제 대학은 나와야지' 하는 생각을 하고 있다. 그 결과 우리나라는 대학 졸업장이 임금에서 가져오는 격차가 매우 커졌다. 학력에 대한 막연한 환상은 학력을 지속적으로 연장하게 해 불필요한 고학력자를 양산하게 되고, 이들은 고액의 돈을 들여 박사학위까지 따게 된다.

국내 대학원에서 박사학위를 받은 졸업생의 취업률이 늘었지만 상용직 비율은 오히려 감소한 것으로 나타났다. 임시직, 일용직 비율은 늘었다. 특히 인문학 박사는 취업자의 37%가 임시직이었고, 42%는 연봉이 2000만 원도 되지 않았다.[69] 최근에는 그런 상식을 뛰어넘는 결과도 나오고 있다. 한국개발연구원KDI이 발표한 '교육 거품의 형성과 노동시장 분석' 보고서에 따르면 4년제 대졸자의 임금 프리미엄 상승은 상위 10%에서만 뚜렷이 관측됐다. 이에 반해 하위 20%의 대학 졸업자의 경우엔 성별과 경력 등 다른 변수를 통제하고서도 고졸자의 평균 임금보다도 낮은 임금을 받는 것으로 나타났다.[70] 이 보고서를 보자면 4년제 대학교를 나와도, 고등학교 졸업자보다 훨씬 못한 임금을 받는 것이다.

　4년제 대학교를 나와야 좋은 직장과 고액 연봉을 보장받는다는 환상을 버려야 할 때이다. 아니, 꼭 4년제 대학교를 가야 한다는 생각을 버려야 한다. 4년제 대학 졸업을 위해 학비와 생활비를 합쳐서 1억 원에 달하는 금액이 필요하고, 어차피 취업시장에서 비정규직을 전전할 것이 예상된다면, 좀 더 나은 미래를 위해서 다양한 직업세계와 창업정신을 배우는 것이 낫다고 본다. 최근에는 틈새시장을 공략하여서 청년 창업가들이 많이 나오고 있다. IT 쪽도 그렇고 사람들이 평소에 블루칼라라고 무시했던 세차, 용접 같은 곳에 도전하는 젊은 이들도 늘어나고 있다. 이들 중에는 상상 이상의 연봉을 받거나 버는 경우도 많다. 치킨집이나 커피전문점이 아니더라도 창업의 아이디어는 많고, 몸소 겪어보고 있는 학생들도 많다. 그러나 이들이 혼자 세상과 부딪혀야 하는 현실이 안타깝다. 그만큼 실패도 많기 때문이다. 일찍부터 사회를 경험하고, 실패를 함으로써 성장을 하는 것도 이들에게는 큰 자산이 될 수 있다. 어차피 취업을 위해 대학을 가고, 취업해봐야 30대에 회사를 나와서 창업을 경험할 것이라면, 비싼 수업료를 지불하는 대신 일찍부터 미래를 준비하는 것도 좋다. 고등학교 진로교육이 중요한 이유가 바로 이것이다. 학부모는 자녀와 어느 4년제 대학을 갈지 고민하는 것보다, 미래에 내가 무엇을 할 수 있을 것인지, 지금 잘하는 것이 무엇인지를 진지하게 고민해야 한다. 그리고 진로교육에 관한 국가적인 시스템이 이를 도와줄 수 있도록 정부가 노력해야 한다.

지금도 고등학생들이 원하기만 한다면 지방의 4년제 대학은 거의 들어갈 수 있다. 이상한 얘기처럼 들릴지 모르겠지만, 지방의 인지도 낮은 4년제 대학의 교수들은 해당 지역 고등학교 교사들에게 홍보 팸플릿을 돌리면서 학생들 좀 보내달라고 읍소하는 경우도 있다고 한다. 과거에는 상상도 못 할 일이다. 그만큼 대학 상황이 안 좋아졌다는 얘기이다. 앞서 언급했듯이 소규모 학급 통폐합을 할 정도니 대학교도 10~20년 이내에 구조조정이 불가피할 것이다. 매년 교육부와 중앙정부가 대학 평가를 통해 구조조정을 시도하고 있으나, 늘 용두사미로 끝난다. 그도 그럴 것이 힘 있는 사람이 총장으로 있거나, 고위 관료 출신, 정치인 출신이 재단 이사거나 등의 이유로 손을 못 댄다. 기준이 객관적이지 않아, 거의 힘없는 대학들만 나쁜 평가를 받는 구조다.

2015년도에 교육부에 의한 대학 평가 결과가 나오자 많은 대학들이 결과를 인정하지 않고 항의하였다. 교육부의 고위 관료들이 은퇴하면 지방대학교 총장으로 가는 사례가 많은데, 왜 지방대학교에서 이들을 모셔가려는 것인지 잘 생각해볼 필요가 있다. 국가의 세금으로 교육에 투자하지 않고, 고민하지 않는 대학을 먹여 살릴 필요는 없다. 그 돈이 청년층에게 돌아갈 수 있도록 해야 한다. 그리고 도태될 곳은 도태되게 두어야 한다. 차라리 고등학교 진로교육에 더 투자하는 것이 백년 앞을 내다보는 교육과 대한민국의 미래를 위해서 꼭 필요하다고 본다.

서울대 중심의 서열화된 사회,
제도와 법률, 인프라를 바꾸어야 한다

우리나라에서 서울대를 나오면 주류에 편입할 수 있는 가능성이 커진다. 교수 사회가 그렇고, 판·검사, 변호사, 의사, 중앙정부 고위 관료에서도 그렇다. 서울대가 아니면 힘들다. 설사 차별을 이겨내고 높은 곳 근처에 가더라도 최고 위치에는 갈 수 없다. 우리 사회에서 학벌과 서열주의의 핵심에는 서울대가 있다. 교육계에서도 서울대 중심의 교수 사회는 교육과정과 교과서 개발의 핵심이다. 10대 시절을 성실히 보내고 노력하여 우리나라 최고의 대학에 입학한 노고와 열정은 인정한다. 그러나 그것으로 평생 기득권을 보장받는 사회는 비정상적이다. 그리고 소수의 그들이 한 국가를 좌지우지한다는 것도 이상하다. 어떤 사람은 프랑스처럼 지역마다 파리 1대학, 2대학처럼 국립대학교를 곳곳에 만들자고 한다. 그러나 이미 국립대학교가 지역마다 있지만, 서울대학교처럼 각광받지 못하고 있는 것을 볼 때 현실적이지 않다. 적어도 법과 제도로 차별을 금지한다면 모를까, 이 서울대 중심에서 모든 문제가 시작되는 것에 대한 근본적인 대책이 필요해 보인다.

최근 서울대 입학본부장은 "수능이 점차 자격고사화되고 작년, 재작년 수능 난이도 이하로 떨어진다면 정원 조정과 대학별 고사 확대가 불가피하다"라고 말했다.[71] 서울대의 일거수일투족은 국민과 언론이 바라보고 있을 만큼 상징성이 매우 크다. 서울대가 본고사를 부활하겠다고 하면, 입시제도의 근간이 흔들릴 것이다. 서울대가 시작하면 연이어 다른 대학들도 본고사를 부활할 것이기 때문이다. 과거 1970~1980년대 대입을 경험했던 세대들은 그 시절 공부량이 엄청났던 것을 기억할 것이다. 고등학교에서는 가르쳐주지도 않던 것들을 대학을 가기 위해서 준비해야 했다.

'N포세대'라는 말이 있는데 기득권으로 들어가지 못한 소시민들의 자조적인 용어다. 최근 온라인 취업포털 '사람인'의 설문조사에 따르면 전체 응답자인 20·30대 남녀 1675명 중 1156명(69.0%)이 자신을 "N포세대에 속한다"라고 답했다. 청년세대 3명 중 2명 이상이 삶의 주요 가치를 포기하기 시작했다는 것이다. 이들이 포기했다고 밝힌 구체적 항목은 결혼(56.8%), 꿈과 희망(56.6%), 내 집 마련(52.6%), 연애(46.5%), 출산(41.1%), 인간관계(40.7%) 등이었다. 응답자들은 N포세대 문제 해결을 위해 가장 필요한 것으로 경제적 안정(33.3%), 경쟁 위주의 사회 분위기 변화(26.9%), 국가 정책 지원(21.5%) 등을 꼽았다. 이에 반해 개인 의지와 정신력을 꼽은 이는 8.0%에 그쳤다.[72] 개인의 변화가 아닌 국가의 변화가 중요하다는 인식을 가지고 있는 것이다.

우리 사회는 대학 입학과 동시에 서열화가 당연시된다. 서울대를 중심으로 기득권을 만들고 나머지도 학벌에 따라 줄을 세우는 차별이 계속되고, 국민들은 어느 순간 이것이 당연하다고 생각한다. 고등학교 성적으로 평생의 인생이 결정된다고 믿으며, 실제로 그렇게 작용하기도 한다. 한 번의 실수로 너무 많은 것을 잃는다. 다시 기회를 주지 않는다. 명문대를 가야만 성공한다고 믿는 세상, 때문에 수능 한 번 잘못 보면 인생이 좌절된다고 믿는 학생들이 많다. 이로 인해 매년 수능 후에 자살하는 학생이 생기고, 취업이 어려운 지방대 졸업생이 생기고 있다. 어떤 이들은 명문대를 나오지 않은 이들은 눈을 낮춰 중소기업에 가야 한다고 말한다. 명문대가 아니면 대기업에는 취업할 수 없다는 생각을 이해할 수 없다. 그리고 중소기업의 현실을 안다면 여기에

만족해야 한다는 목소리는 힘을 잃을 것이다. 대학을 졸업한 청년들이 대기업에 집착하는 이유는 현실적이지 않은 중소기업의 임금 탓도 있다. 제도적으로 대기업 중심의 사회이고 하청업체인 중소기업들이 제대로 대우를 받지 못해 열악한 현실 때문이다. 중소기업과 대기업의 월급 격차의 현실은 2008년 249만 원과 392만 원에서, 2015년 311만 원과 501만 원으로 벌어졌다. 대기업 사원이 한 달에 백만 원을 받을 때 중소기업 사원은 평균 62만 원을 받는다. 초과 근로 수당과 성과급 등 특별급여까지 따지면 격차는 더욱 벌어진다.[73] 대기업과 중소기업의 월급 격차를 줄이고, 소득의 재분배를 이루게 된다면 대학에 가지 않거나 명문대를 나오지 않아도, 대기업이 아닌 중소기업에서도 꿈을 이룰 수 있는 사회가 될 수 있다.

교육을 바꾸는 것도 중요하지만 현실적인 사회문화 그리고 제도와 법률, 인프라를 바꾸는 것 역시 중요하다. 교육과 경제, 사회, 문화적인 요인이 모두 결합되어 있기 때문이다. 이것의 해결은 교육정책 담당자 몇 명이 할 수 있는 것이 아니다. 사회 전반의 개선이 필요하다.

1. 보통 기초학습부진은 국어, 수학 과목의 성적이 부진한 학생을 말함. 읽기, 쓰기, 셈하기를 기초학습부진으로 말하는 경우도 있으나 학교에서는 대개 국어와 수학으로만 보고 있음. 여기에 국가수준학업성취도평가에서는 영어를 추가해서 평가함.
2. 당시 문용린 서울시 교육감 시절 「2013 서울형 혁신학교 평가 연구사업 결과 보고서」(한국교육개발원)에 대한 논란이 있었다. 혁신학교의 기본적인 환경을 고려하지 않고, 성적순으로 줄 세운다는 비판이 그것이다. 관련 기사는 『한겨레』, 『오마이뉴스』(2013. 11)에서 다뤘음. (재)경기도교육연구원의 『교육시선 오늘』 2호(2013)에 자세히 분석되어 나와 있다.
3. 이와 관련된 자료는 『혁신학교의 거의 모든 것』(맘에드림, 2015)에 자세히 실려 있다.
4. NCLB를 만들었던 미국의 전 교육부 차관이자 뉴욕대 교육학 교수인 다이앤 래비치(Diane Ravitch)는 실제로는 학업 성취를 올리지도 못했을 뿐만 아니라, 다양한 편법들만 난무하게 만들었다고 선언함. 예를 들면, 텍사스 주는 교육 기적을 이뤘다고 자랑했지만 실제로는 10년째 읽기 성적이 제자리걸음. 반면에 학생낙오방지법에 따라 평가를 하는 데에 드는 비용은 수십억 달러에 달함. 수많은 학교에서는 평가시험을 앞두고 정규수업을 몇 달씩 중단한 채 평가시험 준비에 매달림. 폐교까지 당할 수 있다니 당연히 그럴 수밖에 없음. 이런 평가시험으로 인해 교육의 질은 저하. 또한 평가시험에서 중요한 비중을 차지하는 읽기와 수학을 제외한 나머지 역사, 문학, 지리, 과학, 미술, 외국어, 도덕 교육은 등한시되고 있다는 것을 밝힘(『르몽드 디플로마티크』 2010. 10).
5. 통계청이 발표한 「2015 청소년통계」 자료.
6. 2008년 전북 임실교육청에서 국가수준학업성취도평가를 0명으로 기재하여서 '임실의 기적'이라 언론의 주목을 받음. 허위 보고로 밝혀져 많은 논란이 있었음.
7. 아무리 노력해도 성공할 수 없을 것이라고 느끼게 되는 것을 의미한다. 학습된 무력감을 지니고 있는 학생은 학업 성취에 있어 자신의 잠재력을 거의 발휘하지 못하며, 쉽게 학업을 포기하게 된다. 이런 학생들에게 학교는 결국 계속된 실패만을 만드는 장소로 느껴질 것이다(교육심리학용어사전, 2000. 1. 10. 학지사).
8. 기독교교사 전국 모임. 서울에 본부를 두고 있으며, 기초학습부진(배움찬찬이) 영역에 많은 노하우를 가지고 있음.
9. 김대중 전 대통령, 2000년 수상.
10. 알파고(AlphaGo)는 구글 딥마인드(Google DeepMind)가 개발한 컴퓨터 바둑 프로그램으로 2015년 10월, 핸디캡 없이 프로 바둑 기사를 이긴 최초의 컴퓨터 바둑 프로그램. 딥러닝(deep learning)이라는 방법을 채택한 인공지능 프로그램.
11. 세계경제포럼(World Economic Forum, WEF)은 저명한 기업인·경제학자·저널리스트·정치인 등이 모여 세계 경제에 대해 토론하고 연구하는 국제민간회의. 독립적 비영리재단 형태로 운영되며, 본부는 스위스 제네바 주의 주도 제네바에 위치. 1981년부터 매년 1월에서 2월 사이 스위스 그라우뷘덴 주에 위치하는 휴양 도시 다보스에서 열렸기 때문에 '다보스 포럼'으로 불리기도 함.
12. 『한겨레』 2016. 3. 10.
13. 『조선일보』 2016. 3. 12.
14. 교사가 발문하고, 학생이 대답하는 일 방향적인(One-way) 강의식 수업을 통칭하는 말.
15. 국제학생평가 프로그램(Programme for International Student Assessment) 15세의 학생들의 기술과 지식의 정책 지향적 국제 지표를 제공하도록 설립되었다. 평가 영역은 읽기, 수학, 과학 세 분야다.
16. 『연합뉴스』 2016. 3. 20.
17. 문화체육관광부 독서 실태 조사(2015).
18. 보통 행정고시, 사법고시, 외무고시 등을 말함.
19. 초등학교에서는 예체능 교과는 전담 교사가 있기도 하지만, 주요 교과(국, 영, 수, 과, 사)만 시

험을 보기 때문에 담임교사가 가르친 내용들이 주로 나온다.

20. 교육부에서 시·도 교육청에 보내는 시험 성적, 평가에 관한 지침.

21. 『연합뉴스』 2016. 3. 20.

22. 좋은교사운동 보도자료, 2016. 4. 4.

23. 『한국일보』 2015. 10. 1.

24. 한국직업능력개발원(2016, 주요국의 직업지표 비교연구), 『국민일보』 2016. 2. 3.

25. 한국직업능력개발원 조사 결과.

26. 대도심에 대규모 직업체험을 하는 곳이 존재함. 일회적인 체험 이외에는 진로교육에 실제적 인 도움이 되지 않음.

27. 본 내용은 (재)경기도교육연구원에서 연구한 현장체험학습 학교협동조합 연구에 제시된 내용을 각색한 것임. 또한 이 내용은 『학교협동조합, 현장체험학습과 마을교육공동체를 잇다』(살림터, 2015)로 출판되었음.

28. 시흥시청에서 설립한 혁신교육지구지원센터. 시흥교육지원청과의 협력, 단위 학교 지원을 위해서 설립한 센터이며 이곳에서 교육청과 교육 프로그램 개발, 학부모 지원 사업 등이 이루어지고 있다. 지역 주민들이 상주할 수 있는 공간을 만들어서 지역 내 만족도가 매우 높다.

29. 孟母三遷之敎. 맹자의 어머니가 자식을 위해 세 번 이사했다는 말로 아이의 성장에는 환경이 중요하다는 뜻.

30. 『세계일보』 2016. 2. 27.

31. 70년대 이전까지는 상고는 상위권 학생들이 진학했음. 대학 진학을 거의 하지 않았기 때문임.

32. 『연합뉴스』 2016. 1. 31.

33. 『한겨레』 2016. 3. 23.

34. 교육부는 74년부터 고교평준화 정책을 실시하고 있다. 1999년 김대중 정부 시대에는 우리나라 대학입시 및 공교육 제도의 근간이 되어온 본고사·고교등급제·기여입학제 세 가지를 금지했다.

35. 『국민일보』 2015. 6. 25.

36. JTBC, 2016. 2. 29.

37. 교육부와 통계청이 발표한 2015년 초중고 사교육비 조사 결과.

38. KB금융지주경영연구소가 2015년 전국 성인 남녀(25~59세) 2906명을 대상으로 노후 자금 준비 상황을 조사한 '2015 한국 비은퇴 가구의 노후준비 실태' 보고서에 따르면 노후생활에 필요한 자금은 월평균 226만 원으로 분석됐다. 하지만 현재 보유한 금융자산과 저축액, 공적연금, 퇴직연금, 개인연금 등을 토대로 계산한 비은퇴 가구의 평균 예상 준비 자금은 월 110만 원에 불과했다. 자녀들을 위한 사교육비나 주거비용 마련 등으로 노후 자금이 부족해지는 오늘날의 세태가 반영된 셈이다(『매일경제』 2015. 12. 11).

39. 『연합뉴스』 2016. 3. 21.

40. SBS 뉴스, 2016. 3. 25.

41. 2016년 경기도 초등 임용고시 경쟁률은 대략 1.2 대 1이다.

42. 『동아일보』 2016. 3. 21.

43. 『세계일보』 2016. 2. 10, 「유전유학 무전무학(有錢有學 無錢無學)'… 교육비 격차 8배까지」.

44. 『연합뉴스』 2016. 3. 16.

45. 미국의 공립학교는 거의 황폐화되어 있다. 큰 금액의 학비를 내고 명문 사립 초·중·고등학교를 나와야지만 기득권에 편입되고, 명문대학교에 진학할 수 있는 기회가 생긴다.

46. 『오마이뉴스』 2016. 2. 12.

47. 『한국경제』 2016. 1. 14.

48. 서울대, 연세대, 고려대를 줄여서 부르는 말.

49. 『서울신문』 2016. 3. 4.

50. 『연합뉴스』 2016. 2. 29.

51. JTBC, 2016. 3. 31.

52. 『연합뉴스』 2015. 10. 5.

53. 『중앙 시사매거진』 2015. 6. 15.

54. 『연합뉴스』 2016. 2. 20.

55. 한국직업능력개발원, 「청년층의 고용 형태 변화와 영향 요인 분석」(2015 채창균, 신동준, 류지영).

56. 『한겨레』 2016. 1. 20.

57. SBS, 2016. 3. 19 기사 편집하여 인용.

58. 음서제(蔭敍制) 고려와 조선 시대, 나라에 공을 세운 신하나 지위가 높은 관리의 자손을 과거(科擧)를 치르지 아니하고 관리로 채용하던 제도. 변칙적으로 부유층 자제를 위해 공정하지 않은, 특별한 제도를 만드는 것.

59. 로스쿨(법학전문대학원), 『Law school』.

60. 『뉴욕타임스』 2010. 11.

61. 교육부 2014 발표 자료.

62. 『서울신문』 2016. 2. 3.

63. 『헤럴드경제』 2016. 2. 11.

64. 『경향신문』 2016. 3. 11.

65. 『세계일보』 2016. 3. 31.

66. 3포, 5포를 넘어 N개의 것을 포기했다는 뜻으로 주거·결혼·인간관계 등 인생의 많은 부분을 포기한 꿈이 없는 청년 세대를 일컫는 신조어.

67. 『연합뉴스』 2016. 2. 11.

68. JTBC 뉴스, 2016. 2. 3.

69. 『뉴스1』 2016. 2. 7.

70. 『헤럴드경제』 2015. 9. 29.

71. 『연합뉴스』 2016. 3. 30.

72. 『세계일보』 2016. 2. 10.

73. KBS 뉴스, 2016. 3. 4.

참고 자료

▶ 신문기사

- "캣맘 사망 사건 용의자, 사람 죽인 초등생 A군 처벌 불가… 형사미성년자 연령 낮추자 분분", 『조선일보』 2015. 10. 17. http://news.chosun.com/site/data/html_dir/2015/10/17/2015101700001.html
- "세월호 참사가 낳은 인성교육법… 학교 현장 안착 과제", 『연합뉴스』 2016. 1. 8. http://www.yonhapnews.co.kr/bulletin/2016/01/08/0200000000AKR20160108138900004.HTML?input=1195m
- "침 뱉은 술 먹이고 맨땅에 원산폭격… 대학생들 조폭 흉내", 『연합뉴스』 2016. 3. 30. http://www.yonhapnews.co.kr/bulletin/2016/03/29/0200000000AKR20160329170800055.HTML?input=1179m
- "제2의 유승준 막기 위한 강력 제재안 나온다", MBN, 2016. 4. 10. http://news.mk.co.kr/newsRead.php?no=262576&year=2016
- "北 철갑탄에 뚫리는 방탄복, 최전방 3만 명에 입혔다", 『조선일보』 2016. 3. 24. http://news.chosun.com/site/data/html_dir/2016/ 03/24/2016032400212.html
- "아들 시신 훼손-11살 딸 학대, 문제점 판박이", 『오마이뉴스』 2016. 1. 18. http://www.ohmynews.com/NWS_Web/View/at_pg.aspx?CNTN_CD= A0002176124
- "학대받는 아동들 변했다… 스스로 신고 2년 새 4배↑", 『뉴스1』 2016. 1. 24.http://news1.kr/articles/?2553631
- "버려진 원영이 또 없나… 작년 경기 학대아동 2915명", 『연합뉴스』 2016. 3. 11. http://www.yonhapnews.co.kr/bulletin/2016/03/10/0200000000AKR20160310125700061.HTML?input=1179m
- "7일 이상 무단결석 담임이 가정 방문", YTN, 2016. 1. 26. http://www.ytn.co.kr/_ln/0103_201601261121002706
- "내 아이 내가 때린다는데… 아동학대 2년간 6배 급증", 『헤럴드경제』 2016. 4. 12. http://news.nate.com/view/20160412n13208?mid=n0411
- "아이들 못 지키는 법·제도 고쳐라, 자성론 확산", 『연합뉴스』 2016. 2. 18. http://m.media.daum.net/m/media/politics/newsview/20160218 120525003
- "교사 된 것 후회 '36.6%' 교사 직업만족도 왜 이렇게 낮나 했더니?", SBS, 2015. 2. 11. http://v.media.daum.net/v/20150211093302853?f=o
- "사회적 소득불균형 심각… 한국 가정복지 꼴찌 수준", 『한국일보』 2015. 2. 7. http://www.hankookilbo.com/v/02b9aff9dad345d1814c215b6e97333f
- "아동학대 사회적 비용 年 76조… GDP의 5%", 『동아일보』 2016. 3. 28. http://

news.donga.com/3/all/20160328/77244585/1

- "신원영 학습효과, 아동학대 방지 교육 받아야 이혼한다", 『연합뉴스』 2016. 3. 27. http://www.yonhapnews.co.kr/bulletin/2016/03/25/0200000000A KR20160325184751004.HTML?input=1195m
- "정부, 땜질식 처방… 벼랑으로 치닫는 누리과정", 『노컷뉴스』 2015. 12. 24. http://www.nocutnews.co.kr/news/4522662
- "유일호, 고령화 문제, 이민정책 전향적으로 생각해야", 『연합뉴스』 2016. 3. 29. http://news.nate.com/view/20160329n06698?mid=n0308
- "경기교육청, 올 채무 7조 넘을 듯 '누리과정'까지 떠맡아 파탄 위기", 『경향신문』 2016. 2. 10. http://news.khan.co.kr/kh_news/khan_art_view.html?artid=20160 2102300335&code=620109
- "'가족이 있는 삶'… 호주 여성 진출 비결은?", YTN, 2016. 3. 18. http://www. ytn. co.kr/_ln/0104_201603181800523575
- "누리과정 예산 '줬다-안 줬다' 진실게임 공방… 사실은?", 『파이낸셜 뉴스』 2016. 2. 11. http://www.fnnews.com/news/201602111532171802
- "어린이집 반강제 특별활동… 빛바랜 무상보육", 『한국일보』 2016. 3. 4. http:// www.hankookilbo.com/v/6bdbf11ab95843caa967b0c94b5be1d0
- "보육 교사 '교구도 사진도 원복도… 리베이트 천국'", 『노컷뉴스』 2016. 3. 17. http://www.nocutnews.co.kr/news/4563595
- "무상 포퓰리즘 논란… 고교 무상교육도 사실상 무산", SBS, 2016. 2. 7. http:// news.sbs.co.kr/news/endPage.do?news_id=N1003405079&plink=ORI&coope r=DAUM
- "與 지적한 '주체사상', 검인정 과정에서는 '문제없음'", 『노컷뉴스』 2015. 10. 15. http://www.nocutnews.co.kr/news/4488353
- "국정 교과서의 '왜곡', '5·16혁명(?)'부터 '친일 외면'까지", 『노컷뉴스』 2015. 9. 9. http://www.nocutnews.co.kr/news/4470360
- "초등 역사 교과서 편향적 내용 수두룩, 우려가 현실로", JTBC, 2016. 2. 29. http: //m.media.daum.net/m/media/society/newsview/20160229211658 295
- "박혜자 '6학년 교과서 5·18 계엄군 사진·용어 사라져'", 『연합뉴스』 2016. 2. 24. http://m.news.nate.com/view/20160224n42536
- ['국정 역사 교과서' 정면 충돌] "교과서를 이념도구로… '교학사' 학교 외면받자 '단일 교과서' 강행", 『경향신문』 2015. 10. 7. http://news.khan.co.kr/kh_news/ khan_art_view.html?artid=201510072325275&code=940401
- [앵커 브리핑] "'393자, 누가 애국을 말하는가", JTBC 〈뉴스룸〉, 2016. 1. 28.
- "전교조 '증오'에 OECD와의 약속 버린 정부", 『오마이뉴스』 2014. 6. 23. http://www.ohmynews.com/NWS_Web/View/at_pg.aspx?CNTN_ CD=A0002006418&CMPT_CD=P0001

- "'전교조는 종북' 보수단체에 4500만 원 배상 판결", 『경향신문』 2015. 9. 10. http://news.khan.co.kr/kh_news/khan_art_view.html?artid=201509102315555&code=940202
- "나는 뼛속까지 슈퍼갑, 권력에 취하다", 『한국일보』 2016. 3. 26. http://www.hankookilbo.com/v/350831b654e5418e9cf657402022db35
- "농어촌 학교 절반 통폐합… 강원·호남 반발", 『조선일보』 2016. 1. 27. http://news.chosun.com/site/data/html_dir/2016/01/27/2016012700276.html
- "학생 수 감소 딜레마… '학교 통폐합 확대' 지역 황폐화'", 『서울신문』 2016. 2. 22. http://m.media.daum.net/m/media/society/newsview/20160222 030016551
- "암보다 무서운 청소년 자살… 작년 1450명", 『뉴스1』 2015. 10. 11. http://news1.kr/articles/?2454388
- "인구 줄어도 생산성만 챙기면 된다?… 착각이었죠", 『경향비즈』 2016. 3. 6. http://biz.khan.co.kr/khan_art_view.html?artid=201603061559371&code=920100&med=khan
- "젊은 여성 급감… 지자체 80개 '소멸' 위기", 『서울신문』 2016. 3. 17. http://news.kmib.co.kr/article/view.asp?arcid=0923466331&code=11131100&cp=du
- "초등생 둔 직장맘, 3월은 전쟁이다", 『서울신문』 2016. 3. 8. http://www.seoul.co.kr/news/newsView.php?id=20160308011018
- "경총 '돈 타려 야근' vs. 직장인 '야근, 최악의 문화'", SBS, 2016. 3. 16. http://media.daum.net/economic/all/newsview?newsid=20160316 100504304
- "둘째도 안 낳는데… 셋째에만 집중된 출산 장려책", 『중앙일보』 2016. 2. 26. http://m.news.nate.com/view/20160226n01600
- "'육아휴직' 선택한 아빠 공무원의 용기… 대가는 '승진 포기'", 『헤럴드경제』 2016. 2. 12. http://media.daum.net/society/others/newsview?newsid=20160212080 102899
- "아빠들의 육아휴직, 현실은… '구경도 못 해'", JTBC, 2016. 3. 1. http://media.daum.net/m/media/society/newsview/20160301220427426?seriesId=113692
- "임금피크제만으론 청년 고용 확대 '역부족'", 『한겨레』 2016. 2. 1. http://www.hani.co.kr/arti/economy/economy_general/728727.html
- "희망퇴직 수단으로 전락한 은행권 임금피크제", 『이데일리』 2016. 2. 12. http://www.edaily.co.kr/news/NewsRead.edy?SCD=JA21&newsid=01236566612549864&DCD=A00102&OutLnkChk=Y
- "OECD의 충고… '한국 대기업 낙수효과, 이제 한계다'", 『국민일보』 2015. 12. 8. http://news.kmib.co.kr/article/view.asp?arcid=0010143430&code=61111311&cp=nv
- "고령화 시대… 2030대 더 살기 힘들어진다고?", 『세계일보』 2016. 4. 9. http://media.daum.net/society/all/newsview?newsid=201604090501 29939

- "7년 전 깎았다가 결국 '원상복귀'… 실효성 있나?", 『뉴시스』 2016. 3. 6. http://www.newsis.com/ar_detail/view.html?ar_id=NISX20160306_0013938838&cID=10401&pID=10400
- "유엔 보고관, '전교조 법외노조화, 국제기준 어긋나'", EBS 2016. 1. 29. http://home.ebs.co.kr/ebsnews/allView/10449492/N
- "박대통령 공약 '초등돌봄'도 뇌관… 누리 전철 밟나", 『노컷뉴스』 2016. 1. 29. http://www.nocutnews.co.kr/news/4540202
- "초등생 3명 중 1명 방과 후 '나홀로 집에'", 『한국일보』 2016. 2. 4. http://news.nate.com/view/20160204n21047?modit=1454556097
- "기혼·미혼·중고생까지… '저출산 경고음'", 『경향신문』 2016. 2. 11. http://news.khan.co.kr/kh_news/khan_art_view.html?artid=201602102214245&code=940100
- "대구 교사 폭행 사건 '초등생 훈육 30대 여교사 폭행' 도대체 무슨 일이?", 『서울신문』 2015. 4. 9. http://www.seoul.co.kr/news/newsView.php?id=20150409500373
- "지자체 교육예산 '천차만별'… 사는 곳 따라 교육 환경 '극과 극'", 『경기일보』 2013. 10. 17. http://www.kyeonggi.com/news/articleView.html?idxno=710617
- "학교 운동장 인조잔디 '애물단지'", 『한겨레』 2013. 4. 17. http://www.hani.co.kr/arti/society/society_general/583345.html
- "학교 인조잔디 운동장 유해물질 기준 초과 검출 학교 개보수 지원", 『파이낸셜 뉴스』 2014. 12. 30. http://www.fnnews.com/news/20141230 1554262866
- "또 하나의 무상복지, 성남 초등생 치과주치의제 시행", 『뉴시스』 2016. 3. 6. http://www.newsis.com/ar_detail/view.html?ar_id=NISX20160306_0013938940&cID=10803&pID=10800
- "일자리 찾는 모든 청년 월 45만 원 준다는 정부", 『한국경제』 2016. 3. 8. http://www.hankyung.com/news/app/newsview.php?aid=20160308 78361
- "日 저소득 젊은 층에 상품권 지급 검토… 소비확대 겨냥", 『연합뉴스』 2016. 3. 24. http://media.daum.net/foreign/others/newsview?newsid=20160324101709667
- "'이재명 상품권 220억'의 경제학", 『헤럴드경제』 2016. 2. 2. http://news.heraldcorp.com/view.php?ud=20160202000643
- "벤치마킹한 모델은 아일랜드 전환학년제… 영국은 고교 휴학제도", 『한국일보』 2015. 10. 1. http://www.hankookilbo.com/v/df299f9e4e75462197be97eeb5745d76
- "韓 임금, 美·獨·日보다 크게 낮다", 『국민일보』 2016. 2. 3. http://news.kmib.co.kr/article/view.asp?arcid=0923416941&code=11131800&cp=du
- "아동·청소년 대상 성범죄 신상정보 등록 대상자 19.4%↑", 『뉴스1』 2015. 12. 27. http://www.daejonilbo.com/news/newsitem.asp?pk_no=1198440

- "교육부, '생애주기별' 학부모 교육… 이르면 3월 말 확정", 『머니투데이』 2016. 3. 27. http://www.mt.co.kr/view/mtview.php?type=1&no=2016032711112639102 &outlink=1
- "일과표 쫓겨 놀 시간 없어요. TV·스마트폰이 친구", 『세계일보』 2016. 2. 27. http://m.news.nate.com/view/20160227n05794
- "'금수저 흙수저' 사실이었네… 학력·계층·직업 세습 고착화", 『연합뉴스』 2016. 1. 31. http://www.yonhapnews.co.kr/bulletin/2016/01/29/0200000000A KR20160129178300017.HTML?input=1179m
- "1등급 대 나머지… 일반고는 '학생부' 차별", 『한겨레』 2016. 3. 23. http://www. hani.co.kr/arti/society/schooling/736477.html
- "'수재 소리 듣는 사람이 왜…' 카이스트 대학원생 또 자살", 『국민일보』 2015. 6. 25. http://news.kmib.co.kr/article/view.asp?arcid=0009583446&code=6112111 1&cp=du
- "공무원·건물주가 '꿈'… 청소년들의 현주소", JTBC, 2016. 2. 29. http://m.media. daum.net/m/media/society/newsview/20160229223009486
- "실명 공개하며 강제추방… 학원가 학생인권 침해 도 넘어", 『연합뉴스』 2016. 3. 21. http://www.yonhapnews.co.kr/bulletin/2016/03/21/0200000000AK R20160321086200004.HTML?input=1179m
- 평생 자녀 양육 매달리다… 현실 된 '노후 파산'", 『연합뉴스』 2016. 3. 25. http:// news.sbs.co.kr/news/endPage.do?news_id=N1003488326&plink=ORI&coope r=DAUM
- "은퇴 후 月 226만 원 필요하다는데… 당신은?", 『매일경제』 2015. 12. 11. http:// news.mk.co.kr/newsRead.php?no=1172175&year=2015
- "고소득층 교육비, 저소득층의 7.8배… 계층 사다리 끊어지나", SBS 2016. 2. 9. http://news.sbs.co.kr/news/endPage.do?news_id=N1003406729&plink=ORI& cooper=DAUM
- "교육부, 대입 결과도 안 보고 280억 평펑", 『동아일보』 2016. 3. 21. http://news. donga.com/3/all/20160321/77106216/1
- "엄마 살해 뒤 8개월 방치… 그 아이를 만났다", 『한겨레』 2012. 3. 9. http://www. hani.co.kr/arti/society/society_general/522818.html
- "서울대 경제학부 졸업해도… 현실은 '3년째 취업준비생'", 『한국경제』 2016. 1. 14. http://www.hankyung.com/news/app/newsview.php?aid=20160114 16041
- "인문·사회계 40% 비정규직으로 사회 첫발", 『서울신문』 2016. 3. 4. http://media. daum.net/society/all/newsview?newsid=20160304014030030
- "유전유학 무전무학(有錢有學 無錢無學)… 교육비 격차 8배까지", 『세계일 보』 2016. 2. 10. http://www.segye.com/content/html/2016/02/10/201602 10001812.html?OutUrl=daum

- "태어나보니 아빠가 회장님이네요", 『연합뉴스』 2016. 3. 16. http://www.yonhapnews.co.kr/bulletin/2016/03/15/0200000000AKR201603151751 00797.HTML?input=1179m
- "이러니 안 가지… 임금 격차 '최악'", KBS 뉴스, 2016. 3. 4. http://news.kbs.co.kr/news/view.do?ncd=3242985&ref=A
- "2045년 기계가 인간 한계 초월… 천국일까 지옥일까", 『한겨레』 2016. 3. 10. http://www.hani.co.kr/arti/economy/it/734350.html
- "2100년이면 현생 인류 사라질 것… 알파고가 그 신호탄", 『조선일보』 2016. 3. 12. http://news.chosun.com/site/data/html_dir/2016/03/12/20160312 00305.html
- "수업 시간 늘리는 英·美… '학교에 오래 있으면 성취 늘까?'", 『연합뉴스』 2016. 3. 20. http://www.yonhapnews.co.kr/bulletin/2016/03/18/0200000000AKR20160318000500009.HTML?input=1195m
- "'한국의 샌더스' 출현, 'SKY-미국 유학파'들이 막는다?", 『오마이뉴스』 2016. 2. 12. http://www.ohmynews.com/NWS_Web/View/at_pg.aspx?CNTN_CD=A0002181319
- "대학 학사모 쓴 무직자 334만 명… 15년 새 2배로 증가", 『연합뉴스』 2016. 2. 29. http://m.media.daum.net/m/media/society/newsview/20160229062202477?seriesId=113485
- "하고픈 공부하러 왔는데 전과하라?… 대학 폐과 '벼락'", JTBC, 2016. 3. 31. http://news.jtbc.joins.com/html/671/NB11204671.html
- "한국 치킨집 3만 6000곳… 전 세계 맥도날드 매장보다 많다", 『연합뉴스』 2015. 10. 5. http://www.yonhapnews.co.kr/bulletin/2015/10/03/0200000000AKR20151003056000009.HTML
- "'은퇴의 함정' 자영업의 대안 기술적 한계, 사업 안정성 따져봐야", 『중앙 시사매거진』 2015. 6. 15. http://jmagazine.joins.com/economist/view/306770
- "작년에 문 닫은 자영업자 8만 9000명… 5년 만에 최대", 『연합뉴스』 2016. 2. 20. http://m.media.daum.net/m/media/economic/newsview/20160220 082739078
- "연 2조씩 붓고도 정규직 20% 안 돼… 청년고용정책 '헛바퀴'", 『한겨레』 2016. 1. 20. ttp://m.media.daum.net/m/media/society/newsview/201601 20083604272
- "치솟는 청년실업률… 위기의 악순환", SBS, 2016. 3. 19. http://news.sbs.co.kr/news/endPage.do?news_id=N1003476222&plink=ORI&cooper=DAUM
- "저소득층엔 반값 등록금 넘어 전액장학금", 『서울신문』 2016. 2. 3. http://www.seoul.co.kr/news/newsView.php?id=20160203010019
- "'반값 등록금 완전 달성'… 정부는 대대적 홍보… 내 등록금은 왜 찔끔?", 『헤럴드경제』 2016. 2. 11. http://news.heraldcorp.com/view.php?ud=2016 0211000434
- "국고보조금, 절반 이상 수도권 대학에 집중", 『경향신문』 2016. 3. 11. http://

media.daum.net/society/others/newsview?newsid=20160311141312365

- "대학 1년 등록금, 80년 치 쌀값 맞먹어", 『세계일보』 2016. 3. 31. http://www.segye.com/content/html/2016/03/31/20160331003978.html? OutUrl=daum
- "주요대 기숙사, 주변 원룸보다 학기당 30만 원 비싸", 『연합뉴스』 2016. 2. 11. http://www.yonhapnews.co.kr/bulletin/2016/02/11/0200000000AKR20160211078400004.HTML?input=1179m
- "'불평등 세상 바꾸자'… 숨은 승자 샌더스, 누구인가?", JTBC, 2016. 2. 3. http://news.jtbc.joins.com/article/article.aspx?news_id=NB11167370
- "'명문대 아닐 바에야 대학 왜 다니나?'… 대졸자 간 임금 격차 날로 심화", 『헤럴드경제』 2015. 9. 29. http://news.heraldcorp.com/view.php?ud=20150925000237&md=20150929100121_BL
- "인문학 박사 37%가 임시직… 42%는 연봉 2000만 원 미만", 『뉴스1』 2016. 2. 7. http://news1.kr/articles/?2567879
- "서울대 입학본부장 '수능 더 쉬워지면 대학별 고사 부활 불가피'", 『연합뉴스』 2016. 3. 30. http://news.nate.com/view/20160330n06609
- "우리는 왜 'N포세대'가 됐나", 『세계일보』 2016. 2. 10. http://www.segye.com/content/html/2016/02/10/20160210001569.html?OutUrl=daum
- "'시험 없애고 수행평가만으로' 중등교사 61% 반대", 『연합뉴스』 2016. 3. 20. http://www.yonhapnews.co.kr/bulletin/2016/03/18/0200000000AKR20160318171200004.HTML?input=1179m
- "사고로 119 실려간 아동 한 해 7만 명… 3건 중 1건 교통사고", 『연합뉴스』 2016. 2. 21. http://m.media.daum.net/m/media/society/newsview/20160221091603425
- "'세림이 법' 벌써 잊었나… 9살 아이, 학원 차에 또 치여", JTBC, 2016. 2. 2. http://news.jtbc.joins.com/article/article.aspx?news_id=NB11167078

▶ 참고자료

- 『주간경향』 2016. 4. 5(1170호).
- 『주간경향』 2004. 6.
- 민주사회를 위한 변호사 모임(2014), 〈4·16 세월호 민변의 기록〉.
- 경기도교육청 4·16 교육체제 연구(2015).
- 국회예산정책처(2016년도 예산안 부처별 분석_교육문화체육관광위원회).
- 국무총리 산하 육아정책연구소의 육아정책 연구 「무상교육·보육정책으로서의 누리과정 현황과 개선방안」(육아정책연구소 이윤진, 이규림, 조아라).
- 한국노동연구원(2016, 「기혼여성의 경제적 상태 변화 보고서」).

- 「지구별 공통사업 운영 현황 및 논의 과제」, 경기도교육청(2013).
- 「혁신교육지구 종합평가」, 경기도교육청(2012).
- 「혁신교육지구 발전 방안 연구」, 경기도교육청(2013).
- "한전은 교육용이 산업용보다 저렴하다 주장 말고 '찜통-냉장고 교실'서 고통받는 학생 외면 말라", 한국직원총연합회 보도자료, 2013. 7. 18.
- 「중학생 신입생 무상교복 지급방안 연구」(성남시-경기도교육연구원 박주희, 주수원, 홍석노, 이병곤, 홍섭근, 2015)
- "시민 혈세는 '공사 퍼주기' 아닌 주민복지에 써야"(성남시 보도자료, 2016. 2. 1).
- 자유학기제 교육부 홈페이지(http://freesem.moe.go.kr/main).
- 진로교육법(법률 제13336호, 2015. 6. 22. 제정).
- 『학교협동조합, 현장체험학습과 마을교육공동체를 잇다』(살림터, 2015).
- [광복 70년 역사 르포](32) "쌍용자동차 평택공장… 노동투쟁의 모든 것 '쌍차사태' 해고자 28명이나 세상 떠나다", 『주간경향』(2016. 2. 16. 1163호).
- 『혁신학교의 거의 모든 것』(맘에드림, 2015).
- (재)경기도교육연구원, 『교육시선 오늘』2호(2013).
- 통계청, 「2015 청소년통계」.
- "밀양 고교생 44명에 당한 성폭행 사건 피해자, 8년 지나도 '악몽'은 그대로", 『시사저널』 2012. 8. 23.
- (재)경기도교육연구원, 「통계로 보는 교육정책」(2015).
- 한국직업능력개발원(이하 직능원), 「청년층의 고용형태 변화와 영향요인 분석」(2015 채창균, 신동준, 류지영).
- 교육부와 통계청이 발표한 「2015년 초중고 사교육비 조사 결과」.
- 좋은교사운동 보도자료(수행평가만으로 성적 산출을 허용하는 방안에 대해 교사 62.9% 찬성), 2016. 4. 4.

교육디자인네트워크와
교육정책디자인연구소를 아시나요?

　'어딘가 막혀 있고 갑갑하다.' '절망을 넘어 희망을 찾고 싶다.' '교사로서, 연구자로서, 리더로서, 활동가로서 성장하고 싶다.' '좋은 교육공동체를 만나고 싶다.'

　이러한 목마름에 답하고자 실천연구조직을 만들었습니다. 바로 교육디자인네트워크입니다. 교육디자인네트워크에는 수업디자인연구소(김현섭 소장), 역량교육디자인연구소(권순현 소장), 진로디자인연구소(황우원 소장), 교육과정디자인연구소(장슬기 소장), 그리고 교육정책디자인연구소(김성천 소장)가 함께하고 있습니다.

　교육디자인네트워크(edudesign.net)는 현장 교원과 연구자를 중심으로 따뜻한 전문가주의와 실천연구조직을 표방합니다. 교사는 연수를 많이 받아야 바뀌는 수동적인 존재가 아닌 실천을 나누는 과정에서 성장하는 역동적인 존재입니다. 정책과 연구, 연수의 근원은 학생이요 교실이요 학교입니다.

　교실과 분리된 연구와 정책을 우리는 거부합니다. 고상한 이론과 수입된 언어로 '그들만의 리그'를 표방하면서 현장의 고통과

실천에 무관심한 숨이 죽은 연구를 거부합니다. 겉으로는 그럴듯한 온갖 명분을 이야기하지만, 결국은 이해관계로 포장한 가증스러운 정책을 거부합니다. 구호와 투쟁을 외치지만, 실천과 대안이 없는 요란한 삶을 거부합니다.

우리 교육의 해법을 누구에게 찾아달라고 요구하지 않겠습니다. 현장을 지키는 평범한 우리들이 그 해법과 길을 찾겠습니다. 누군가의 실천에 그 길이 있는지 모르겠습니다. 우리가 지나쳤을 뿐입니다. 이론과 경험, 정책과 현장, 교육과 연구, 초등과 중등의 이분법을 깨겠습니다. 함께 어우러져야 합니다. 교실에서 실천하는 선생님들의 고통과 아픔, 실천을 연구에 담겠습니다. 경쟁으로 인해 삶이 휘청거리는 학부모의 고통을 헤아리겠습니다. 학부모의 불안을 해소할 수 있는 시원한 해법을 제시하겠습니다. 행복을 느끼지 못하며, 배움으로부터 도피하려는 아이들을 탓하지 않고 내 문제로 끌어안고 다시 시작하겠습니다.

어느 하나의 힘만으로 되지 않습니다. 경험은 이론을, 이론은 경험을 만나면서 발전해야 합니다. 수업은 교육과정과 평가와 분리되지 않습니다. 또한 학교혁신과 별개가 아닙니다. 더 나아가 교육정책과도 분리되지 않습니다. 각 영역의 연결과 협업, 소통과 나눔이 중요한 이유가 여기에 있습니다. 우리 모두가 살아 있는 콘텐츠입니다. 그 콘텐츠를 담는 그릇이 교육디자인네트워크입니다. 이름하여 플랫폼 조직을 지향합니다.

정책은 현장을, 현장은 정책을 만나 상승작용을 일으켜야 합니다. 교육이 곧 연구이고, 연구가 곧 교육입니다. 아이들의 삶은 총체적입니다. 교과와 급별 등의 칸막이로 인위적으로 무엇인가를 구분해야 할 이유가 없습니다. 네트워크가 중요한 이유입니다.

여러분을 교육정책디자인연구소(http://cafe.daum.net/policy-edu)로 초대합니다. 우리 연구소는 공부하는 학습공동체입니다. 아이들과 교실, 학교, 교육생태계와 사회구조를 다양한 연구 방법으로 기술하고, 분석하고, 해석하고, 대안을 제시하는 연구공동체입니다. 사람을 만나고, 사람을 키우는 역량공동체입니다. 머무르는 만큼 성장의 시간과 기회가 제공될 것입니다. 배운 내용을 누군가에게 나누어주고, 사회를 바꾸는 데 조금이라도 기여하고 싶은 실천공동체입니다. 우리는 액션탱크입니다. 발로 뛰겠습니다. 정책은 고위 관료와 국회의원의 몫이 아닌 평범한 민초들의 삶을 주목하고, 정리하고, 분석하는 데서 시작합니다. 현장과 정책의 간극을 우리가 줄여보겠습니다.

국가교육위원회 신설 시
교육부에서 재조정되어야 할 사안들[1]

1. 시·도 교육청 조직 개편의 가이드라인

- 시·도 교육청에서 공통적으로 하고 있는 고민이 교육청 규모에 비해 일반행정직의 수가 과도하다는 것임. 일반행정직과 교육전문직원의 비율을 비슷하게 하고, 비대한 교육청 조직을 슬림화하기 위해 중앙(국가) 단위에서 일반행정직을 학교 현장으로 내려보낼 안이 제시되어야 함.
- 교육전문직원이 교감·교장으로 나가지 않고 교육청에 장기적으로 남아 있을 수 있는 방안을 제도적으로 지원하고, 교육정책 전문가를 양산할 필요가 있음.
- 현재 교육청의 규모를 축소하고, 학교 현장의 행정 지원 인력으로 내려보낼 수 있는 방안을 강구하여, 학교의 자율권을 최대한 살려줘야 함.
- 교육청 기준으로 직속기관 및 교육청에 행정 인력이 집중적으로 배치되어 있는데, 이 중 절반 이상을 학교 현장의 행정실로 보내면 교원 업무 경감 효과도 기대할 수 있고, 학교에 지시하

는 인력이 줄어 교육청에서 학교로 권한 위임이 될 것임.

- 장기적으로는 학교 행정실에서 모든 행정업무를 할 수 있는 체제 기반을 조성함. 교사가 수업과 교육과정에 전념할 수 있는 여건을 만듦.

- 일반행정직이 독점하고 있는 예산, 인사, 감사, 정책 기능도 교육전문직원이 담당할 수 있는 방안을 검토.

2. 시·도 교육청에 권한 위임이 되어야 할 필수적인 내용

1) 자격증 제도 및 임용

- 교사자격증 제도는 교육부 장관이 담당하고 있으나, 이를 시·도 교육감 명으로 바꾸도록 함.

- 교장 임용에 관한 제반 사항도 시·도 교육감이 결정할 수 있도록 함. 시·도 교육감의 상황에 따라서 교장 단임제, 내부형 교장 전면 개방을 자율적으로 도입할 수 있게 함.

2) 승진

- 승진제도에 대한 모든 권한을 시·도 교육감에게 위임하여서 결정할 수 있도록 함. 공모형 교장 제도에 대한 시행령 규제도 풀 수 있어야 함(자율형 학교의 15% 제한 등).

- 교감 보직제, 교장 보직제도 단계적으로 도입. 사안에 따라서 현장에서 큰 의미가 없다고 받아들여지는 교감제 폐지 검토.

- 인성을 겸비한 이가 선택받을 수 있도록 구성원들의 온라인 평

가, 학부모 평가를 강화함.

3) 교육전문직원 전직
- 교육전문직원 교원 전직도 시·도 교육청의 상황에 따라서 제한하거나, 교육전문직원 근무 연수를 10~15년 이상으로 늘리는 것을 검토.
- 교원 트랙과 교육전문직원 트랙의 이원화가 초점임. 교육정책 전문가를 만들어서 중장기적인 정책을 만들 수 있도록 함.
- 외부 전문가로 구성된 개방형 교육전문직원도 필요함. 특히 학부모 정책과 관련해서는 일정 기준 이상의 학부모들을 교육전문직원으로 개방하여 선발함.

4) 교과서 및 교육과정
- 국정 교과서 폐지 및 교육과정 전면 자율화 도입. 시·도 교육청에서는 대략적인 방향만 제시하고 나머지는 학교나 지역에서 자율적으로 구성할 수 있도록 함.
- 교과서 발행은 검·인정제도나 자유발행제로 하고, 학교운영위원회에서 선택할 수 있도록 함.

5) 조직 개편 권한
- 시·도 교육감이 원하는 대로 조직 개편을 할 수 있도록 함. 필요시 국가교육위원회에서 큰 틀의 방향만 제시함.

6) 교육부 기관의 권한을 분산

- 교육부의 각종 기관, 직속기관의 권한을 모두 시·도 교육청으로 분산함. 현재 남아 있는 기관은 매각하거나 타 중앙부서 및 시·도 교육청 소속으로 이관.

7) 자사고, 특목고의 일반고 전환 허용

- 시·도 교육감은 학부모의 요구나 정책적 판단에 의해 자사고나 특목고의 일반고 전환을 자율적으로 선택할 수 있도록 함.

8) 대학교 관리·감독 기능

- 교육부가 가지고 있는 대학교 관리·감독 기능은 시·도 교육청으로 이관하고 핵심적인 가치나 방향은 국가교육위원회가 정하는 것으로 함(기존 유지된 교육부 3불 정책 등).
- 초·중·고등학교 학생의 진로·진학과 연계한 대학교 체제 등의 지역 특화 사업을 시·도 교육청 차원에서 진행할 수 있음. 지자체와 연계하여 혁신교육지구에서 혁신대학교를 만드는 등 지방대학 발전 방안도 국가적인 차원이 아닌 지역적 차원에서 다루어 기존과는 다른 방식으로 선택과 집중을 할 수 있음.

3. 교사자격증 제도 개편(자격증 호환 제도)

1) 현행 교사자격증 제도가 유치원, 초등과 중등으로 이원화되어 있고, 초·중등 교사는 임용고사를, 대학교수들은 대학별로 별

도의 선발과정을 거치고 있음.

2) 현 체제대로 유지하게 되면 유아교육-초등교육-중·고등교육-
대학교육과 입시 위주의 교육이 고착화될 가능성이 크기 때
문에 자격증 제도를 획기적으로 개편해야 함. 어린이집-유치
원-초등 저학년 자격증을 통합하고, 초등 고학년과 중학교,
고등학교와 대학교로 확대 개편할 필요가 있음. 필요한 경우
중복 자격증을 확대하여서 자유롭게 호환 가능하도록 하여야
함. 어린이집-유-초-중-고-대학기관을 연계할 수 있는 방안
검토. 초등학교 저학년 교사가 어린이집이나 유치원 원장으로,
교사가 대학교수로, 대학교수가 초·중·고등학교 교장으로 내
려올 수 있는 방안을 검토함. 자격증 제도를 전면 개방 또는
수정하는 방안을 검토함.

3) 초등의 보수적이고 권위적인 문화(교대 졸업자 중심)를 깨기 위
해 중등 전공자들의 수혈이 이루어져야 함. 현재 2 대 1 정도인
초등임용고사의 경쟁률은 5~10 대 1 정도로 높이고, 과도한 경
쟁으로 이어지고 있는 중등 경쟁률은 낮출 필요가 있음. 그리
고 초등 3학년 이상에서는 중등처럼 초등 모든 과목 전담제도
(교과목별 자격증)를 둘 필요가 있음. 전문성 향상에 큰 도움이
될 것임.

4) 장기적으로 대학교가 줄어들 것을 고려한다면, 사립교원들을
국립대학으로 수용할 계획의 필요성도 있음. 이에 대한 중장

기적인 검토를 해야 함.

5) 중등 자격증을 남발하고 있는 대학교를 점검하여, 최근 10년 간 임용률을 기준으로 학과 폐지를 고려해야 함.

6) 자격증 갱신제(10년)를 통해 교원평가보다 강화된 제도의 도입 이 필요함.

7) 교원전문대학원 체제 전환
- 교·사대 중심으로 교원자격증을 발행하는 체제는 문제가 많음. 이에 교·사대를 일반대학교로 흡수하거나 교원대처럼 교원 전문대학원 체제로 전환하는 것을 고려함.
- 교원전문대학원은 6년제 대학교로서 교사 양성에 대한 전반적 인 것을 담당함. 초·중학교 자격증을 모두 가지고 있으며 과목 보다는 계열별 선발을 하여서 전공자를 둠. 가령 어문계열, 인 문·사회계열, 이공계열, 예체능계열 등으로 나눔.
- 교원전문대학원의 교수들은 현장 교사들을 중심으로 배치함. 현직 초·중등 교사 중 박사학위가 있거나, 그에 맞는 역량이 있다고 인정되는 이들을 수시로 선발하여 배치함.
- 국가교육위원회를 개편하면서 대학교수와 학교 현장 교사들을 호환할 수 있는 체제를 구축.

4. 방과후학교의 정식 기구화를 통한 이원화(지자체 담당)

1) 평생학습과 연계(운동부, 청소년단체 등)

- 지자체의 평생학습 기능이 있지만 제대로 된 콘텐츠 개발도 어렵고, 현재까지 시·도 교육청에서 교류가 활발하지 않음.
- 운동부나 청소년단체 등 학교의 성격과는 상관없이, 제대로 된 질 관리가 되고 있지 않은 것들은 방과후학교로 이관.
- 영·미권 국가처럼 방과 후 정규 학교의 도입 필요성이 대두됨.

2) 돌봄교실, 어린이집, 지역 탁아시설 등

- 기존 지자체가 관리하고 있는 네트워크 영역을 시·도 교육청으로 이관하거나, 지자체와 함께하는 센터를 가능한 모든 지역에 세울 필요가 있음.

3) 방과후학교 교사자격증 제도 도입(지역 학부모, 경력단절 여성을 우선 정규직으로 채용)

- 현재 학교장 중심으로 방과 후 교육이 이루어지고 있으나, 질이 높지 않고 이권 개입 문제와 비정규직 문제가 양산되고 있음.
- 방과후학교 교사를 정규직으로 전환하고 자격증 제도를 시·도 교육감의 권한으로 만들 필요가 있음.
- 방과후학교를 개설하고, 거기에 방과후학교 교사자격증을 가진 이들을 배치하여서 학교를 5시까지 있는 정규 수업반과 5시부터 10시까지 있는 방과 후 수업 반으로 구분지음.
- 양질의 정규직 일자리를 마련하고, 학생과 학부모에게도 우수

한 인적 자원들에게 교육받을 수 있는 계기가 마련될 것임.

• 방과후학교 교사는 정규직으로 하며, 공무원이 아닌 시·도 교육청이나 지자체에서 관리하는 지방직으로 함.

5. 대학교 체제 개편 및 연구 체제 기반 조성

1) 재정 지원 점진적 중단

• 현재 교육부에서 대학교 재정을 지원하는 것을 단계적으로 중단함. 스스로 자생할 수 있는 능력이 되지 않는 대학교는 고사하도록 하며, 폴리텍 대학과 같이 기능 중심의 대학교(전문대학 포함)로 전환하는 것만 지원함.

• 기업이 나서서 기업만의 특화된 교육을 원하는 대학교를 지역별(거점별)로 선별하여 지원함.

• 교육부 자료에 따르면 2014년 대학교 적립금은 12조 규모이며, 전 세계에서 2위 규모라 함. 쌓아놓은 적립금을 풀지 않는 대학에 대해서는 강력한 제제를 통해서 모든 지원 혜택을 폐지 또는 축소함.

• 시·도 교육청이 관리·감독 기능을 가지게 되어 시·도 교육청 및 지자체가 함께 지방대학 발전 방안을 만들 수 있을 것임. 여기에서 고사하는 대학이 존재할 것이고 특화되는 대학도 있을 것임.

2) 수능 폐지 및 자격고사화

- 수능의 자격고사화 및 특목고를 수시입학 우대하는 대학에게 도 제재를 가하도록 함.
- 고등학교와 시·도 교육청에서 수능 지원 업무를 하지 못하도록 하며, 필요시 대학 측에서 하도록 함.

3) 연구 역량 강화

- 그동안 중앙정부 정책에 대한 비판 기능을 소홀히 한 한국교육과정평가원의 원장, 한국교육과정개발원 원장을 국가교육위원회 위원장이 임명하도록 하여, 중장기적이고 교육철학을 가진 역량 있는 이들이 진입할 수 있도록 함. 이들의 임명은 국가교육위원회 위원장이 여·야 국회의원 합의로 추천을 받고, 교원단체의 추천을 받은 인력풀 3배수 안에서 선정할 수 있도록 함.[2]

6. 어린이집, 사립 초·중·고등학교의 공립학교 전환

- 현재 어린이집이나 사립 초·중·고등학교도 국가가 인건비를 담당하고 있기 때문에 사실상 공립과 다를 것이 없음. 그러나 역량이 낮은 교사들과 교장(원장)이 존재하기 때문에 지속적으로 문제가 불거지고 있음.
- 이에 현재 있는 대부분의 어린이집이나 사립 초·중·고등학교를 공립학교로 전환하는 방안을 단계적으로 마련함. 사립학교

인건비를 국가가 지원하고 있으므로, 재단 매입 비용 이외에는 크게 들지 않음.

- 초기 비용이 크다고 느낄 수 있으나 10~20년의 장기적인 기간을 두고 볼 때 그리 큰 비용이 아님. 더군다나 사회적인 물의를 일으키는 재단을 인수함으로써 가져오는 경제적인 효과도 클 것임.

- 다만, 어린이집 교사들을 전부 공무원화하면 교사 충원 문제나 재정적인 문제가 생길 수 있으므로, 우선적으로 원장 정도만 시·도 교육감 소속 지방직 공무원화하는 것을 고민함. 원장은 희망하는 초등학교나 병설유치원 고경력 교사를 발령 내는 방안도 검토할 수 있음.

- 유치원 교사자격증을 가진 이들을 어린이집 교사 임용시험을 보게 하여 합격자를 단계적으로 어린이집 교사로 발령 냄. 이런 방식은 현재 어린이집 교사자격증을 가지고 있는 이들이 반발할 수 있으므로, 이들을 대상으로 별도의 임용 트랙을 제한적으로 고려해볼 수도 있음(전체 20% 이내).

7. 학제 개편

- 현재 초등 6년, 중학교 3년, 고등학교 3년 과정을 지속적으로 유지해왔는데, 최근 교육부에서 학제 개편을 시사함. 그러나 이 논의는 정권이 바뀔 때마다 등장하였고 예산상의 이유로 번번이 폐지되었음.

- 출산율 저하, 청년층 실업, 대학 구조조정, 소규모 학교 통·폐합, 자사고와 특목고로 인한 일반 고등학교 황폐화 문제, 청년층 일자리 창출 대책 필요 등 여러 가지 복잡한 사회문제를 해결하기 위해 학제 개편만큼 획기적인 방안이 없을 것임.

- 복잡한 교육과정보다 초등 5년, 중학교와 고등학교를 5~6년으로 해서 학제를 10~11년 정도로 해도 문제 될 것이 크게 없음. 이 과정에서 영국의 Comprehensive School Systems을 도입하여, 자연스럽게 자사고와 특목고의 체제 전환을 할 수도 있을 것임. 외국처럼 10대 후반에 직업 선택이나 진학을 결정하게 되어 사회적으로 낭비되는 비용을 아낄 수 있음. 여기에 추가적으로 이주호 전 교육부 장관이 최근 주장한 모병제 논의도 같이 병행할 수 있음.

- 학제 개편을 계기로 교육의 새로운 패러다임을 가져올 수 있음. 가령 승진제도 개편, 시·도 교육청에게 교육과정 자율화와 선택권 이양, 교사 양성과정 개편, 대학교 구조조정 등을 한꺼번에 시행할 수 있는 것임.

- 더군다나 교육부에서 국가교육위원회로 권한 위임을 형식적으로 논의하는 것이 아니라 새로운 교육 의제를 발굴한다는 측면에서도 바람직한 정책 방향이라 볼 수 있음.

- 초기 비용이 많이 들어도, 장기적으로 국가 발전에 많은 도움이 될 것이라 판단됨.

1. 국가교육위원회 실행연구(경기도교육연구원-2016 김혁동, 홍섭근)에 실릴 내용임을 미리 밝혀둠.
2. 핀란드 국가교육위원회 모델 참고.

삶의 행복을 꿈꾸는 교육은 어디에서 오는가?

미래 100년을 향한 새로운 교육

 혁신교육을 실천하는 교사들의 필독서

▶ **교육혁명을 앞당기는 배움책 이야기**
혁신교육의 철학과 잉걸진 미래를 만나다!

 핀란드 교육혁명
한국교육연구네트워크 총서 01 | 320쪽 | 값 15,000원

 일제고사를 넘어서
한국교육연구네트워크 총서 02 | 284쪽 | 값 13,000원

 새로운 사회를 여는 교육혁명
한국교육연구네트워크 총서 03 | 380쪽 | 값 17,000원

 교장제도 혁명
한국교육연구네트워크 총서 04 | 268쪽 | 값 14,000원

 새로운 사회를 여는 교육자치 혁명
한국교육연구네트워크 총서 05 | 312쪽 | 값 15,000원

 혁신학교에 대한 교육학적 성찰
한국교육연구네트워크 총서 06 | 308쪽 | 값 15,000원

 혁신학교
성열관·이순철 지음 | 224쪽 | 값 12,000원

 행복한 혁신학교 만들기
초등교육과정연구모임 지음 | 264쪽 | 값 13,000원

 서울형 혁신학교 이야기
이부영 지음 | 320쪽 | 값 15,000원

 혁신교육, 철학을 만나다
브렌트 데이비스·데니스 수마라 지음
현인철·서용선 옮김 | 304쪽 | 값 15,000원

 혁신교육 존 듀이에게 묻다
서용선 지음 | 292쪽 | 값 14,000원

 다시 읽는 조선 교육사
이만규 지음 | 750쪽 | 값 33,000원

 프레이리와 교육
한국교육연구네트워크 번역 총서 01 | 존 엘리아스 지음 | 한국교육연구네트워크 옮김
276쪽 | 값 14,000원

 교육은 사회를 바꿀 수 있을까?
한국교육연구네트워크 번역 총서 02
마이클 애플 지음 | 강희룡·김선우·박원순·이형빈 옮김
352쪽 | 값 16,000원

 비판적 페다고지는 세상을 변화시킬 수 있는가?
한국교육연구네트워크 번역 총서 03
Seewha Cho 지음 | 심성보·조시화 옮김 | 280쪽 | 값 14,000원

 마이클 애플의 민주학교
한국교육연구네트워크 번역 총서 04
마이클 애플·제임스 빈 엮음 | 강희룡 옮김 | 276쪽 | 값 14,000원

 미래교육의 열쇠, 창의적 문화교육
심광현·노명우·강정석 지음 | 368쪽 | 값 16,000원

 대한민국 교사, 어떻게 가르칠 것인가?
윤성관 지음 | 320쪽 | 값 15,000원

아이들을 어떻게 가르칠 것인가
사토 마나부 지음 | 박찬영 옮김 | 232쪽 | 값 13,000원

 아이들의 배움은 어떻게 깊어지는가
이시이 준지 지음 | 방지현·이창희 옮김 | 200쪽 | 값 11,000원

모두를 위한 국제이해교육
한국국제이해교육학회 지음 | 364쪽 | 값 16,000원
2015 세종도서 학술부문

경쟁을 넘어 발달 교육으로
현광일 지음 | 288쪽 | 값 14,000원

독일 교육, 왜 강한가?
박성희 지음 | 324쪽 | 값 15,000원

대한민국 교육혁명
교육혁명공동행동 연구위원회 지음 | 152쪽 | 값 5,000원

▶ 비고츠키 선집 시리즈
발달과 협력의 교육학 어떻게 읽을 것인가?

 생각과 말
레프 세묘노비치 비고츠키 지음
배희철·김용호·D. 켈로그 옮김 | 690쪽 | 값 33,000원

 도구와 기호
비고츠키·루리야 지음 | 비고츠키 연구회 옮김
336쪽 | 값 16,000원

 어린이 자기행동숙달의 역사와 발달 I
L.S. 비고츠키 지음 | 비고츠키 연구회 옮김
564쪽 | 값 28,000원

 어린이 자기행동숙달의 역사와 발달 II
L.S. 비고츠키 지음 | 비고츠키 연구회 옮김
552쪽 | 값 28,000원

 어린이의 상상과 창조
L.S. 비고츠키 지음 | 비고츠키 연구회 옮김
280쪽 | 값 15,000원

 연령과 위기
L.S. 비고츠키 지음 | 비고츠키연구회 옮김
336쪽 | 값 17,000원

 성장과 분화
L.S. 비고츠키 지음 | 비고츠키 연구회 옮김
308쪽 | 값 15,000원

 관계의 교육학, 비고츠키
진보교육연구소 비고츠키교육학실천연구모임 지음
300쪽 | 값 15,000원

 비고츠키 생각과 말 쉽게 읽기
진보교육연구소 비고츠키교육학실천연구모임 지음
316쪽 | 값 15,000원

 비고츠키와 인지 발달의 비밀
A.R. 루리야 지음 | 배희철 옮김 | 280쪽 | 값 15,000원

 수업과 수업 사이
비고츠키 연구회 지음 | 196쪽 | 값 12,000원

▶ 평화샘 프로젝트 매뉴얼 시리즈
학교 폭력에 대한 근본적인 예방과 대책을 찾는다

 학교 폭력 어떻게 만들어지는가
문재현 외 지음 | 300쪽 | 값 14,000원

 학교 폭력, 멈춰!
문재현 외 지음 | 348쪽 | 값 15,000원

 왕따, 이렇게 해결할 수 있다
문재현 외 지음 | 236쪽 | 값 12,000원

 젊은 부모를 위한 백만 년의 육아 슬기
문재현 지음 | 248쪽 | 값 13,000원

 아이들을 살리는 동네
문재현·신동명·김수동 지음 | 204쪽 | 값 10,000원

 평화! 행복한 학교의 시작
문재현 외 지음 | 252쪽 | 값 12,000원

 마을에 배움의 길이 있다
문재현 지음 | 208쪽 | 값 10,000원

▶ **4·16, 질문이 있는 교실 마주이야기**
통합수업으로 혁신교육과정을 재구성하다!

통하는 공부
김태호·김형우·이경석·심우근·허진만 지음
324쪽 | 값 15,000원

내일 수업 어떻게 하지?
아이함께 지음 | 300쪽 | 값 15,000원
2015 세종도서 교양부문

인간 회복의 교육
성래운 지음 | 260쪽 | 값 13,000원

교과서 너머 교육과정 마주하기
이윤미 외 지음 | 368쪽 | 값 17,000원

수업 고수들 수업·교육과정·평가를 말하다
박현숙 외 지음 | 368쪽 | 값 17,000원

도덕 수업, 책으로 묻고 윤리로 답하다
울산도덕교사모임 지음 | 320쪽 | 값 15,000원

체육 교사, 수업을 말하다
전용진 지음 | 304쪽 | 값 15,000원

교실을 위한 프레이리
아이러 쇼어 엮음 | 사람대사람 옮김 | 412쪽 | 값 18,000원

걸림돌
키르스텐 세룹-빌펠트 지음 | 문봉애 옮김
248쪽 | 값 13,000원

마음의 힘을 기르는 감성수업
조선미 외 지음 | 300쪽 | 값 15,000원

작은 학교 아이들
지경준 엮음 | 376쪽 | 값 17,000원

감성 지휘자, 우리 선생님
박종국 지음 | 308쪽 | 값 15,000원

대한민국 입시혁명
참교육연구소 입시연구팀 지음 | 220쪽 | 값 12,000원

교사를 세우는 교육과정
박승열 지음 | 312쪽 | 값 15,000원

주제통합수업, 아이들을 수업의 주인공으로!
이윤미 외 지음 | 392쪽 | 값 17,000원

수업과 교육의 지평을 확장하는 수업 비평
윤양수 지음 | 316쪽 | 값 15,000원
2014 문화체육관광부 우수교양도서

교사, 선생이 되다
김태은 외 지음 | 260쪽 | 값 13,000원

교사의 전문성, 어떻게 만들어지나
국제교원노조연맹 보고서 | 김석규 옮김 392쪽 | 값 17,000원

수업의 정치
윤양수·원종희·장군 지음 | 280쪽 | 값 14,000원

학교협동조합,
현장체험학습과 마을교육공동체를 잇다
주수원 외 지음 | 296쪽 | 값 15,000원

거꾸로교실,
잠자는 아이들을 깨우는 수업의 비밀
이민경 지음 | 280쪽 | 값 14,000원

교사는 무엇으로 사는가
정은균 지음 | 292쪽 | 값 15,000원

마을교육공동체란 무엇인가?
서용선 외 지음 | 360쪽 | 값 17,000원

21세기 교육과 민주주의
한국교육연구네트워크 번역 총서 05
넬 나딩스 지음 | 심성보 옮김 | 392쪽 | 값 18,000원
2016 세종도서 학술부문

교사, 학교를 바꾸다
정진화 지음 | 372쪽 | 값 17,000원

함께 배움
학생 주도 배움 중심 수업 이렇게 한다
니시카와 준 지음 | 백경석 옮김 | 280쪽 | 값 15,000원

공교육은 왜?
홍섭근 지음 | 352쪽 | 값 16,000원

▶ 더불어 사는 정의로운 세상을 여는 인문사회과학
사람의 존엄과 평등의 가치를 배운다

 밥상혁명
강양구·강이현 지음 | 298쪽 | 값 13,800원

 좌우지간 인권이다
안경환 지음 | 288쪽 | 값 13,000원

 도덕 교과서 무엇이 문제인가?
김대용 지음 | 272쪽 | 값 14,000원

 민주 시민교육
심성보 지음 | 544쪽 | 값 25,000원

 자율주의와 진보교육
조엘 스프링 지음 | 심성보 옮김 | 320쪽 | 값 15,000원

 민주 시민을 위한 도덕교육
심성보 지음 | 500쪽 | 값 25,000원
2015 세종도서 학술부문

 민주화 이후의 공동체 교육
심성보 지음 | 392쪽 | 값 15,000원
2009 문화체육관광부 우수학술도서

 교과서 밖에서 배우는 인문학 공부
정은교 지음 | 280쪽 | 값 13,000원

 갈등을 넘어 협력 사회로
이창언·오수길·유문종·신유관 지음 | 280쪽 | 값 15,000원

 오래된 미래교육
정재걸 지음 | 392쪽 | 값 18,000원

 동양사상과 마음교육
정재걸 외 지음 | 356쪽 | 값 16,000원
2015 세종도서 학술부문

 대한민국 의료혁명
전국보건의료산업노동조합 엮음 | 548쪽 | 값 25,000원

 교과서 밖에서 배우는 철학 공부
정은교 지음 | 280쪽 | 값 14,000원

 교과서 밖에서 배우는 고전 공부
정은교 지음 | 288쪽 | 값 14,000원

 교과서 밖에서 배우는 사회 공부
정은교 지음 | 304쪽 | 값 15,000원

 전체 안의 전체 사고 속의 사고
김우창의 인문학을 읽다
현광일 지음 | 320쪽 | 값 15,000원

 교과서 밖에서 배우는 윤리 공부
정은교 지음 | 292쪽 | 값 15,000원

▶ 살림터 참교육 문예 시리즈
영혼이 있는 삶을 가르치는 온 선생님을 만나다!

 꽃보다 귀한 우리 아이는
조재도 지음 | 244쪽 | 값 12,000원

 선생님이 먼저 때렸는데요
강병철 지음 | 248쪽 | 값 12,000원

 성깔 있는 나무들
최은숙 지음 | 244쪽 | 값 12,000원

 서울 여자, 시골 선생님 되다
조경선 지음 | 252쪽 | 값 12,000원

 아이들에게 세상을 배웠네
명혜정 지음 | 240쪽 | 값 12,000원

 행복한 창의 교육
최창의 지음 | 328쪽 | 값 15,000원

 밥상에서 세상으로
김흥숙 지음 | 280쪽 | 값 13,000원

 북유럽 교육 기행
정애경 외 14인 지음 | 288쪽 | 값 14,000원

▶ 남북이 하나 되는 두물머리 평화교육
분단 극복을 위한 치열한 배움과 실천을 만나다

 10년 후 통일
정동영·지승호 지음 | 328쪽 | 값 15,000원

 선생님, 통일이 뭐예요?
정경호 지음 | 252쪽 | 값 13,000원

 분단시대의 통일교육
성래운 지음 | 428쪽 | 값 18,000원

 김창환 교수의 DMZ 지리 이야기
김창환 지음 | 264쪽 | 값 15,000원

▶ 출간 예정

근간 **조선근대교육의 사상과 운동**
윤건차 지음 | 이명실·심성보 옮김

근간 **대한민국 교육감 이야기**
최창의 엮음

근간 **음악과 함께 떠나는 세계의 혁명 이야기**
조광환 지음

근간 **자기혁신과 공동의 성장을 위한 교사들의 필리버스터**
윤양수 외 지음

근간 **존 듀이와 교육**
한국교육연구네트워크번역총서 06 | 짐 개리슨 외 지음

근간 **미국의 진보주의 교육 운동사**
윌리엄 헤이스 지음 | 심성보 외 옮김

근간 **민주시민을 위한 역사교육**
황현정 지음

근간 **한글혁명**
김슬옹 지음

근간 **경기의 기억을 걷다**
경기남부역사교사모임 지음

근간 **왜 학교인가**
마스켈라인 J. & 시몬 M. 지음 | 윤선인 옮김

근간 **함께 만들어가는 강명초 이야기**
이부영 외 지음

근간 **핀란드 교육의 기적은 어떻게 만들어지나**
Hannele Niemi 외 지음 | 장수명 외 옮김

근간 **민주주의와 교육**
Pilar Ocadiz, Pia Wong, Carlos Torres 지음 | 유성상 옮김

근간 **역사 교사로 산다는 것은**
신용균 지음

근간 **고쳐 쓴 갈래별 글쓰기 1**
(시·소설·수필·희곡 쓰기 문예 편)
박안수 지음(개정 증보판)

근간 **고쳐 쓴 갈래별 글쓰기 2**
(논술·논설문·자기소개서·자서전·독서비평·
설명문·보고서 쓰기 등 실용 고교용)
박안수 지음(개정 증보판)

근간 **어린이와 시 읽기**
오인태 지음

참된 삶과 교육에 관한
생각 줍기